GESCHICHTE FÜR ALLE
2. KLASSE

Elisabeth Monyk, Eva Schreiner, Elisabeth Mann,
Dagmar Schulz, Brigitte Friedrich

Olympe Verlag GmbH
www.olympe.at

Dieses Buch ist laut Bescheid des Bundesministeriums für Unterricht, Kunst und Kultur vom 23. Jänner 2008 (GZ 5.000/0011-V/9/2007) sowie in seiner gemäß dem Lehrplan 2012 überarbeiteten Fassung (GZ 5.000/0033-B/8/2013) gemäß § 14 Abs. 2 und 5 des Schulunterrichtsgesetzes, BGBl. Nr. 472/86 und gemäß den geltenden Lehrplänen als für den Unterrichtsgebrauch in Hauptschulen, Neuen Mittelschulen und an allgemein bildenden höheren Schulen für die 2. Klasse im Unterrichtsgegenstand Geschichte und Sozialkunde/Politische Bildung geeignet erklärt.

Schwierige und neue Wörter sind im Text orange hervorgehoben und werden in der Spalte daneben erklärt.

Wichtige Begriffe sind im Text **dick hervorgehoben**, du siehst also mit einem Blick, was in jedem Kapitel besonders wichtig ist.

Aufgaben und Arbeitsaufträge, die du während des Unterrichts – alleine oder mit der ganzen Klasse – lösen kannst, sind in der seitlichen Spalte angegeben.

Am Ende jedes Kapitels sind die wichtigsten Punkte in einem kurzen SMS-Text zusammengefasst. Du kannst also noch einmal wiederholen, was in dem Kapitel vorgekommen ist.

Nun geht's los – Aufgaben für schlaue Köpfe!

Unter diesem Motto findest du an vielen Stellen in diesem Buch Arbeitsblätter, die du ausfüllen kannst. Du wiederholst damit das, was du zuvor gelernt hast. Die Aufgaben sind mit Sternchen gekennzeichnet. Je mehr Sternchen du findest, desto schwieriger ist die Aufgabe. Du kannst diese Arbeitsblätter auch heraustrennen und in deiner Portfolio-Mappe sammeln.

Nach den vier Hauptkapiteln des Buches haben wir für dich spannende Geschichten über den Zeitabschnitt, den du zuvor kennen gelernt hast, zusammengestellt. In Form einer Zeitung erzählen wir dir über interessante Ereignisse. Wenn dich diese Zeit besonders interessiert, dann kannst du darüber mehr in den Büchern erfahren, die wir dir dort vorschlagen.

Urgeschichte NEWS

Umschlagbilder: Mitte: C. Monyk, Archäologiepark Carnuntum (NÖ)
Von oben nach unten: C. Monyk, Urgeschichtsmuseum Asparn/Zaya (NÖ)
A. Frieß, EMS Neustiftgasse (Wien)
C. Monyk
C. Monyk, Mittelalterfest Rosenburg (NÖ)

Schulbuchnummer: 140.435

15. überarbeitete Auflage (2022)

Unter Mitarbeit von Roland Csar
Lektorat: Mag. Krista Satzke, Wien

Umschlaggestaltung, Satz, Layout: Raoul Krischanitz, Wien, transmitterdesign.com
Grafik: Raoul Krischanitz, transmitterdesign.com
Druck, Bindung: Druckerei Berger, Horn

ISBN: 978-3-200-01212-7

INHALTSVERZEICHNIS

MITTELALTER

ANHANG

1. GESCHICHTE – WAS IST DAS?

Das Leben früher – Zeitrechnung – Epochen – Quellen der Geschichte

Geschichte kommt von „geschehen"

Du wirst in Geschichte davon hören, was früher geschah.

Kinder vor 100 Jahren

Dieses Foto ist ungefähr 100 Jahre alt. Damals gingen die Menschen zum Fotografen, um ein Bild aufnehmen zu lassen. Dies war teuer und wurde daher nur selten gemacht.

Zu welchem Zweck könnte diese Fotografie aufgenommen worden sein?
Wie alt könnten diese Kinder auf dem Foto sein?
Wie sind sie angezogen?
Was sieht man im Hintergrund?
Wie wirken diese Kinder auf dich?

Kinder heute

Dieses Foto ist neu.
Es wurde zu Hause mit der Handykamera aufgenommen.

Was machen die Kinder?
Wie sind sie angezogen?
Welche Geräte/Möbel siehst du auf dem Foto?
Wie wirken diese Kinder auf dich?

Du siehst: In den letzten hundert Jahren hat sich einiges im Leben der Menschen verändert. Im Fach **Geschichte** wirst du auch von Menschen lernen, die noch viel früher gelebt haben.

Du wirst in Geschichte davon hören, wie Menschen miteinander umgegangen sind, gearbeitet und gefeiert haben. Diesen Bereich des Faches nennt man **Sozialkunde**. In jeder **Gesellschaft** gibt es aber auch unterschiedliche Interessen und nicht immer sind **Güter** gerecht verteilt. In **Politischer Bildung** erfährst du, wie Konflikte auch gewaltfrei gelöst werden können, wie **Kompromisse** gefunden werden können und wie man sich ein eigenes Urteil bildet.

Gesellschaft: größere Gruppe von zusammenlebenden Menschen

Güter: Mittel, die Bedürfnisse befriedigen wie Nahrung, Kleidung, Wohnen, Bildung usw.

Stell dir vor, du besitzt eine Zeitmaschine und machst mit ihr eine Reise in die Vergangenheit. Auf dieser Reise erforschst du die Veränderung und Entwicklung am Beispiel von Häusern, die Menschen gebaut haben:

vor 10 000 Jahren

vor 1000 Jahren

vor 100 Jahren

Kompromiss: eine Vereinbarung zur Lösung eines Konfliktes treffen, bei der beide nachgeben

und heute ?

Nenne noch andere Gegenstände, an denen man über Jahrhunderte eine Entwicklung erkennen kann! Denke dabei an Mode, Technik und Medizin!

Wo auf der Welt wird derzeit noch Krieg geführt?

Was sich leider nicht geändert hat: Noch immer gibt es Not und Armut. Ebenso ist es immer wieder zu Kämpfen und Kriegen gekommen, die die Welt verändert haben.

Die Zeitrechnung

Welcher Tag ist heute?

Wochentag	
Tag	
Monat	
Jahr	

Du verwendest einen Kalender, um das Datum festzustellen. Die Wissenschaftler und Wissenschaftlerinnen haben sich auf eine Methode geeinigt, um die Zeit einzuteilen. Diese Einteilung richtet sich gewöhnlich nach der **Geburt von Jesus Christus**: Was davor war, bekommt den Zusatz **v. Chr.** (v o r Christi Geburt), was danach war, wird mit **n. Chr.** abgekürzt (n a c h Christi Geburt).

Für unsere Zeitrechnung wird Christi Geburt im Jahr 0 angenommen. Wir leben im 21. Jahrhundert. Dies ist die Zeit von 2001 bis 2100.

Es sind also . . . . Jahre seit Christi Geburt vergangen.

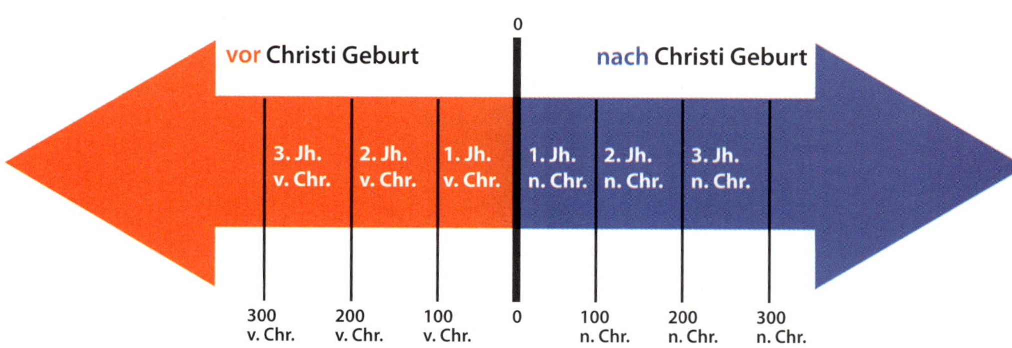

Jh.: Jahrhundert

Mekka: Stadt im heutigen Saudi-Arabien

Nicht überall wird so gerechnet: Die **muslimische Zeitrechnung** beginnt 622 n. Chr. mit der Flucht Mohammeds aus **Mekka**, die **jüdische** mit der „Erschaffung der Welt" um 3761 v. Chr.

Epochen sind Zeitabschnitte

Um sich noch besser in der Geschichte zurechtzufinden, haben die Wissenschaftler und Wissenschaftlerinnen die Geschichte in fünf große Zeitabschnitte eingeteilt. Diese nennt man **Epochen der Geschichte**.

Epochen: lange Zeitabschnitte der Geschichte

Den Übergang von einer zur nächsten Epoche musst du dir aber langsam und schrittweise vorstellen. Außerdem fand er nicht überall auf der Welt zur gleichen Zeit statt.

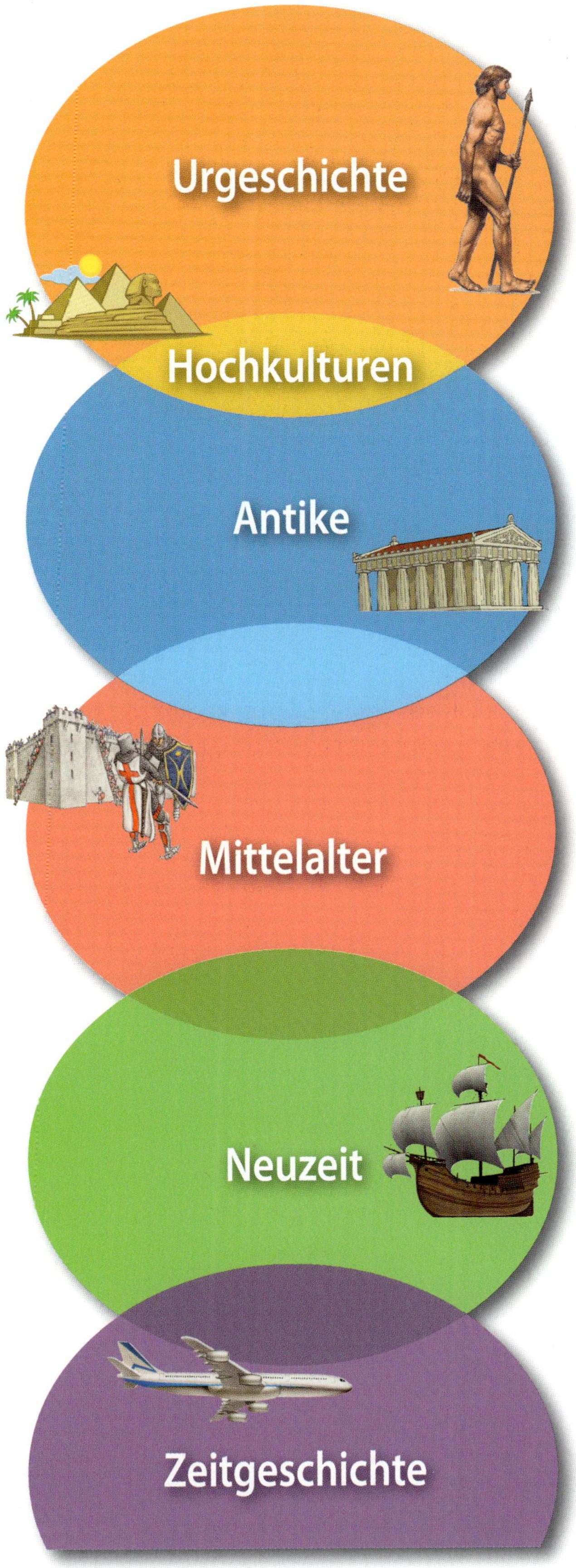

Urgeschichte:

erstes Auftreten von Menschen (ca. 4 Millionen v. Chr.) bis zur Entwicklung der Schrift

Hochkulturen:

Mesopotamien; Altes Ägypten (Reich der Pharaonen)

Antike:

bis zum Untergang des Weströmischen Reiches 476 n. Chr.

Mittelalter:

bis zur Entdeckung Amerikas 1492

Neuzeit:

bis zum Ende des Ersten Weltkrieges 1918

Zeitgeschichte:

Es leben noch Menschen, die uns aus dieser Zeit erzählen können.

Woher wissen wir, was früher geschah?

Wie haben die Menschen früher gelebt? Was haben sie gegessen, wie haben sie sich gekleidet, wie haben sie gewohnt?

Diese und viele andere Fragen versuchen Geschichtswissenschaftler und Geschichtswissenschaftlerinnen (Historiker/Historikerinnen) zu klären. Dabei helfen ihnen Funde aus vergangener Zeit. Man nennt sie:

Quellen: Funde aus vergangener Zeit

Urkunde: schriftlicher Vertrag

Chronik: schriftliche Aufzeichnung – wie eine Art Tagebuch, wurde oft vom Pfarrer geschrieben

Quellen der Geschichte

DINGE:
Skelette, Tongefäße, Werkzeuge, Waffen

BILDER:
Zeichnungen, Malereien

SCHRIFTEN:
Urkunden, Briefe, Bücher, **Chroniken**

MÜNDLICHE ÜBERLIEFERUNGEN:
Sagen, Märchen, Berichte

Archäologe/Archäologin: kommt aus der griechischen Sprache und heißt Altertumsforscher/Altertumsforscherin

Oft sind diese Quellen von Erdschichten bedeckt und werden nur durch Zufall wie etwa beim Bau einer neuen Straße gefunden. Wissenschaftler und Wissenschaftlerinnen, die sich mit der Ausgrabung von Quellen beschäftigen, nennt man **Archäologen/Archäologinnen**. Je länger eine Epoche zurückliegt, desto schwieriger wird es, Quellen zu finden. Aus den verschiedenen Funden versuchen die Wissenschaftler und Wissenschaftlerinnen dann, sich ein Bild von dieser Zeit zu machen. Dabei kann es auch zu Fehlern und Irrtümern kommen. Unser Wissen, das durch weiteres Forschen immer wieder erweitert wird, bleibt aber trotzdem unvollständig.

Überlege, warum es nicht möglich ist, trotz vieler Quellen alles über die Vergangenheit zu erfahren!

Was können Archäologen/Archäologinnen finden? Nummeriere jede Abbildung!

Archäologisches Rätsel

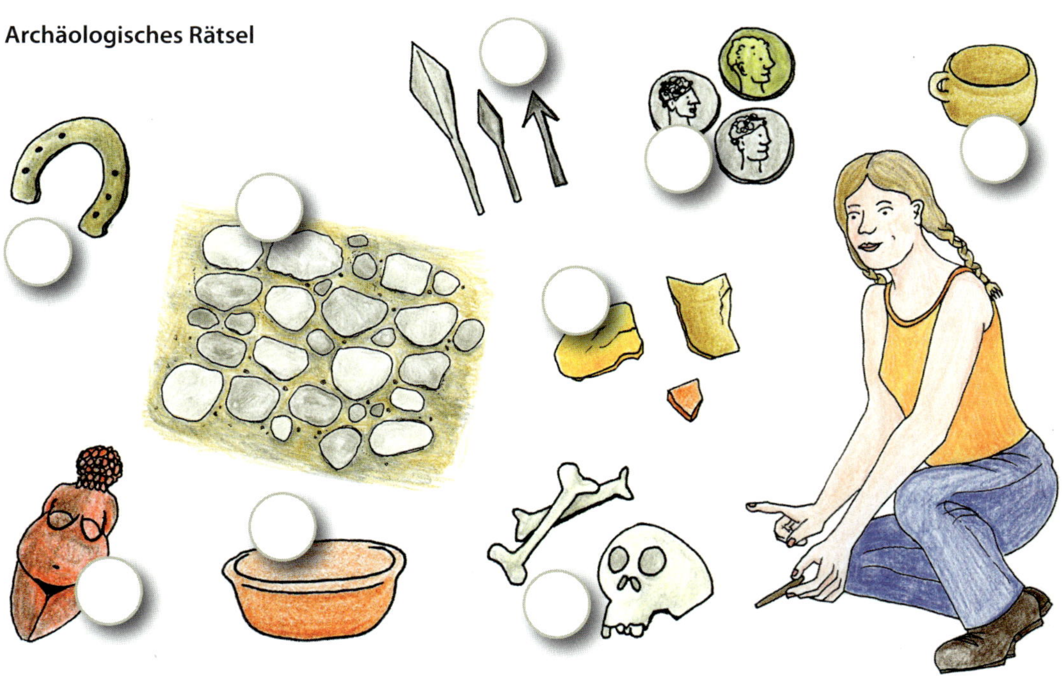

1. Pfeilspitzen ★ 2. Schüssel ★ 3. Becher ★ 4. Scherben ★ 5. Mauer ★ 6. Münzen ★ 7. Hufeisen ★ 8. Figur ★ 9. Knochen

In GS lernst du über die **Vergangenheit** und die Veränderungen im Leben der Menschen.
Unsere **Zeitrechnung** beginnt mit Christi Geburt.
Die Geschichte wird in fünf große **Epochen** eingeteilt.
Verschiedene **Quellen** erzählen uns über die Vergangenheit.

Nun geht's los – Aufgaben für schlaue Köpfe!

1) **Meine persönliche Zeitleiste** – Zeichne mit Pfeilen wichtige Daten ein und setze den passenden Buchstaben dazu! ★

A. mein Geburtsjahr ★ B. meine Zeit im Kindergarten ★ C. mein erstes Jahr in der Schule ★ D. mein Eintritt in die MS/AHS ★ E. Geburt von Geschwistern

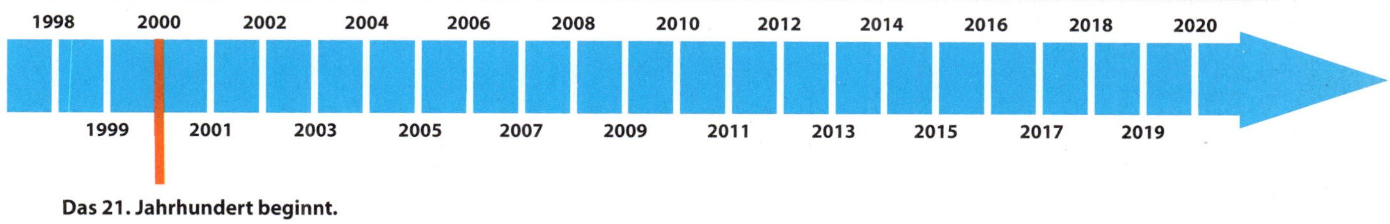

2) Ordne die folgenden Bilder den Epochen zu, indem du die richtige Zahl einsetzt! ★

1. Urgeschichte ★ 2. Antike ★ 3. Mittelalter ★ 4. heute

3) Ordne die Jahreszahlen und Ereignisse in der linken Spalte! Schreibe die Zahl 1 zum frühesten Ereignis, die Zahl 2 zum nächsten usw.! ★★★

◯	480 v. Chr. – Seeschlacht von Salamis	______Jh. v. Chr.
◯	753 v. Chr. – Gründung Roms	______Jh. v. Chr.
◯	1914 – Beginn des Ersten Weltkriegs	______Jh. n. Chr.
◯	1492 – Entdeckung Amerikas	______Jh. n. Chr.
◯	333 v. Chr. – Schlacht bei Issos	______Jh. v. Chr.
◯	79 n. Chr. – Ausbruch des Vesuvs	______Jh. n. Chr.

4) Wer kann nun auch noch das Jahrhundert in der rechten Spalte zuordnen? ★★★★ (1 – 100: 1. Jh., 101 – 200: 2. Jh., usw.)

15 8 4 5 1 20

5) Versuche, eine Quelle der Geschichte zu finden! ★★

Tipp: Auf Flohmärkten gibt es oft alte Münzen, Postkarten, Bücher, Abzeichen usw. Bringe diese in die Schule mit und mache gemeinsam mit deinen Mitschülern eine Ausstellung!

Nun geht's los – Aufgaben für schlaue Köpfe!

6) **Beschrifte die folgenden Quellen: Dinge (D), Schriften (S), Bilder (B) und mündliche Überlieferung (M)!** ★

7) **Hier kannst du deinen Stammbaum erforschen!** ★★ Frage deine Eltern und Großeltern nach ihrem Geburtsdatum! Wenn du möchtest, kannst du deinen Stammbaum auch groß auf einem Zeichenblatt gestalten und Bilder deiner Familie aufkleben!

Großmutter
________________ (Name)
____________(Geburtsdatum)

Großvater
________________ (Name)
____________(Geburtsdatum)

Großmutter
________________ (Name)
____________(Geburtsdatum)

Großvater
________________ (Name)
____________(Geburtsdatum)

Mutter
________________ (Name)
____________(Geburtsdatum)

Vater
________________ (Name)
____________(Geburtsdatum)

Das bin ich !
________________ (Name)
____________(Geburtsdatum)

Hier kannst du ein Foto von dir einkleben!

2. DIE ERSTEN MENSCHEN

Einteilung – Wiege der Menschheit – „Stammbaum“ des Menschen

Einteilung der Urgeschichte

Von den ersten Menschen wissen wir nur wenig. Sie kannten noch keine Schrift, daher gibt es keine schriftlichen Quellen. Nur **Bodenfunde** liefern uns Hinweise auf das Leben in dieser Zeit. Diesen Abschnitt der Geschichte nennt man **Urgeschichte**. Zunächst verwendeten die Menschen nur Werkzeuge aus Stein, später lernten sie auch, Gegenstände aus Metall herzustellen. Deshalb teilt man die Urgeschichte in **zwei große Epochen** ein:

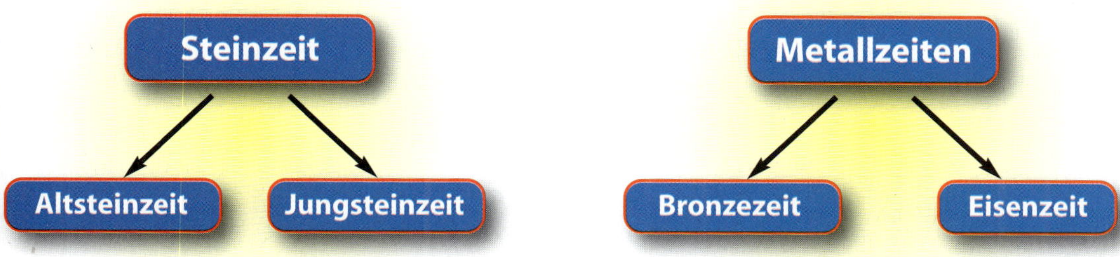

Die Epochen der Urgeschichte fanden nicht in allen Teilen der Erde zur gleichen Zeit statt.

Afrika – die Wiege der Menschheit

Heute weiß man, dass es bereits vor etwa 4 Millionen Jahren erste Vorfahren des heutigen Menschen gegeben hat. Wahrscheinlich entwickelten sich diese ersten Menschen in **Afrika** und verbreiteten sich von dort aus über die gesamte Erde.

Bodenfunde: Überreste von Dingen, die in der Erde gefunden werden

Stell dir vor, du bist auf einer einsamen Insel – ohne Werkzeug, ohne Essen! Wie kannst du überleben? Was brauchst du unbedingt?

Recherchiere mit Hilfe des Internets: Gibt es auch heute noch Menschen, die wie unsere Vorfahren in der Urgeschichte leben?

recherchieren: nachforschen

Weißt du noch: Was sind Epochen?

____

____

____

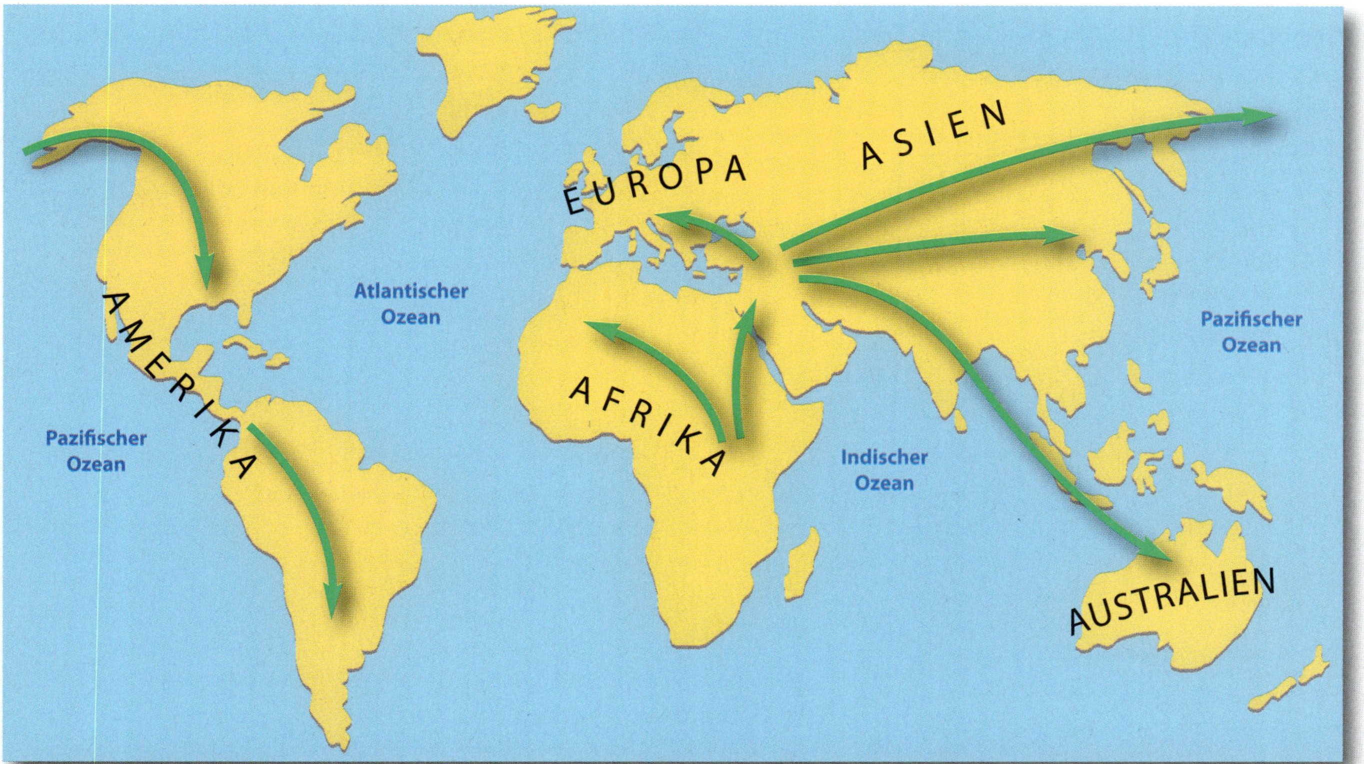

Verbreitung des Menschen

Klima: durchschnittlicher Wetterablauf in einem Gebiet; wird durch langjährige Beobachtung ermittelt

Regenwald: immergrüner Wald in feuchten tropischen Gebieten

Savanne: Graslandschaft mit hohen Gräsern

Homo: „Mensch“ auf Lateinisch

Homo erectus: der aufrecht gehende Mensch

Die Beherrschung des Feuers war eine der größten Errungenschaften der Urgeschichte. Überlege, welche Vorteile das für die Menschen brachte!

Neandertaler: Der erste Fund dieses Menschentypus stammt aus dem Neandertal bei Düsseldorf (Deutschland).

Homo sapiens: der weise, vernunftbegabte Mensch

Wie unterscheiden sich diese Menschentypen? Präge dir die Merkmale ein, dann könnt ihr euch gegenseitig abfragen! Wer weiß mehr?

Die **Urgeschichte** ist die **schriftlose Geschichte**. Die ersten Menschen verbreiteten sich von Afrika aus über die Erde. Alle heute lebenden Menschen gehören zur Gruppe des **Homo sapiens**.

Der „Stammbaum“ des Menschen

Vor ca. 8 Millionen Jahren veränderte sich in Afrika das **Klima**. Es wurde trockener und die riesigen **Regenwälder** wurden kleiner. Es entstanden Graslandschaften, die man **Savannen** nennt. Die affenähnlichen Vorfahren der Menschen begannen, auf zwei Beinen zu gehen. So konnten sie Feinde und Beute leichter sehen.

Vor etwa 4 Millionen Jahren kam es zur endgültigen **Trennung in der Entwicklung von Menschen und Affen**.

Der erste Urmensch – **Homo rudolfensis** – unterschied sich bereits grundsätzlich vom Tier:

- aufrechter Gang
- vordere Gliedmaßen zu Armen und Händen entwickelt
- erzeugte aus Holz und Knochen einfaches Werkzeug
- hatte noch Angst vor dem Feuer
- das Gehirn war hoch entwickelt – hohe Denkleistung
- Form von Sprache entwickelt

Der **Homo erectus** entwickelte sich vor ca. 2 Millionen Jahren:

- verwendete schon behauene Steine
- stellte Faustkeile her
- beherrschte und nutzte das Feuer
- hatte eine fliehende Stirn, ein fliehendes Kinn und große Augenwulste
- konnte größere Entfernungen zurücklegen; besiedelte auch andere Kontinente (Asien, Europa)

Faustkeil

Vor ca. 130 000 Jahren lebte in Europa der **Neandertaler**:

- war etwa 1,50 m groß
- Sprache war bereits weit entwickelt
- hatte ein größeres Gehirnvolumen als der heutige Mensch
- ist ein enger Verwandter des Homo sapiens, aber kein direkter Vorfahre des heutigen Menschen
- starb vor etwa 33 000 Jahren aus

Zur gleichen Zeit entstand in Afrika der **Homo sapiens**:

- ist unser direkter Vorfahre
- benützte bereits Pfeil und Bogen
- war Jäger und Sammler

Alle heute lebenden Menschen (Afrikaner, Amerikaner, Asiaten, Europäer) stammen von ihm ab.

3. DIE ALTSTEINZEIT

Eiszeitalter – Wohnung – Nahrung – Kunst

Das Eiszeitalter

Vor einer Million Jahren begann in Europa das **Eiszeitalter**. **Kaltzeiten** und **Warmzeiten** wechselten sich ab. Für die Menschen war das Leben daher sehr schwierig.

Voreiszeit	Eiszeitalter		Nacheiszeit ca. 10 000 v. Chr.
Urmenschen	Menschen der Steinzeit ⟶		Jetztzeitmenschen
menschenähnliche Wesen	früheste echte Menschen Homo erectus	Neandertaler	Homo sapiens unser direkter Vorfahre
	ca. 1 000 000 v. Chr.	ca. 300 000 v. Chr.	ca. 60 000 v. Chr.

Eiszeit: Es war kälter als heute. Europa war zu einem großen Teil von Eis bedeckt.

Warmzeit: Das Eis schmolz, große Wälder bedeckten das Land, das Wetter war ungefähr wie heute.

Altsteinzeit in Europa: von vor ca. 1 Million Jahren bis vor 10 000 Jahren

Horde: kleine Gruppe gemeinsam lebender Menschen (ca. 20–50 Personen)

nomadisierende Lebensweise: wenn Menschen ohne festen Wohnort leben

Leben in der Altsteinzeit

In der **Altsteinzeit** lebten die Menschen in **Horden** zusammen. Sie hatten keinen festen Wohnort. Auf der Suche nach Nahrung zogen sie von Ort zu Ort. Man nennt das eine **nomadisierende Lebensweise**. Schutz vor dem Wetter fanden sie in Höhlen oder sie bauten einfache Zelte und Windschirme aus Zweigen, Blättern und Tierfellen. Die **Feuerstelle** war der Mittelpunkt der Gemeinschaft. Für die Menschen war die Beherrschung des Feuers sehr wichtig, da es Wärme spendete, wilde Tiere vom Lagerplatz abhielt und die Nahrung gekocht werden konnte.

Die Menschen der Altsteinzeit waren **Jäger und Sammler**. Die Männer gingen auf die Jagd, Frauen und Kinder sammelten essbare Blätter, Früchte, Beeren, Pilze und Vogeleier.

Kinder vor einem einfachen Zelt von Mammutjägern in Asparn an der Zaya/Urgeschichtsmuseum

Löwenzahn

Wacholderbeeren

Sonnenblumenkerne

Nüsse

Wachteleier

Wer hat schon einmal eine Nacht in einem Zelt verbracht und kann davon berichten?

Großwildjagd

Ein wichtiges Jagdtier der Altsteinzeit war das **Mammut**. Die Jagd auf große Tiere war aber gefährlich. Die Jäger versuchten, ihre Beute über Felsklippen oder in Gruben zu stürzen, um sie dort mit einfachen Steinwaffen zu töten.

Die älteste bekannte Waffe war der **Faustkeil**. Beim Zusammenschlagen von zwei Steinen brachen diese auseinander. Dabei entstanden scharfe Kanten an den Bruchstellen. Im Laufe der Zeit konnten die Menschen immer bessere Werkzeuge und Waffen herstellen. Scharfe Steinsplitter wurden mit Griffen aus Holz oder Knochen verbunden. So entstanden **Messer, Speere, Beile** und **Pfeile**.

Ein erlegtes Tier lieferte aber nicht nur Fleisch. Alle Teile wurden verwertet, nichts durfte verschwendet werden.

Herstellung von Faustkeilen

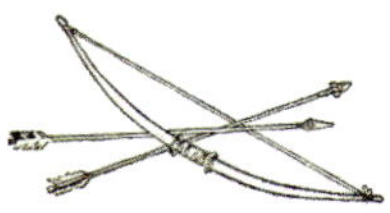

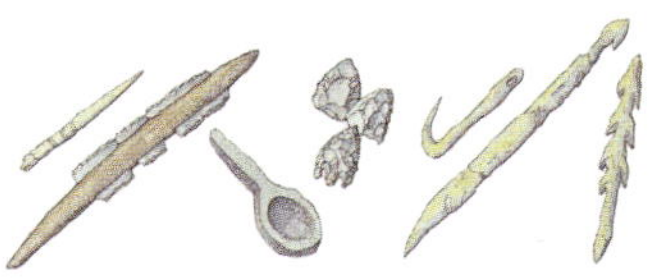

Werkzeuge und Waffen

Mammut

Welchen Vorteil hat ein Beil mit Stiel im Vergleich zu einem Faustkeil?

Wenn du in Wien bist, besuche das Naturhistorische Museum! Dort findest du die Frau von Willendorf und Fanny.

Zeichne die Frau von Willendorf oder Fanny in dein Heft! Du kannst auch im Werkunterricht eine Fruchtbarkeitsgöttin aus Ton herstellen.

In der Altsteinzeit lebten die Menschen in **Horden** zusammen. Sie waren **Jäger und Sammler**. Sie hatten keinen festen Wohnort, sie waren **Nomaden**. Die Menschen verwendeten bereits das **Feuer**. Ihre Waffen und Werkzeuge waren aus **Stein, Knochen** und **Holz**.

Kunst der Altsteinzeit

Die ältesten Kunstwerke der Menschen waren **Höhlenmalereien**. Diese Malereien zeigten meist Tiere. Wahrscheinlich sollten die Bilder Geister, an die die Menschen glaubten, freundlich stimmen und so bei der Jagd helfen.

Höhlenmalerei (Altamira/Spanien) um 13 000 v. Chr.

Neben Höhlenmalereien fand man auch kleine Figuren, die häufig Frauen darstellten. Eine der bekanntesten ist die **Frau von Willendorf**. Sie war aus Stein geschnitzt. Diese nur 11 cm große Frauenstatue wurde in Willendorf in der Wachau (NÖ) gefunden. Sie ist ca. 25 000 Jahre alt.

1988 fand man bei Krems (NÖ) eine 7,2 cm große Figur aus Schiefer, die den Namen **Fanny** bekam und ca. 32 000 Jahre alt ist.

Frau von Willendorf

Fanny

Nun geht's los – Aufgaben für schlaue Köpfe!

1) Du siehst hier altsteinzeitliche Geräte. **Setze die Begriffe richtig ein! ★**

Speer ★ Beil ★ Pfeil und Bogen ★ Faustkeil ★ Messer

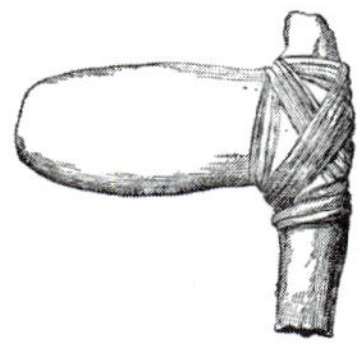

B . . .

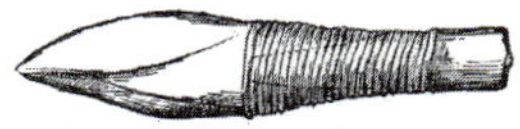

S . . . .

M . . . . .

F . . . .

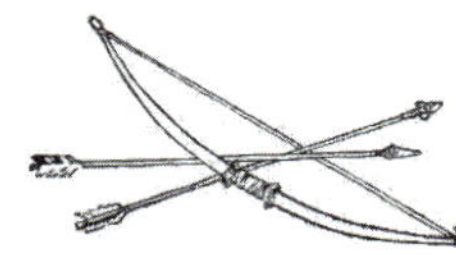

P . . . . und . . . . .

2) So könnte ein Lagerplatz in der Altsteinzeit ausgesehen haben. Welche Personen kannst du erkennen? Welche Tätigkeiten üben sie aus? **Trage deine Beobachtungen in die Tabelle ein! ★★★★**

Person	Tätigkeit	Person	Tätigkeit
Frau	pflückt Obst		

Nun geht's los – Aufgaben für schlaue Köpfe!

3) In der Altsteinzeit lebten viele Tiere. **Schau sie dir genau an und schreibe zu jedem den richtigen Namen!** ★ Gibt es diese Tiere heute noch? Welche Tiere kennst du?

Wollnashorn
Säbelzahntiger
Riesenhirsch
Rentier
Höhlenbär
Mammut

___________ ___________ ___________

___________ ___________ ___________

4) **Welches Tier lebte in den Warmzeiten sogar in den Flüssen Europas?** Tipp: Es ist grün, beißt und der Kasperl kämpft immer gegen eines. **Zeichne dieses Tier fertig!**

NAME: . . . .

5) **Löse dieses Kreuzworträtsel! Trage dazu die gesuchten Begriffe richtig ein!** ★★

WAAGRECHT
1. der aufrecht gehende Mensch
2. erster Abschnitt der Metallzeiten
3. erster Abschnitt der Steinzeit
4. er wurde im Neandertal gefunden
5. Wiege der Menschheit
6. Zeit, in der die Menschen noch keine Schrift kannten
7. zweiter Abschnitt der Metallzeiten
8. zweiter Abschnitt der Steinzeit

9. SENKRECHT/LÖSUNGSWORT:

. . . .

4. DIE JUNGSTEINZEIT

Berufe – Wohnung – Nahrung – Funde

Die Welt verändert sich

Am Ende der letzten **Eiszeit** wurde es in **Europa wärmer**. Viele große Tiere zogen sich in den Norden zurück. Andere Tiere wie das Mammut starben aus. Die Landschaft veränderte sich, Wälder und fruchtbare Wiesen mit zahlreichen Gräsern, Kräutern und Blumen entstanden.

Die Menschen werden Viehzüchter …

Die Jagd auf die nun in Europa lebenden kleineren Tiere wie Rehe, Hasen, Wildschweine und Wildhühner war nun nicht mehr so gefährlich. Die Menschen lernten, **Wildtiere** zu **zähmen** und zu **züchten** und diese wurden mit der Zeit zu **Haustieren**. Durch diese Züchtungen konnten die Menschen einen lebenden **Vorrat** an Fleisch anlegen. Die Menschen waren nun **Viehzüchter**.

Gezähmte Tiere

… und Ackerbauern …

In der Jungsteinzeit gab es viele wild wachsende **Getreidearten**. Die Menschen sammelten die Körner und verarbeiteten sie zu Fladenbrot und Brei. Es gab so viel Nahrung, dass die Menschen **Vorräte** für den Winter anlegen konnten. Mit der Zeit beobachteten die Menschen, dass aus zu Boden gefallenen Körnern wieder neue Pflanzen wuchsen. Daraufhin begannen sie, **Samen auszusäen**. Die Menschen waren nun **Ackerbauern**.

… und sie werden sesshaft

Die **Ackerbauern und Viehzüchter** der Jungsteinzeit mussten nicht mehr ständig auf der Suche nach Nahrung weiterziehen. Die Menschen blieben nun in der Nähe ihrer **Felder** und legten umzäunte **Gehege** für ihre Haustiere an. Sie waren **sesshaft** geworden und begannen, **einfache Häuser** aus Holz und **Lehm** zu bauen.

Nachbau eines Hauses aus der Jungsteinzeit in Asparn an der Zaya/Urgeschichtsmuseum

Jungsteinzeit in Europa: von ca. 6 000 v. Chr. bis ca. 1 800 v. Chr.

Ende der Eiszeit: vor ca. 10 000 Jahren

Tiere zähmen und züchten: Tiere an den Menschen gewöhnen und die Fortpflanzung kontrollieren

Vorrat: Lebensmittel für den Winter aufheben

Viehzüchter: Bauer, der Tiere aufzieht

Welche gezähmten Tiere kannst du erkennen? Welche Haustiere gibt es heute?

Getreide:

Samen: Aus ihm wächst eine neue Pflanze.

aussäen: Samenkörner in die Erde geben

Ackerbauer: Bauer, der auf Feldern Getreide oder andere Früchte anbaut und erntet

Gehege: Wiese mit einem Zaun

sesshaft sein: einen festen Wohnort haben (Gegenteil von nomadisierender Lebensweise)

Lehm: aus Ton und Sand bestehende braune Erde

Überlegt gemeinsam, wie ein Haus gebaut wird! Vielleicht könnt ihr im Werkunterricht das Modell eines Hauses herstellen.

Hakenpflug

Wagen mit Holzrad

In diesen Häusern lebten Menschen und Tiere zusammen. Auch die Vorräte wurden im Haus gelagert. Erste kleine **Dörfer** entstanden. Die Menschen schütteten Erde auf und bauten Zäune, um diese Dörfer vor wilden Tieren und Feinden zu schützen.

Neue Erfindungen erleichtern das Leben

Auch das tägliche Leben im Dorf änderte sich. Die Bauern erfanden und entwickelten vieles, das ihr Leben erleichterte. Dazu zählten der **Hakenpflug** und das **Rad**. Der Hakenpflug vereinfachte die Arbeit auf den Feldern, weil die Bauern den Boden für die Samenkörner besser auflockern konnten.

Das Rad wiederum erleichterte das **Transportieren** von schweren Lasten. Die ersten Wagenräder bestanden aus Holzteilen, die eine Scheibe bildeten und durch Querbretter zusammengehalten wurden.

Um Vorräte anlegen zu können, stellten die Menschen erste **Tongefäße** her. Aus **Tonwülsten** wurden Krüge und Töpfe geformt, die verziert und getrocknet wurden.

transportieren: von einem Ort zum anderen bringen

Tonwulst: lange „Wurst" aus Ton

Mit Hilfe dieser einfachen Technik könnt ihr im Werkunterricht Tongefäße selbst herstellen und bemalen!

Herstellung eines Tongefäßes

Auch die Kleidung veränderte sich. Die Menschen begannen, aus Pflanzenfasern und Tierhaaren Fäden zu **spinnen**. Diese Fäden wurden dann auf einem **Webstuhl** zu Stoff verwebt.

spinnen: Tierhaare oder Pflanzenfasern zu Garn verarbeiten

In der Jungsteinzeit wurden die Menschen **Ackerbauern** und **Viehzüchter**. Sie bauten **Häuser** aus Holz und Lehm. Erste **Dörfer** entstanden. Wichtige Erfindungen waren der **Pflug**, das **Rad** und der **Webstuhl**.

Webstuhl

Spindel

Nun geht's los – Aufgaben für schlaue Köpfe!

1) **Vom Zähmen zum Züchten** – **Lies unsere Geschichte zuerst aufmerksam durch! Gliedere diese dann in Abschnitte, indem du zum jeweils ersten Satz eines Abschnittes den passenden Buchstaben setzt!** Tipp: der Buchstabe A für Jagd ist schon vorgegeben! ★★ A = Jagd | B = zähmen | C = züchten

A Die Männer sind wütend und enttäuscht, denn das Knacken eines dürren Astes hat die Tiere verscheucht. Da sie hungrig sind, heben sie eine Fallgrube aus, die sie mit Ästen abdecken. Und wirklich, fünf Schafe sind in die Grube gefallen. Jetzt hat die Horde so viel Fleisch, dass sie gar nicht alles auf einmal essen kann. Deshalb werden die Schafe nicht gleich geschlachtet, sondern bleiben in der Grube. Die Kinder beobachten die Tiere und bemerken, dass diese Gräser und Wurzeln fressen. Sie füttern die Schafe mit Grasbüscheln. Eines Morgens sind plötzlich mehr Schafe in der Grube, ein Mutterschaf hat Junge bekommen. Ein Gehege wird angelegt. Nur die kräftigsten und zahmsten Schafe werden in dieses Gehege gebracht, um weitere Junge zu bekommen. Nun haben die Menschen für lange Zeit ausreichend Nahrung.

2) So könnten die Menschen erkannt haben, dass man Tiere fangen und züchten kann. **Gestaltet gemeinsam nach dieser Geschichte ein Wandbild!** ★★★

3) Auf diesem Bild siehst du das Leben auf einem jungsteinzeitlichen Bauernhof. **Welche Tätigkeiten kannst du erkennen? Ordne die Begriffe den Personen zu, indem du die fettgedruckten Wörter einsetzt!** ★★★

Kuh melken ★ **Dach** mit Stroh **decken** ★ **Lehm** in einer Grube im Erdboden **herstellen** ★ **Spreu vom Getreide** durch Hochwerfen **trennen** ★ **Vorräte** in der Erde **lagern** ★ **Getreide mahlen** ★ **Wände** aus Lehm **fertigen** ★ **Getreide schneiden**

Nun geht's los – Aufgaben für schlaue Köpfe!

4) **Suche die folgenden Begriffe in diesem Rad! Kennzeichne diese Wörter bunt und erkläre 4 davon in deinem Heft! ★★★**

G N Z J R S

D L Z K Q W X T J H

M L P Q W E S T E R F U

S I B Y F V S E S S H A F T

H A C S P I N D E L A F E R

I G C D E W E Q P F L U G U L U

G L K J M D H G R T Z S M N C F

J T E Z U R Z W E B S T U H L J

H Y R S H A U S B A U I A W R Z

V N B M H D C R E S U E I K V I

S A O P Ü H C V B R R Z G H

J U N G S T E I N Z E I T M

D E Q G X K L P U B M D

E W Q Y F Z U K L Z

A S E F D H

Jungsteinzeit
Ackerbau
Viehzucht
Haustiere
Hausbau
Pflug
Rad
Spindel
Webstuhl
sesshaft

5) Aus Versehen hat der Archäologe auf seinem iPad seine Aufzeichnungen gelöscht. **Hilf ihm, seine Aufstellung wieder in Ordnung zu bringen! ★★**

Altsteinzeit	Jungsteinzeit

Ackerbau
Jäger
Nomaden
Höhlenmalerei
spinnen
sesshaft
Frau von Willendorf
Hakenpflug
Holzrad
Fanny
Häuser
erste Dörfer
Sammler
Mammut
Faustkeil
töpfern
weben
Horde
Viehzucht
Großwildjagd

5. DER MENSCH BEARBEITET METALLE

Kupfer – Bronze – Eisen

Schmuck und Geräte aus Kupfer und Bronze

Im 2. **Jt.** v. Chr. begannen die Menschen in Mitteleuropa, **Metalle** als **Werkstoffe** zu verwenden. Als erstes Metall wurde **Kupfer** bearbeitet. Zunächst stellten die Menschen aus diesem neuen Werkstoff Schmuck her. Mit einem Hammer wurde das Kupfer geformt. Später erkannten die Menschen, dass Metall bei großer Hitze schmilzt und sich in Formen gießen lässt.

Jt.: Jahrtausend

Metalle: werden durch Erhitzen aus Gesteinen gewonnen, die man Erze nennt

Für die Herstellung von Waffen und Geräten war Kupfer aber zu weich. Erst in Verbindung mit einem anderen Metall, mit **Zinn**, entsteht ein härterer Werkstoff, nämlich **Bronze**. Gegenstände aus Bronze ersetzten nun in vielen Bereichen die bisher verwendeten Steinwerkzeuge. Bronze wurde zum wichtigsten Material für Werkzeuge, Waffen, Gefäße, Figuren und Schmuck.

Bronzezeit:
ca. 1 800 – 800 v. Chr.
Eisenzeit:
ca. 800 – 15 v. Chr.

Bronze: Metallmischung (= Legierung) aus 9 Teilen Kupfer (Cu) und 1 Teil Zinn (Sn)

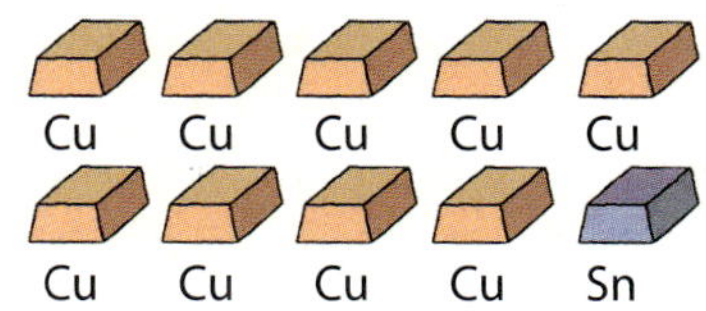

Handwerker der Bronzezeit

Durch die Metallverarbeitung entstanden viele **neue Berufe**:

Der **Bergmann** suchte das Erz.

Der **Hüttenmann** löste das Metall aus dem Erz.

Der **Blechschmied** stellte Gefäße und Rüstungen her.

Der **Juwelier** erzeugte Schmuck und ritzte Verzierungen ein.

Der **Waffenschmied** schmiedete Dolche, Schwerter und Messer.

Der **Gießer** goss das flüssige Metall in Gussformen.

Schreibe die Ziffern zu den Geräten!

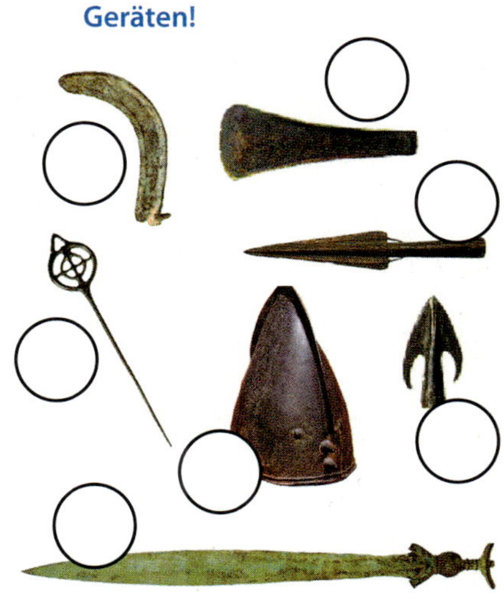

Geräte der Bronzezeit

1. Sichel
2. Beil
3. Schmucknadel
4. Speerspitze
5. Pfeilspitze
6. Helm
7. Langschwert

Schmied: bearbeitet Metall

Überlegt gemeinsam: Welche dieser Berufe gibt es heute noch? Recherchiere mit Hilfe des Internets, wie Metall heute verarbeitet wird!

Waffen und Werkzeuge aus Eisen

Erst die Erfindung des **Blasbalgs** ermöglichte im 8. Jh. v. Chr. den Menschen in Europa, eine so hohe Temperatur (über 1 500 Grad) beim Schmelzen zu erreichen, dass auch **Eisen** aus dem eisenhaltigen Gestein herausgelöst werden konnte. Eisen ist härter als Bronze, daher war es möglich, widerstandsfähigere und damit auch bessere Werkzeuge und Waffen herzustellen. Auch Schmuck wurde aus Eisen gefertigt.

Blasbalg: ein mit Hand oder Fuß betriebenes Gerät, mit dem ein Luftstrom erzeugt wird

Beschrifte das Bild, indem du die Nummern einsetzt:

1. Eisenerz wird im Holzfeuer erhitzt.
2. Mit einem Blasbalg wird Luft zugeführt, um die Temperatur zu erhöhen.
3. Eisen wird aus der heißen Schlacke herausgehämmert.
4. Aus dem Eisen werden Waffen geschmiedet.

Gewinnung und Verarbeitung von Eisen

Gesellschaftliche Unterschiede entstehen

Die Menschen der Metallzeiten lebten in **Dörfern**. Der Besitz von und vor allem der **Handel** mit Metallen machte manche Familien reich und mächtig, andere blieben arm. Zum ersten Mal gab es **Unterschiede zwischen Arm und Reich**.

Die Werkzeuge und Geräte aus Metall erleichterten das tägliche Leben. Die Menschen **tauschten** Waren und Gegenstände gegen Nahrungsmittel. Der Handel, auch über größere Entfernungen, wurde immer wichtiger. Abbildungen auf **Situlen** erzählen uns vom Leben der Menschen in jener Zeit.

Handel: Tausch von Waren

Situla von Kuffern (NÖ)

Situla: Eimer aus Bronzeblech

Was ist auf dieser Situla zu sehen?
Welche Tätigkeiten sind hier dargestellt?

Die Menschen begannen, aus **Bronze** und später auch aus **Eisen** Werkzeuge, Waffen und Geräte herzustellen. Neue **Berufe** entstanden und damit auch Gegensätze zwischen Arm und Reich.

Abbildungen auf Situla

6. DAS LEBEN IN DER EISENZEIT

Hallstatt-Kultur – La-Tène-Kultur

Die Hallstatt-Kultur

Bedeutende Funde der Eisenzeit stammen aus der Gegend um **Hallstatt** in Oberösterreich. Daher wird diese Zeit **Hallstattzeit** genannt. In Hallstatt wurde **Salz** abgebaut. Da Salz für die Menschen lebensnotwendig ist, brachte es jenen, die es besaßen, Reichtum. Salz wurde verkauft und gekauft – manchmal wurde sogar mit Salz bezahlt!

Wir wissen heute sehr viel über das Leben der Menschen in der Hallstattzeit, weil viele Gegenstände durch das Salz in den Bergwerken haltbar geblieben sind. Materialfunde wie Holzschaufeln, Salz**butten**, Fackeln, Kleidungs- und Nahrungsreste zeigen uns, wie die Bergleute lebten und arbeiteten. Ihre Kleidung bestand aus Schafwolle, ihre Häuser waren einfache Blockhütten. Die Bergleute aßen wahrscheinlich Getreidebrei und Früchte.

1. Bronzepickel
2. Fellmütze
3. Schuh
4. Tragebutte

Gegenstände aus Hallstatt

Der **Salzabbau** brachte vielen Menschen Arbeit und damit **Wohlstand**. Händler kamen und tauschten Werkzeuge, Waffen, Schmuck und andere Gegenstände gegen Salz. Aus dem Norden Europas brachten sie Schmuck aus **Bernstein**, aus dem Osten Gold und Edelsteine, aus Spanien und Griechenland Kupfer, aus **Britannien** Zinn.

Händler und Fürsten, die Bergwerke besaßen, wurden reich. In zahlreichen Gräbern aus dieser Zeit finden sich **wertvolle Grabbeigaben**. Diese sollten den Menschen das Leben im **Jenseits** erleichtern.

Kultwagen von Strettweg (Stmk)

Kultur: Leistungen eines Volkes in Hinblick auf Sprache, Religion, Baukunst, Musik, Technik, Sitten und Gebräuche

Hallstatt, Hallein, Hall: Diese Ortsnamen leiten sich vom griechischen Wort für Salz „hal“ ab.

Weshalb ist Salz für den Menschen lebensnotwendig? Frage im Biologieunterricht nach!

Butte: Gefäß aus Holz, das auf dem Rücken getragen wird

Beschrifte diese Gegenstände!

Wohlstand: ausreichend für ein gutes Leben besitzen

Bernstein: versteinertes Harz von Nadelbäumen

Britannien: England

Jenseits: in der religiösen Vorstellung eine Welt nach dem Tod

Heilige Kuh von Hallstatt (OÖ)

Die Kelten und das Königreich Noricum

Um ca. 400 v. Chr. siedelten sich **keltische Stämme** in Europa an. Auf österreichischem Boden gründete der Stamm der **Noriker** das **Königreich Noricum**. Die Kelten lebten bereits in **Städten**, die sie meist auf Hügeln bauten und durch starke Mauern gegen Feinde schützten. Eine dieser Städte lag auf dem **Magdalensberg** in Kärnten.

Die Kelten waren geschickte Bauern, Bergleute und Handwerker. Sie waren **Meister in der Eisenverarbeitung** und besiegten mit Hilfe ihrer hochwertigen Eisenwaffen viele andere Völker. So konnten sie sich über weite Teile Europas und sogar bis nach Asien ausbreiten. Diesen Zeitabschnitt nennt man Jüngere Eisenzeit oder **La-Tène-Kultur** nach einem Fundort in der Schweiz.

Die Ausbreitung der Kelten

Die Kelten erzeugten aber nicht nur hervorragende Waffen, sie stellten auch viele Gegenstände für den täglichen Bedarf her: Pflüge, Sicheln, Sensen, Messer, Sägen, einfache Schlösser mit Schlüsseln, Scheren, Kämme. Die Kelten fertigten auch **Fibeln** an. Dies waren Sicherheitsnadeln zum Verschließen der Kleidung. Manchmal trugen die Kelten diese Fibeln auch als Schmuck.

Ihre Kleidung war aus Wolle oder **Leinen**. Die Nahrung der Kelten bestand vor allem aus Getreide, Gemüse und Früchten. Fleisch gab es nur selten. Die Kelten wohnten in **Blockhäusern**. Die Wände dieser Häuser aus Holz wurden aus verflochtenen Zweigen hergestellt und mit Lehm verstrichen.

Die Kelten trieben regen Handel mit anderen Völkern. Das norische Eisen, die Norikerpferde und die norischen Rinder waren bei den **Römern** sehr begehrt. Nach dem Vorbild der Römer begannen keltische Fürsten, auch **Münzen** aus Gold und Silber zu prägen.

Wenn ein Volk Städte, Geld und Schrift kennt, spricht man von einer **Hochkultur**. Da die Kelten aber noch keine Schrift kannten, zählt ihre Kultur zur Urgeschichte.

Erst **15 v. Chr.**, als die Römer das Königreich Noricum eroberten und mit ihrer Kultur auch ihre Schrift in unsere Heimat brachten, ging die **Urgeschichte in Österreich zu Ende**.

Stamm: Gruppe von Menschen gemeinsamer Herkunft, Sprache und Kultur

Asterix und Obelix, die beiden Gallier, kennst du sicher.

Gallier: römische Bezeichnung für die Kelten

Germanen: Gruppe von Stämmen in Mitteleuropa und im südlichen Skandinavien

In welchen heutigen Ländern siedelten die Kelten? Benutze deinen Atlas! Recherchiere mit Hilfe des Internets, wo heute noch Kelten leben!

Leinen: Dieser Stoff kühlt, wenn es heiß ist, und wärmt, wenn es kalt ist.

Römer: Bewohner des Römischen Reiches

Hallstatt ist ein wichtiger Fundort der Eisenzeit. **Eisen** und **Salz** waren bedeutende Handelsgüter. Die **Kelten** gründeten das **Königreich Noricum**. 15. v. Chr. endete die Urgeschichte auf österreichischem Boden.

Nun geht's los – Aufgaben für schlaue Köpfe!

1) Welche Gegenstände kannst du auf diesen Bildern erkennen? **Setze ihre Namen aus den folgenden Silben zusammen! ★★**

ARM ★ BUT ★ CHER ★ DEL ★ DEL ★ GE ★ HEITS ★ KAN ★ LA ★ NA ★ NA ★
NE ★ REIF ★ SCHMUCK ★ SI ★ SI ★ SPEER ★ SPIT ★ TE ★ TRA ★ TU ★ ZE

2) Die Situla von Kuffern zeigt uns, wie die Menschen der Metallzeiten lebten. **Versuche dein Leben in ähnlicher Weise zu zeichnen! ★★★**

Nun geht's los – Aufgaben für schlaue Köpfe!

3) In der Hallstattzeit brachten Händler Waren von weit her, um sie gegen Salz zu tauschen. **Beschrifte die Pfeile in der Karte mit den richtigen Produkten!** ★★ Tipp: Wenn du Hilfe brauchst, schau auf der S. 23 nach und verwende deinen Atlas!

Bernstein
Gold und Edelsteine
Kupfer
Kupfer
Zinn

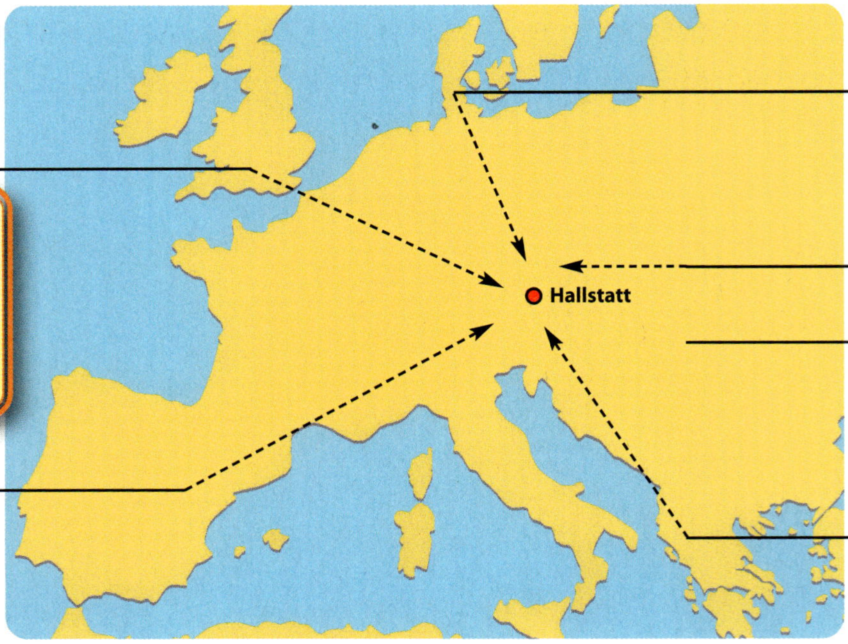

4) **Hier ist einiges verloren gegangen!** Im Laufe der Jahrhunderte hat dieser Bericht eines Römers durch die Lagerung in der feuchten Erde Flecken bekommen. **Hilf unserem Archäologen, dieses Rätsel zu lösen!** ★★

Königreich Noricum ★ Bronze ★ Eisen und Salz ★ Eisen ★ Berufe ★ Arm und Reich ★ Hallstatt ★ Kelten ★ 15 v. Chr.

DIE METALLZEITEN

DIE MENSCHEN BEGANNEN, AUS ______ UND SPÄTER AUCH AUS ______ WERKZEUGE, WAFFEN UND GERÄTE HERZUSTELLEN. NEUE ______ ENTSTANDEN UND DAMIT AUCH GEGENSÄTZE ZWISCHEN ______ .

______ IST EIN WICHTIGER FUNDORT AUS DER EISENZEIT.

______ WAREN WICHTIGE HANDELSGÜTER. DIE ______ GRÜNDETEN DAS ______ .

______ ENDETE DIE URGESCHICHTE AUF ÖSTERREICHISCHEM BODEN.

Urgeschichte NEWS

Archäologiekrimi in Mitteleuropa

Im Februar 2002 traf sich ein Archäologe, der sich als Kunstsammler ausgab, in einem Schweizer Hotel mit einem Schwarzmarkthändler. Der Händler bot ihm eine bronzene Scheibe mit goldenen Verzierungen sowie einige andere Bronzegegenstände an.

Kurz darauf schnappten die Handschellen zu, der Schwarzmarkthändler wanderte ins Gefängnis. Über den Händler forschte die Polizei schließlich jene beiden Männer aus, die die Gegenstände heimlich bei der Ortschaft Nebra in Sachsen-Anhalt (Deutschland) unerlaubt aus dem Boden geholt hatten. Die Archäologen stellten fest, dass die Scheibe etwa 3 600 Jahre alt ist. Sie ist die weltweit älteste bekannte Darstellung des Himmels. Die Schatzdiebe wollten sie ursprünglich für 15 000 Euro verkaufen, heute wird der Wert der „Himmelsscheibe von Nebra" auf 100 Millionen Euro geschätzt.

JOBBÖRSE

Archäologe/Archäologin gesucht!

Haben Sie Interesse daran, sich als Wissenschaftler/Wissenschaftlerin mit der Erforschung der Urgeschichte zu beschäftigen? Wenn ja, können Sie in Höhlen, auf Äckern und Wiesen, aber auch beim Bau von Straßen und U-Bahnen nach urgeschichtlichen Resten suchen.

Voraussetzungen:

- **Sie dürfen keine Flugangst haben, da viele Fundstellen vom Flugzeug aus entdeckt werden.**
- **Sie müssen sehr genau arbeiten können, da die Fundstücke vorsichtig freigelegt, vermessen und fotografiert werden müssen.**

Schülerwettbewerb: Wer kann ein ähnliches Bild zeichnen?

Bild des Tages: Höhlenmalerei in der Höhle von Lascaux gefunden

1940: Sensationsfund in der Höhle von Lascaux (Frankreich)
In ihr wurden Wandbilder von unterschiedlich großen Tieren gefunden. Wenn Sie diese ältesten bekannten Wandbilder der Menschheit sehen wollen, suchen Sie diese im Internet unter „Höhlenmalerei Lascaux"!

INFORMATIONEN gesucht!
Wenn Sie mehr über das Leben von „Ötzi" herausfinden können, schreiben Sie einen spannenden Bericht und schicken Sie uns diesen!

Der Mann aus dem Eis

Tirol – Herbst 1991: Eine rätselhafte Leiche wurde in den Alpen im Gletschereis gefunden.
Innsbruck – wenige Tage später: Wissenschaftler entdecken Sensation!

- **Der Leichenfund stammt aus der Urgeschichte.**
- **Er ist zirka 5 000 Jahre alt.**
- **Er blieb durch das Gletschereis erhalten.**

Der „Mann aus dem Eis" wurde „Ötzi" genannt.
Er trug eine Mütze, einen Mantel aus Fell und Gras, einen Gürtel und ein Paar Schuhe.
Seine Waffen waren ein Köcher (Behälter) mit 14 Pfeilen, ein Beil mit einer Klinge aus Kupfer und ein Steindolch.
Heute weiß man, dass „Ötzi" im Alter von 45 Jahren höchstwahrscheinlich ermordet worden war. Man vermutet, dass er verfolgt und mit einem Pfeil an der linken Schulter schwer verletzt wurde. Die endgültige Todesursache aber ist bis heute noch nicht eindeutig geklärt.

Urgeschichte NEWS

IM LAND DER WILDEN KELTEN – EIN REISEBERICHT

Von den Kelten, die die Griechen und Römer „Gallier" oder „Galater" nennen, berichtet uns der griechische Gelehrte Poseidonios:

Die keltischen Krieger sind wilde Männer mit borstigen, roten Bärten und Haaren. Sie tragen grellbunte Hemden, weite Hosen, darüber gestreifte Mäntel – im Winter aus Wolle, im Sommer aus Leinen – die sie mit einer Fibel zusammenhalten. Männer wie Frauen besitzen reichlich Schmuck: So schmücken die reichen Kelten ihre Handgelenke und Arme mit goldenen Reifen, ihre Finger mit wertvollen Ringen und den Hals mit goldenen Halsreifen. Manche Männer tragen sogar im Kampf goldene Brustpanzer.

Die Kelten lieben es, Feste zu feiern. Bei ihren großen Gelagen sitzen die Gäste im Kreis auf Fellen. Nahe den niedrigen Tischen stehen große Becken, über denen auf Spießen riesige Fleischstücke gebraten oder in Kesseln gekocht werden. Brot wird nur wenig gegessen, dafür sehr viel Fleisch, das in großen Brocken mit beiden Händen zum Mund geführt wird. Als Getränk wird Honigbier oder Wein aufgetragen. Bei dem beträchtlichen Genuss von alkoholischen Getränken ist es kein Wunder, dass keltische Gelage oft in wüste Schlägereien ausarten.

Reisetipp: Stonehenge

Im Süden Englands, nahe der Stadt Salisbury, liegt die Steinkreis-Anlage Stonehenge. Sie ist aufgrund ihrer monumentalen Ausmaße, die eine unvorstellbare Leistung der Erbauer darstellen, in der ganzen Welt bekannt.

Stonehenge entstand in der Zeit zwischen 3 000 und 1 500 vor Chr. 1 200 Jahre später ließ in Ägypten Pharao Ramses II. den Tempel von Abu Simbel errichten, der so wie Stonehenge auch nach der Sonne ausgerichtet ist.

Buchtipps

Rainer Crummenerl, Hannelore Bosinski: **Was ist was? Eiszeiten** (Tessloff).

Andrea Schaller: **Was ist was? Steinzeit** (Tessloff).

Wolfgang Kuhn: **Mit Jeans in die Steinzeit. Ein Ferienabenteuer in Südfrankreich** (dtv).

Gudrun Sulzenbacher: **Die Gletschermumie. Mit Ötzi auf Entdeckungsreise durch die Jungsteinzeit** (Folio).

Blick zurück

Sensationsfund in Äthiopien

30. 11. 1974: Bei archäologischen Grabungen wurden am 30. November 1974 in Äthiopien Knochenstücke gefunden. Genaue Untersuchungen ergaben, dass es sich dabei um menschliche Knochen handelte.

Diese stammten von einer jungen Frau, die vor 3,2 Millionen Jahren gelebt hatte. Als man am Abend die Funde im Ausgrabungscamp katalogisierte, war auf einem Tonband wiederholt der Beatles-Song „Lucy in the sky with diamonds" zu hören – daher gaben die Forscher dem Fund den Namen „Lucy". Lucys Skelett zählt zu den besterhaltenen der frühen Menschen. Man fand etwa 40 % ihres Skeletts, darunter Oberschenkel, Schienbein, Teile des Beckens, der Wirbelsäule, des Schädels und des Armskeletts. Der Skelettbau zeigt deutlich, dass Lucy aufrecht gehen konnte. Wissenschaftler und Wissenschaftlerinnen nennen diese frühen Menschen „Australopithecus".

Rezept des Tages

Keltische Spezialität aus Irland:

Gefüllte Zwiebeln

4 große Zwiebeln
2 EL Semmelbrösel
120 g geriebener Käse
2 EL gehackte Petersilie
3 – 4 EL Suppe
15 g Butter
Salz, Pfeffer

Zwiebeln schälen und in Salzwasser 10 min. kochen. Zwiebeln abtropfen lassen, aushöhlen. Zwiebelmasse, Semmelbrösel, die halbe Käsemenge, Petersilie, Salz, Pfeffer und Suppe vermengen. Fülle in die Zwiebeln geben, mit dem restlichen Käse bestreuen, mit Butterflöckchen belegen. In eine Bratpfanne 1 cm Wasser füllen, die Zwiebeln darin ca. ½ Stunde bei 200° im Backrohr dünsten.

Wir wünschen guten Appetit!

7. HOCHKULTUREN: ÜBERBLICK

Ursprung – Landwirtschaft – Handwerk – Städte – Handel – Schrift

Hochkulturen entstehen

In einigen Teilen Nordafrikas und Asiens entwickelte sich die Kultur rascher als in anderen Gebieten der Welt.

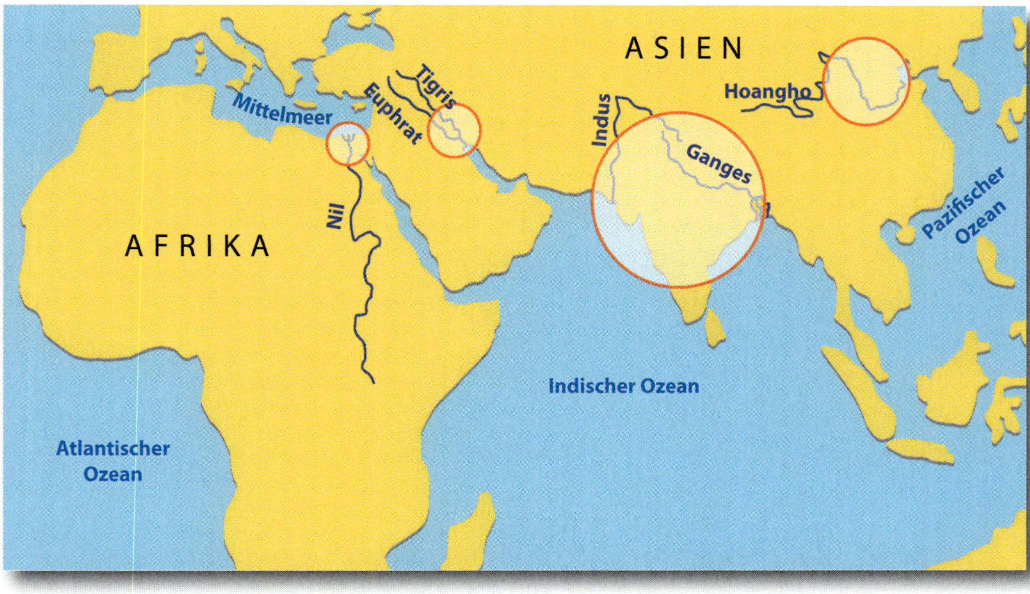

Hochkulturen

In welchen Ländern liegen diese Flüsse? (Atlas) Setze ein!

Nil: ____________

Euphrat und Tigris: ____________

Hoangho: ____________

Indus und Ganges: ____________

China
Mesopotamien
Ägypten
Indien

Im 4. Jt. vor Christus änderte sich das **Klima**. Es regnete weniger, dadurch trockneten die Flüsse aus und viele Gebiete wurden zu Wüsten.

Nur große **Ströme** wie **Nil**, **Euphrat** und **Tigris**, **Indus**, **Ganges** und **Hoangho** hatten trotzdem noch immer viel Wasser. Zu bestimmten Zeiten führten diese Flüsse **Hochwasser** und überschwemmten das umliegende Land.

Die an diesen großen Flüssen entstandenen Kulturen nennt man **Hochkulturen**.

Diese **gemeinsamen Merkmale** haben alle Hochkulturen:

In welchem dieser Länder warst du schon einmal? Vielleicht hast du Fotos und kannst sie mitbringen?

Strom: großer Fluss

Hochwasser: Regen lässt das Flusswasser über das Ufer treten

Bewässerungsanlagen

Um überleben zu können, zogen die Bewohner in das Land an diesen großen Flüssen. Sie lebten dort auf engem Raum zusammen. Gemeinsam nutzten sie das Wasser der Flüsse und bauten zu diesem Zweck **Bewässerungsanlagen**.

Bewässerungsanlage: hält das Land an den Flüssen das ganze Jahr über feucht und fruchtbar

Schleuse: regelt, wie viel Wasser durch die Öffnungen fließen kann

Damm: unterteilt das Ackerland, damit das Wasser gleichmäßig verteilt wird

Kanal: leitet das Wasser weiter

Frage deine Großeltern, ob sie dir etwas über die Landwirtschaft von früher erzählen können! Du kannst auch mit dem Internet Recherchen durchführen. Notiere dann deine Ergebnisse!

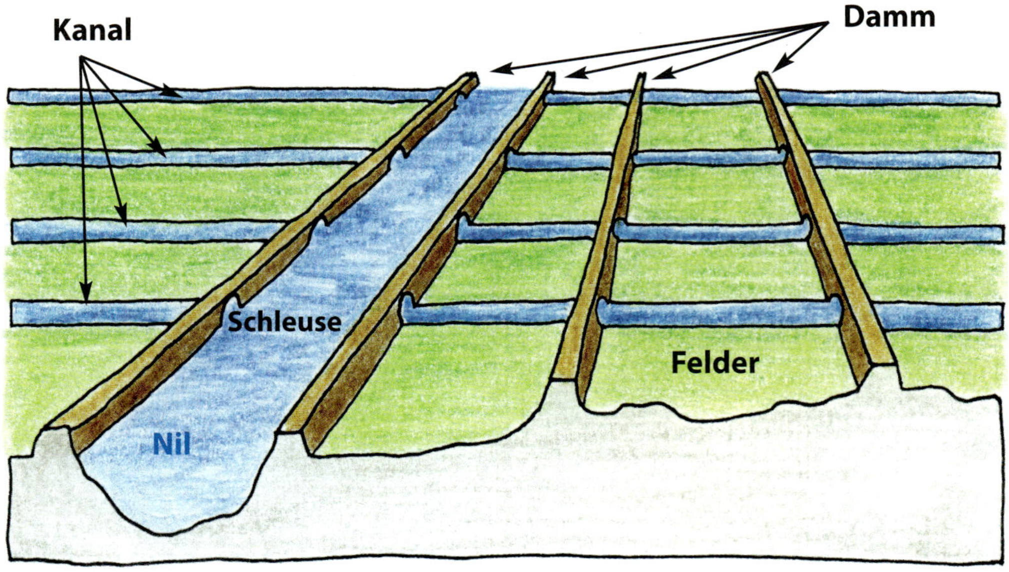

Bewässerungsanlage im Alten Ägypten

Für höher gelegene Felder wurde und wird auch noch heute das **Schöpfrad** für die Bewässerung des Ackerlandes verwendet.

Betrachte beide Fotos! Dann recherchiere im Internet: Wie funktioniert ein Schöpfrad? Wie kann es angetrieben werden? Welche Neuerungen hat es in den letzten Jahrtausenden beim Schöpfrad gegeben? Wo wird ein altes Schöpfrad noch heute eingesetzt?

Schöpfrad

Neuerungen im Handwerk

Im Handwerk gab es viele Verbesserungen. Die bedeutendste war die Einführung der **Töpferscheibe**. Sie erleichterte die Herstellung von Gefäßen wie von Krügen, Vasen und Schüsseln.

Versuche im Werkunterricht, ein Gefäß aus Ton mit Hilfe einer Töpferscheibe herzustellen!

Arbeit an der Töpferscheibe

Gemeinschaften entstehen

Nur durch die Zusammenarbeit vieler Menschen konnten die Aufgaben bei der Bewässerung der Felder gemeinsam gelöst werden. Daher schlossen sich die Menschen zu **Gemeinschaften** zusammen.

Ordne zu, indem du die richtigen Zahlen einsetzt!

1. **Baumeister**
2. **Handwerker**
3. **Händler**
4. **Bauer**

Es kam zu einer **Teilung der Aufgaben**:

- Die **Bauern** pflanzten und ernteten.
- Die **Handwerker** stellten Geräte her.
- Die **Händler** kauften und verkauften Waren.
- Die **Baumeister** planten und bauten Gebäude und Bewässerungsanlagen.

In den organisierten Gemeinschaften entstand mit der Zeit aufgrund der Arbeitsteilung eine starre Rangordnung, die man auch **Hierarchie** nennt. Der König, der in diesem Staat **regierte**, hatte alle Rechte. Er war oberster Priester und bestimmte auch alle notwendigen Aufgaben im Staat. Seine Befehle wurden von **Beamten** weitergeleitet. Es gab hohe und niedere Beamte. Dieses System, Aufgaben aufzuteilen und weiterzugeben, nennt man **staatliche Verwaltung**.

Hierarchie: geheiligte Ordnung

regieren: einen Staat lenken und verwalten

Beamte: übernehmen Aufgaben im Staat

Städte werden gegründet

Einige Könige ließen sich große **Paläste** erbauen. Dort siedelten sich Menschen mit unterschiedlichen Berufen an wie Beamte, Priester, Soldaten, Handwerker und Kaufleute. Mit der Zeit entwickelten sich diese **Residenzen** zu Städten. Die Wohnhäuser der Städte waren zumeist aus gebrannten oder getrockneten Lehmziegeln gebaut. Die Wände dieser Häuser waren mit Lehm verputzt.

In der Stadt musste das Zusammenleben nach **Regeln** ablaufen. Diejenigen, die bestimmten, welche Regeln galten, gewannen immer mehr an Macht.

Stadt mit Stadtmauer

Palast: großes Schloss

Residenz: Sitz des Königs

Welche Regeln gelten in deiner Klasse/Schule? Wer stellt diese auf?

Karawane: Mehrere Händler mit Lasttieren – meist Kamelen – transportieren Waren durch die Wüste.

Der Handel

Handel bedeutet einen **Tausch von Waren**. Diese wurden über weite Strecken mit Schiffen und Lasttieren (z. B. mit Eseln, Kamelen) transportiert. Auch lernten auf diesen weiten Reisen die Menschen voneinander und konnten so ihr Wissen austauschen.

Karawane

Die Schrift

Ohne Schrift ist es nicht möglich, ein **Reich** zu regieren und Handel zu betreiben.

Korb **k**

Brotlaib **t**

Schriftzeichen

Die ersten **Schreiber** mussten die Einnahmen und Ausgaben des Staates festhalten. Ebenso wurden Aufzeichnungen über die Ernte**erträge** geführt. Diese Buchhaltung erleichterte das Eintreiben der **Steuern** und diente der Kontrolle.

Händler hielten schriftlich fest, was sie gekauft und verkauft hatten. Mit Hilfe dieser Aufzeichnungen konnten sie ihre Tauschgeschäfte überprüfen. Auch die **Priester** erlernten die Kunst des Schreibens, um ihr Wissen an die Söhne und Töchter aus vornehmen Familien weiterzugeben.

Mesopotamien

Mesopotamien bedeutet auf Griechisch „das Land zwischen den Flüssen". Damit war das Gebiet zwischen den Flüssen **Euphrat** und **Tigris** gemeint. Diese Flüsse durchquerten zwei breite Täler mit fruchtbaren Lehmböden, auf denen die Bauern Weizen und Gerste anpflanzten. Sie züchteten auch Ziegen und Schafe.

Im 4. Jt. v. Chr. lebten die **Sumerer** im Süden von Mesopotamien. Sie erfanden ungefähr 3 200 v. Chr. die Schrift und lebten in **Stadtstaaten** mit jeweils einem König. 2 300 v. Chr. eroberten die **Akkader**, die im Norden von Mesopotamien lebten, das sumerische Gebiet und errichteten ein großes Reich. Während des 2. Jt. zerfiel das Land aber in verschiedene Königreiche.

Erst unter **Hammurabi**, dem König von Babylon, entstand ein einheitlicher Staat, dessen religiöses und kulturelles Zentrum die Stadt **Babylon** war. Babylon lag am Euphrat und war von gewaltigen Mauern umgeben. Eines der prachtvollsten Stadttore war das **Ischtartor**, das mit 575 Bildern von Löwen, Stieren, Drachen und blau glasierten Ziegeln verziert war.

In der Mitte der Stadt erhob sich ein berühmter Tempelturm, der 90 m hoch war und **Zikkurat** genannt wurde. Ebenso gab es einen prachtvollen Königspalast und die **„Hängenden Gärten"**, die in der **Antike** als Weltwunder galten.

Zikkurat und Hängende Gärten in Babylon

Ischtartor

Reich: Herrschaftsgebiet eines Königs

Schreiber

Ertrag: Gewinn

Steuer: festgelegter Teil der Erträge oder des Einkommens, der an den Staat abgegeben werden muss

Warum ist die Schrift so bedeutend? Diskutiert in der Klasse die Bedeutung der Schrift für euren Alltag!

Stadtstaat: Stadt und **Umland**

Umland: das Land rund um eine Stadt

Antike: Bezeichnung für den griechisch-römischen Kulturkreis

An den **großen Flüssen** bildeten sich **Hochkulturen**. Gemeinsame **Merkmale** waren: Bewässerungsanlagen, Neuerungen im Handwerk, Städte, Handel und Schrift. **Mesopotamien** lag zwischen Euphrat und Tigris. Unter König **Hammurabi** wurde **Babylon** zum Zentrum eines großen Reiches.

Nun geht's los – Aufgaben für schlaue Köpfe!

1) Wo liegen diese Flüsse? ★★

1 = Ägypten ____________________

2 = Mesopotamien ____________________

3 = Indien ____________________

4 = China ____________________

Hoangho
Euphrat und Tigris
Nil
Indus und Ganges

2) Ziehe die Flüsse nach und trage anschließend ihre Namen mit Hilfe des Atlas in die Skizze ein! ★★★

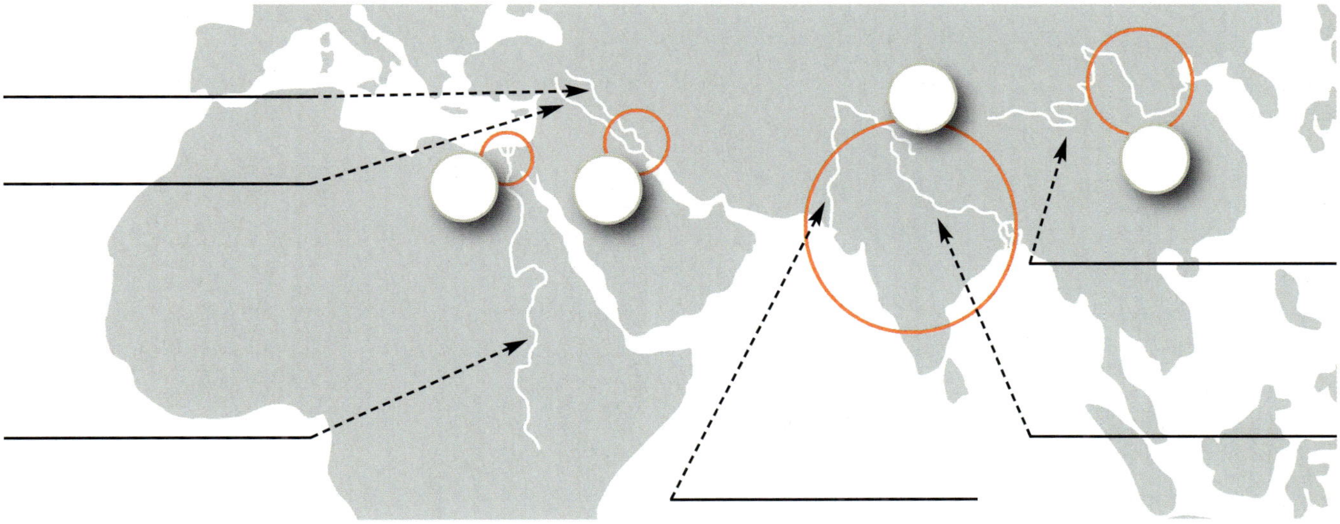

3) Nun setze die Zahlen 1, 2, 3, 4 aus Aufgabe 1) in den entsprechenden Kreis! ★★

4) Suche Informationen zu den Hochkulturen in Ägypten, Mesopotamien, Indien und China im Internet oder in Büchern! ★★★

5) Wer war für diese wirtschaftlichen Bereiche zuständig?
Setze die Begriffe und die dazu passenden Buchstaben ein, so erhältst du ein Lösungswort! ★★

Bebauung des Bodens:	____________________	
Herstellung von Geräten:	____________________	
Handel mit Waren:	____________________	
Planung von Anlagen und Bauten:	____________________	
Leitung des Staates:	____________________	

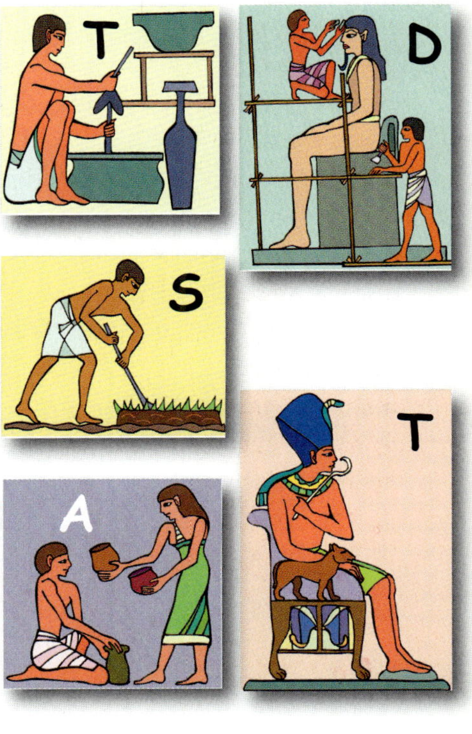

LÖSUNGSWORT: . . . . .

Nun geht's los – Aufgaben für schlaue Köpfe!

6) Hier siehst du eine Bewässerungsanlage. **Beschrifte die Kästchen! Anschließend male das Ackerland** (grüner Stift)**, den Damm** (brauner Stift) **und den Nil sowie die Kanäle** (blauer Stift) **an! ★★**

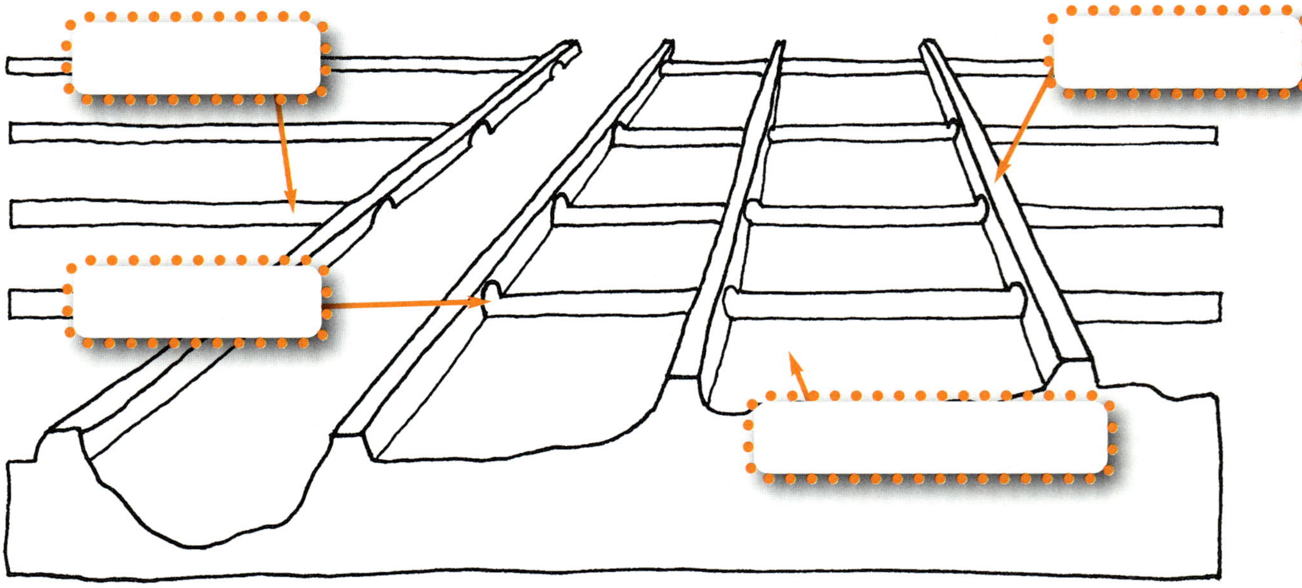

7) **Kannst du diese Wörter lesen?** Schreibe anschließend die Lösungswörter zu den passenden Bildern! ★
Tipp: Ein Spiegel hilft dir!

Töpferscheibe | Schöpfrad | Handel | befestigte Stadt | Schrift

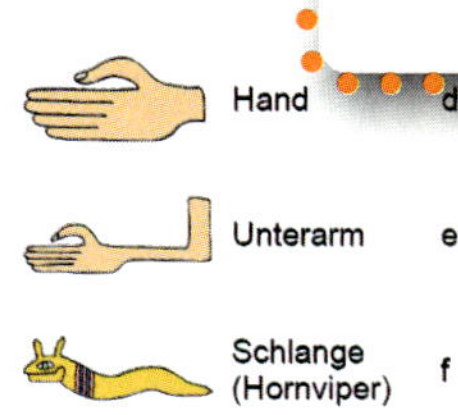

8) **Setze vor jedem Satz den richtigen Buchstaben ein! ★★★**
A = Stadt, B = Handel, C= Schrift, D = Gemeinschaft, E = Handwerk

_____ Mit der Töpferscheibe konnte man Gefäße leichter herstellen.

_____ Die Menschen lebten auf engem Raum zusammen und entwickelten daher neue Lebensformen.

_____ In der Stadt gab es bereits ein ausgedehntes Kanalisationssystem und zwei- oder mehrstöckige Häuser, die zumeist aus Backsteinen oder getrockneten Lehmziegeln gebaut waren.

_____ Die Tore von Babylon standen den Händlern offen, die ihre Waren entweder mit Schiffen oder mit Maultieren transportierten.

_____ Aus den ersten Schriftzeichen, die um 3 000 v. Chr. von den Sumerern entwickelt wurden, entstand die Keilschrift.

8. ÄGYPTEN: EIN GESCHENK DES NILS

Lage – Klima – Landwirtschaft

Ägypten liegt am Nil

Wenn du Ägypten besuchen willst, musst du eine Reise in den Nordosten Afrikas unternehmen. Es gibt dort fast nur Wüste und wenig Regen. Seit Jahrtausenden brachte aber der **Nil**, der mit 6 671 km Länge der längste Fluss der Erde ist, große Wassermassen in dieses Gebiet und überschwemmte jedes Jahr das umliegende Land. Wenn das Wasser dann abfloss, blieb am Ufer ein 10 km breiter Streifen aus schwarzem **Schlamm** zurück, der den Boden **fruchtbar** machte. Die Ägypter nannten sogar ihr Land nach diesem fruchtbaren Schlamm **Kemet** – das bedeutet „schwarze Erde".

fruchtbar: Boden, auf dem viel wächst

Welche Städte findest du entlang des Nils?
Was bedeuten die Farben Grün und Gelb auf der Karte?
Welche Bilder kannst du auf der Karte sehen? Was zeigen oder bedeuten sie?

Suche die Stadt Assuan in deinem Atlas!

Welcher große Fluss ist in Österreich eine Wasserstraße?

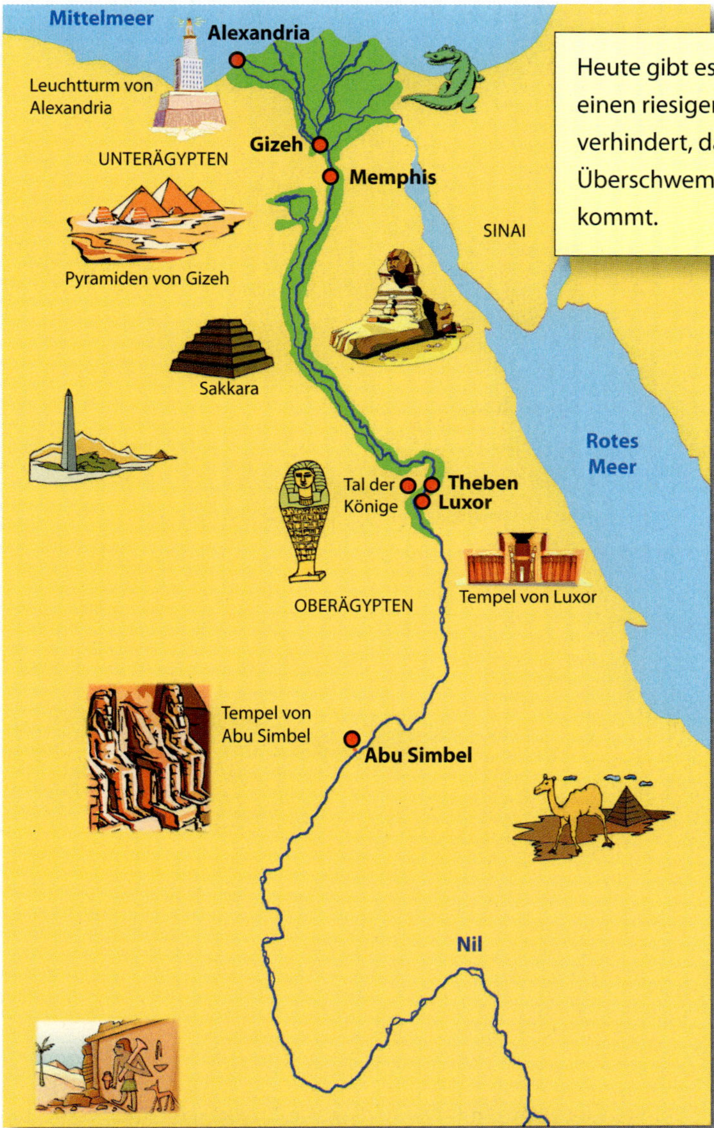

Ägypten – das Land am Nil

Heute gibt es bei Assuan einen riesigen Stausee, der verhindert, dass es zu Überschwemmungen kommt.

Das Jahr der Bauern bestand aus 3 Jahreszeiten:
- die Zeit der **Nilüberschwemmung**: August bis November
- die Zeit der **Aussaat** und des **Wachsens**: Dezember bis Februar
- die Zeit der **Trockenheit** und **Ernte**: März bis Juli

Aussaat: Samenkörner in die Erde legen

Für die Ägypter war das jährliche Hochwasser ein Grund zur Freude, denn es sicherte das Überleben der Menschen und brachte **Wohlstand** mit sich. Jedes Jahr feierten sie deshalb ein **Nilfest**.

Weil es in Ägypten so selten regnete, gruben die Bauern um ihre Felder Kanäle und leiteten das Nilwasser um. Auch schöpften sie mit einem Gerät, das **„Schaduf"** genannt wurde, Wasser aus dem Fluss. Als wichtigste **Wasserstraße** diente der Nil auch dem Transport von Waren und Menschen.

Schaduf

Das Jahr der Bauern

Pharao: Herrscher über Ägypten

Pyramide: ägyptisches Königsgrab

Trage zu den ägyptischen Jahreszeiten die entsprechenden Monate ein:

Die meisten Menschen in Ägypten waren Bauern und Bäuerinnen, die man **Fellachen** nennt. Mit ihrer Arbeit sicherten sie die Ernährung der ägyptischen Bevölkerung. Sämtliches Land gehörte aber dem **Pharao**. Dieser ließ jedem Bauern ein Stück Land zuweisen. Dafür mussten die Fellachen einen Teil ihrer Ernte abliefern. Zu den unterschiedlichen Jahreszeiten hatten die Bauern und Bäuerinnen auch **verschiedene Aufgaben** zu erledigen:

- **Zeit der Überschwemmung:** Die Bauern konnten zwar nicht auf den Feldern arbeiten, mussten aber beim Bau der **Pyramiden** helfen.

Überschwemmung

Quelle:
Herodot, griechischer Geschichtsschreiber (5. Jh. v. Chr.)
Wenn der Nil das Land überschwemmt, so ragen nur die Städte über dem Wasser hervor … Man fährt dann auch zu dieser Zeit nicht im Strombett, sondern mitten über die Felder.

- **Zeit der Aussaat und des Wachsens:** Nach dem Rückgang der Überschwemmung bearbeiteten die Fellachen ihre Felder mit Pflügen, vor die sie Ochsen spannten. Die Samen wurden mit der Hand gesät. **Weizen** und **Gerste** waren die wichtigsten Feldfrüchte der Ägypter, aus denen sie Brot und Bier herstellten. Während die Pflanzen wuchsen, reparierten die Fellachen die Bewässerungsanlagen.

- **Zeit der Trockenheit:** Jetzt brachten die Bauern die Ernte ein und verarbeiteten das Getreide. Das Korn wurde dann in Kornspeicher gebracht und dort gelagert.

Bauern ernten

Flachs: Pflanze, deren Fasern zu Leinen verarbeitet werden

Schilf: hoch wachsendes Gras, das an den Ufern von Gewässern wächst

Ägypten liegt in **Nordafrika**. Der Schlamm des **Nils** machte das Land fruchtbar. Die **Fellachen** bestellten das Land und bauten Weizen, Gerste und Gemüsesorten an.

Der fruchtbare Boden ließ viele **Obst-** und **Gemüsesorten** wachsen wie Datteln, Feigen, Gurken, Melonen, Zwiebeln, Erbsen, Kohl, Bohnen und Salat. Die Ägypter pflanzten aber auch Wein und **Flachs** an. Außerdem züchteten sie Enten, Gänse, **Rinder** und **Esel**. Esel wurden als Lasttiere eingesetzt und Rinder als Zugtiere. Einige ägyptische Bauern besaßen auch Bienenvölker und stellten **Honig** her, den man zum Süßen von Gebäck und anderen Speisen benutzte. Mit kleinen aus **Schilf** geflochtenen Booten wurde gefischt. Der Nil war reich an Fischen, doch musste man sich vor den Krokodilen und Nilpferden in Acht nehmen.

Fischer

Nun geht's los – Aufgaben für schlaue Köpfe!

1) **Bemale das fruchtbare Land, die Wüste und den Nil! ★**

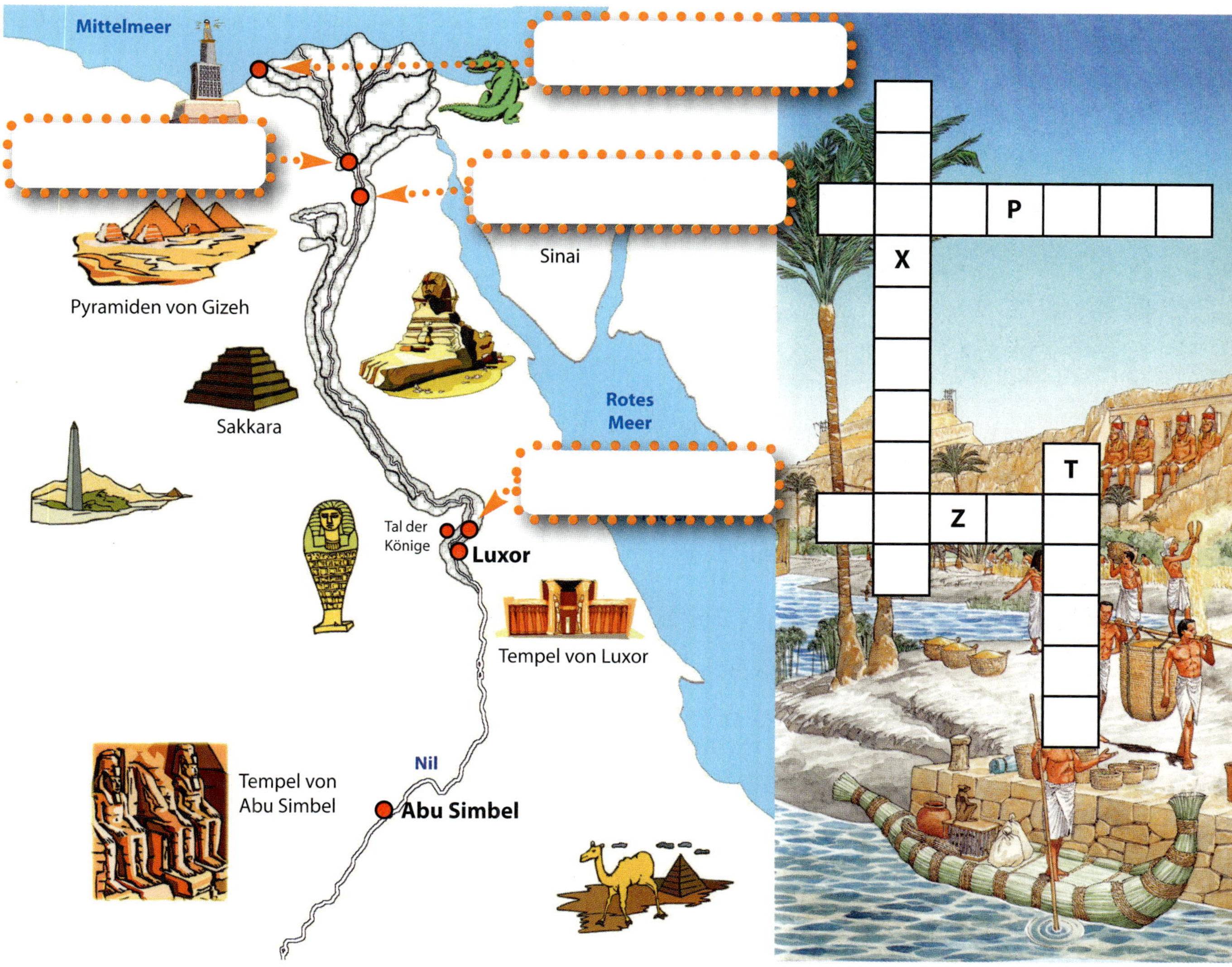

2) **Beschrifte zuerst die wichtigsten Städte! Dann trage die Namen der Städte in das Rätsel ein! ★★**
Tipp: Die Buchstaben helfen dir dabei!

3) **Hilf dem Bauern, sich die Arbeit einzuteilen! ★★**

Zeit der Überschwemmung:

Zeit der Aussaat und des Wachsens:

Zeit der Trockenheit:

Nun geht's los – Aufgaben für schlaue Köpfe!

4) **Finde anhand der Hinweise heraus, wie diese Begriffe heißen! Dann suche sie im Suchrätsel und markiere sie! ★★**

F	M	L	R	T	J	M	K	F	E	T
S	N	D	E	R	N	T	E	R	S	F
C	Z	S	I	N	B	J	L	X	C	E
H	T	E	A	I	S	Y	J	U	H	L
L	P	H	A	R	A	O	T	N	I	L
A	P	Y	R	A	M	I	D	E	L	A
M	F	B	S	C	H	A	D	U	F	C
M	I	R	X	E	F	A	T	P	T	H
K	A	U	S	S	A	A	T	F	Q	E
W	O	H	L	S	T	A	N	D	B	N
I	A	I	C	J	C	H	O	N	I	G

- ? ausreichend für ein gutes Leben besitzen
- ? Samenkörner in die Erde legen
- ? längster Fluss der Erde
- ? macht die Erde fruchtbar
- ? verwendete man zum Süßen der Speisen
- ? ihm gehörte alles Land
- ? ägyptisches Königsgrab
- ? die größte Bevölkerungsgruppe in Ägypten
- ? wächst am Ufer von Gewässern
- ? Arbeit, die zur Zeit der Trockenheit erledigt wird
- ? Gerät zum Wasserschöpfen

5) **Male diese ägyptische Wandmalerei an!** Sie zeigt die Arbeit der Fellachen!

9. ALLTAGSLEBEN IN ÄGYPTEN

Gesellschaftspyramide – Alltag

Die Menschen in Ägypten

Den Aufbau der ägyptischen **Gesellschaft** kann man sich wie eine Pyramide vorstellen:

Beschrifte die Pyramide!

Ägyptische Gesellschaftspyramide

Es gab folgende Personen in Ägypten:

1. **Pharao**
2. **Priester**
3. **Wesir**
4. **Beamte**
5. **Schreiber**
6. **Bauern**
7. **Handwerker**
8. **Händler**
9. **Sklaven**

Sklave/Sklavin: Mensch, der jemand anderem gehört; ist unfrei

Die einzelnen Bevölkerungsschichten besaßen unterschiedliche Rechte. An der Spitze des Reiches stand der **Pharao**. Der Name „Pharao" bedeutet „großes Haus" und war früher der Name des Königspalastes. Der Pharao war die wichtigste und mächtigste Person im Land. Er galt als **Sohn des Sonnengottes** und wurde von den einfachen Menschen wie ein Gott verehrt. Das ganze Land und alles, was darauf wuchs, gehörte ihm. Auch trug er die Verantwortung für das Wohlergehen seines Landes und seiner Bewohner.

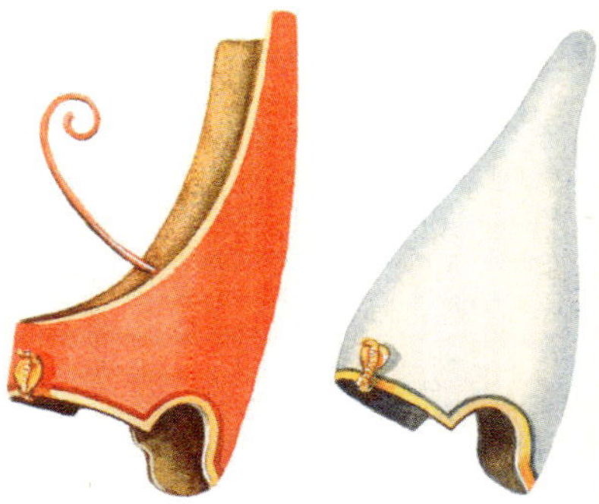

Ägyptische Doppelkrone: bestand aus der offenen roten Krone Unterägyptens und der flaschenförmigen weißen Krone Oberägyptens

Neben dem Pharao besaßen die **Priester** großen Einfluss, weil sie für den Pharao den Willen der Götter deuteten. Jeder **Tempel** mit dem umliegenden Land hatte einen eigenen Priester. Der Pharao gewährte ihnen Sonderrechte wie, dass sie von den Steuern befreit waren.

Tempel: Gotteshaus

Die **Wesire** halfen dem Pharao beim Regieren des Landes. Sie waren mächtige Beamte, die alle Staatsgeheimnisse kannten und die anderen Beamten überwachten. Die **Beamten** beaufsichtigten die Eintreibung der Steuern und den Bau von Kanälen und Pyramiden. Sie mussten schreiben, lesen und rechnen können.

Wesir: mächtiger Beamter, der dem Pharao beim Regieren des Landes half

Die **Schreiber** erfüllten wichtige Aufgaben, denn sie überwachten die Einhaltung der Gesetze, führten Buch über die Materialien, die für Bauwerke verwendet wurden und kontrollierten die Eintreibung von Steuern. Sie waren hoch geachtet und wurden gut bezahlt.

Schreiber

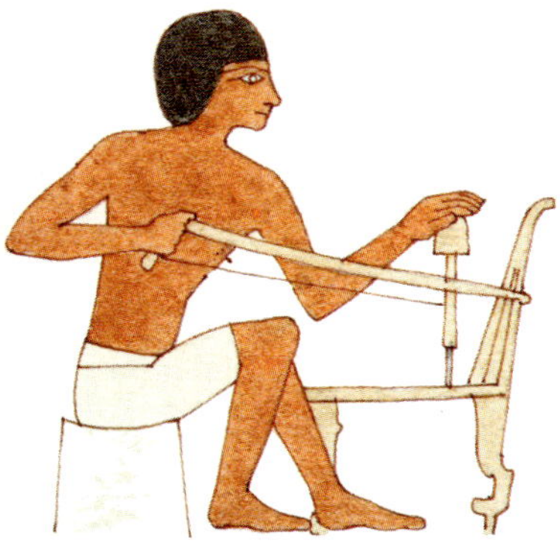

Handwerker

Die Goldminen im Osten des Landes brachten den Reichtum Ägyptens und machten es lange Zeit zum reichsten Land der damaligen Welt.

Die meisten Bewohner Ägyptens aber waren Handwerker und Handwerkerinnen, Händler und Händlerinnen, Bauern und Bäuerinnen und Sklaven und Sklavinnen.

Geschickte **Handwerker** und **Handwerkerinnen** waren in Ägypten sehr gefragt. Sie waren beim Bau der Paläste und Grabstätten der Pharaonen im Einsatz, aber auch reiche Ägypter nahmen die Künste der Handwerker in Anspruch. Zu den Handwerkern gehörten Goldschmiede, Bierbrauer, Tischler, Töpfer, Schuster, Glasbläser und Weber. Sie verkauften ihre Waren in der Stadt, konnten davon gut leben und hohes Ansehen erwerben.

Die ägyptischen **Händler** und **Händlerinnen** verwendeten kein Geld. Sie tauschten ihre Waren mit anderen Händlern und bereisten die Länder an der Mittelmeerküste und im Süden Ägyptens. Von ihren Reisen brachten sie **Zedern**holz, Öl, Pferde, Kupfer, Edelsteine und **Elfenbein** mit.

Die **Bauern** und **Bäuerinnen** sorgten mit ihrer Bestellung der Felder für die Ernährung der Bevölkerung. Sie bauten Kanäle, halfen beim Bau der Pyramiden, pflügten, säten und ernteten. Einen Teil ihrer Ernte mussten die Fellachen alljährlich als Steuern abliefern.

Sklaven und **Sklavinnen** waren häufig Kriegsgefangene. Auch wurden Menschen aus den Nachbarländern verschleppt und versklavt. Nicht allen Sklaven ging es schlecht in Ägypten. So konnten sie auch Land besitzen, Waren verkaufen und sich sogar freikaufen.

Zeder: Nadelbaum

Elfenbein: Elefantenstoßzahn

Die Häuser der Ägypter und Ägypterinnen

Die Häuser der armen und der reichen Leute waren aus **Lehmziegeln** gebaut, die an der Sonne getrocknet wurden. Während die Häuser der armen Leute nur aus einem Raum bestanden und sehr einfach eingerichtet waren, hatten die Häuser der reichen Ägypter mehrere Stockwerke mit vielen Räumen.

Schau dir das Haus auf dem Bild genau an und beschreibe die Tätigkeiten der Menschen! Wodurch unterscheidet sich dieses Haus von Häusern in Österreich?

Ägyptisches Haus

Die Zimmer waren mit Säulen geschmückt und mit bunt bemalten Wänden verziert. Auf den gekachelten Böden lagen Teppiche und Schilfmatten, ein Badezimmer mit Toilette und Waschgelegenheit sorgte für Bequemlichkeit und Reinlichkeit. Die Häuser hatten oft gar keine oder nur sehr kleine Fenster. Dadurch war es zwar drinnen sehr dunkel, doch blieb es auch kühl. Für die Beleuchtung der Zimmer sorgten **Öllampen** mit einem Docht aus Baumwolle oder Flachs. Es gab verschiedene Möbel wie Sessel, Tische, Truhen und Kleiderschränke, die mit Gold oder Elfenbein verziert waren.

Als Teppiche benutzten die Ägypter Matten aus geflochtenem **Papyrus**. Sehr beliebt waren niedrige Hocker mit drei oder vier Beinen.

Das Essen der Ägypter und Ägypterinnen

In Ägypten aßen die Menschen mit den Fingern. Bei den reichen Familien brachten Diener zwischen den Mahlzeiten Wasserkrüge, damit man sich die Hände waschen konnte. Die Speisen wurden auf einem Lehmofen oder über einer offenen Feuerstelle zubereitet. Das **Fladenbrot** war in Ägypten das wichtigste Nahrungsmittel. Es nutzte aber die Zähne der Ägypter stark ab, weil es oft Sand und kleine Steine enthielt.

Obst und Gemüse

Papyrus: unser Wort „Papier" leitet sich davon ab

Fladenbrot: flaches, rundes Brot, das zu Hause gebacken wird

Neben verschiedenen Gemüsearten aßen die Menschen gerne Fleisch, das aber teuer war. Fische wurden oft gegessen, weil sie billig waren. Es gab auch Süßigkeiten und Kuchen für die Reichen, während sich die armen Leute vor allem von Brot, Gemüse, Bohnen und Zwiebeln ernährten.

Das **Hauptgetränk** der Ägypter und Ägypterinnen war Wasser. Bier tranken alle gern, Wein konnten sich aber nur die Reichen leisten.

Amulett: Schmuckstück, das Glück bringen soll

Kleidung und Schmuck

Die Ägypter trugen um den Hals **Amulette**, die sie beschützen und ihnen Glück bringen sollten. Als Halsschmuck wurden reich verzierte ägyptische Halskragen getragen, ebenso Muschelschalen und Schneckengehäuse. Bei reichen Ägyptern waren **Perücken** – künstliche Haare aus Menschenhaar oder Schafswolle – sehr beliebt. Zur Pflege verwendeten sie Kämme aus Holz oder Elfenbein. Zu besonderen Anlässen trugen Frauen und Männer am Hof einen **Duftkegel**. Dies war ein Kopfschmuck aus Tierfett, Gewürzen und Kräutern. Im Laufe des Abends floss das schmelzende Fett über ihre Köpfe. So duftete zwar ihr Haar, es wurde aber auch fettig.

Leinenkleid mit Umhang

Fischamulett

Duftkegel

Die Frauen trugen lange **Kleider** aus Leinen in hellen Farben und darüber oft einen durchsichtigen Umhang. Die Männer kleideten sich mit Tüchern aus Leinen, die sie sich um die Hüften schlangen. So war es ihnen auch bei heißem Wetter nicht zu warm. Reiche Ägypter trugen gepolsterte **Sandalen**, die aus Leder oder Papyrus hergestellt waren. Sogar auf die Füße der Mumien malte man bunte Sandalen. Die meisten Leute gingen aber barfuß.

Sandalen

Nehmt doch Schminksachen mit und schminkt euch gegenseitig! Auch Männer schminkten sich in Ägypten.

Ägyptischer Schminkkurs in der Klasse

Männer und Frauen schminkten sich gerne die Augen. Dazu verwendeten sie schwarzen Kajal, der ihre Augen vor dem grellen Sonnenlicht schützte. Dieser schwarzen Farbe schrieb man sogar zu, dass sie Fliegen und andere Insekten abschreckte. Die Ägypter benutzten aber auch **Schminke** für Wangen und Lippen sowie Puder für das Gesicht. Die Männer rasierten sich sorgfältig und ließen sich die Haare regelmäßig schneiden.

Ägypterin beim Schminken

Zum Nachdenken: Welche Berufe werden auch heute kaum von Frauen ausgeübt?

Mitgift: Heiratsgut, Ausstattung

Frau, Familie und Schule

Der Mann war der Vorstand der Familie. Wenn ein Vater starb, erbte sein ältester Sohn das Land und das Vermögen. Aber auch die ägyptischen **Frauen** hatten Rechte und viele Freiheiten. Sie durften zwar kein öffentliches Amt bekleiden, konnten aber Land besitzen und Handel betreiben. Frauen aus reichen Familien war es sogar möglich, Ärztinnen und Priesterinnen zu werden. Die ägyptischen Frauen konnten sich scheiden lassen, wenn ihr Ehemann sie schlecht behandelte, und hatten auch ein Anrecht auf Unterstützung.

Spielende Kinder

Das **Familienleben** spielte in Ägypten eine wichtige Rolle. So konnten Paare auch Kinder adoptieren, wenn sie keine bekommen konnten. Für die Ägypter war es wichtig, viele Kinder zu haben, denn diese hatten im Alter für ihre Eltern zu sorgen. Um ihre Kinder zu schützen, gaben ihnen ihre Eltern Amulette in Fischform. Diese sollten sie vor dem Ertrinken im Nil beschützen.

Die Ägypter heirateten recht jung. Die jungen Männer waren bei ihrer **Heirat** unter 20 Jahre, die Mädchen meistens zwischen 14 und 18 Jahre alt. Der Bräutigam brachte eine **Mitgift** in die Ehe mit. Dies war oft ein Haus, in dem das Ehepaar zukünftig wohnte.

Vergleiche die Schule heute mit der im Alten Ägypten!

Die Söhne der Reichen durften zur **Schule** gehen und schreiben lernen. Für die Söhne der Schreiber begann die harte Ausbildung schon mit 9 Jahren. Die Mädchen blieben zu Hause und lernten, den Haushalt zu führen, während die Jungen bis zum 16. Lebensjahr von strengen Lehrern unterrichtet wurden. Die Söhne armer Leute mussten schon früh in den Werkstätten oder auf den Feldern ihrem Vater bei der Arbeit helfen. Dennoch blieb den Kindern auch noch Zeit zum **Spielen**. Kleine Kinder spielten mit Spielzeug aus Holz und Ton. Beliebte Spielsachen waren Steckenpferde, Kreisel, Puppen, Lehmbälle und geschnitzte Tiere.

Ägyptische Jungen beim Unterricht

Der **Pharao** herrschte über Ägypten. Es gab große Unterschiede zwischen den **Bevölkerungsschichten** beim Wohnen, dem Essen und der Kleidung. Das **Familienleben** war den Ägyptern sehr wichtig.

Nun geht's los – Aufgaben für schlaue Köpfe!

1) **Vergleiche zuerst diese vereinfachten grafischen Darstellungen der Gesellschaftsmodelle! ★★★**

ÄGYPTEN

ÖSTERREICH Gegenwart

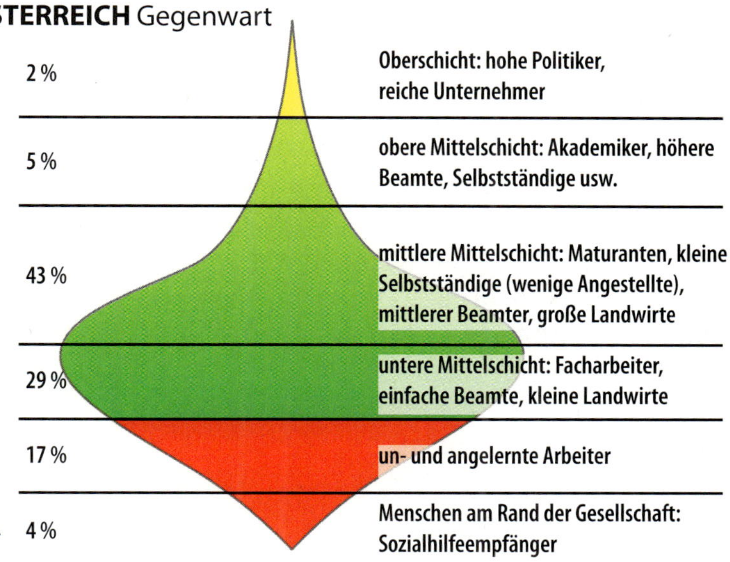

2) **Beantworte nun die Fragen! ★★★★★**

a) Welche Bevölkerungsgruppe war in Ägypten die größte? ______________________

b) Welche Bevölkerungsgruppe ist in Österreich die größte? ______________________

c) Wer steht an der Spitze in Ägypten? ______________________

d) Wer steht an der Spitze in Österreich? ______________________

e) Welche Aussagen stimmen, wenn du die beiden Gesellschaftsmodelle vergleichst? Kreuze an!

- ☐ Es gibt in Österreich weniger Menschen, die arm sind.
- ☐ Bei beiden Modellen steht eine Person an der Spitze.
- ☐ Es gibt sowohl in Ägypten als auch in Österreich eine breite Mittelschicht.
- ☐ Höhere Beamte stehen in beiden Modellen weit oben.

3) **Suche aus dieser Collage jene Nahrungsmittel heraus, die auf dem Essensplan der Ägypter und Ägypterinnen standen, und notiere sie daneben! ★★**

1. ______________________
2. ______________________
3. ______________________
4. ______________________
5. ______________________
6. ______________________

Nun geht's los – Aufgaben für schlaue Köpfe!

4) Hier siehst du einen Ägypter und eine Ägypterin. **Setze die Silben richtig zusammen und schreibe die gesuchten Begriffe auf die Papyrusrolle! ★★★**

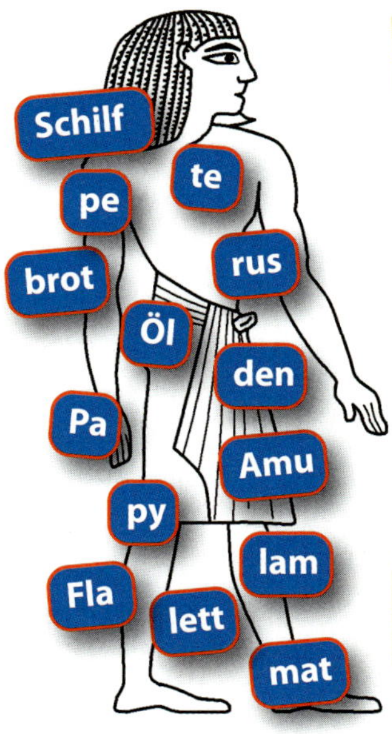

1. ____________________
2. ____________________
3. ____________________
4. ____________________
5. ____________________
6. ____________________
7. ____________________
8. ____________________
9. ____________________
10. ____________________

5) Auf diesem Bild siehst du ägyptische Frauen bei ihrer Arbeit. In der Wortschlange sind ihre Tätigkeiten versteckt. **Male zuerst die Begriffe in unterschiedlichen Farben an und schreibe dann die Lösungswörter auf! Zum Schluss kannst du dieses Bild anmalen! ★★**

MEHLSIEBENTEIGAUSROLLENKUCHENBACKENFISCHGRILLEN

LÖSUNG: ____________________ ____________________

____________________ ____________________

10. RELIGION IN ÄGYPTEN

Religion – Hieroglyphen – Mumien – Pyramiden

In Ägypten glaubt man an viele Götter und Göttinnen

Die Menschen im Alten Ägypten glaubten an mehr als 1 000 verschiedene Götter und Göttinnen. Für jeden Anlass im Leben und für Dinge, die man sich nicht selbst erklären konnte, gab es „zuständige" Götter. Diese findest du dargestellt in Menschengestalt, manche von ihnen haben auch **Tierköpfe**. Die Götter und die Menschen lebten in verschiedenen Welten. Verbindung zu den Göttern konnte nur der **Pharao** aufnehmen, weil er als Sohn des Sonnengottes galt.

Mit welchen Tieren wurden die Götter in Verbindung gebracht?
Wofür waren die abgebildeten Götter zuständig?

Horus
Himmelsgott: Er war der erste Pharao und Herrscher Ägyptens.

Re
Sonnengott: Er galt als Schöpfer und Herrscher des Universums und des Lebens.

Anubis
Totengott: Er führte die Toten ins Jenseits.

Isis
Göttin der Familie und der Kinder: Sie heilte auch Krankheiten.

Osiris
Gott des Jenseits, der Wiedergeburt und der Toten: Er war der Richter über die Toten.

Die Hieroglyphen – Schriftzeichen der Götter

Die ägyptischen Schriftzeichen nennt man **Hieroglyphen**, das bedeutet „Heilige Zeichen". Die alten Ägypter glaubten nämlich, dass die Hieroglyphen vom Mondgott **Thot** stammten.

Die Ägypter schrieben auf **Papyrus** oder Stein. Papyrus stellten die Ägypter aus dem **Mark** der Papyrus**staude** her, die am Nilufer wuchs. Zuerst mussten die Papyrushalme in viele lange Streifen geschnitten werden, die einige Zeit in Wasser eingelegt und dann in mehreren Schichten nebeneinander ausgelegt wurden. Anschließend schlugen die Ägypter mit einem Holzhammer auf die Papyrusstreifen ein und pressten sie mit Gewichten, damit diese aneinander haften blieben. Zum Schluss, wenn der Papyrus trocken war, wurde er mit einem Stein glatt gerieben. Als Tinte verwendeten die Ägypter eine Mischung aus Wasser und Ruß oder farbige Mineralien. Die Schreiber schrieben mit angespitzten Schilfrohrfedern.

Mark: das Innere, z. B. Knochenmark

Staude: Strauch

Recherchiere im Internet, wie heute Papier hergestellt wird!

Papyrusherstellung

Versuche einmal, deinen Namen in Hieroglyphen zu schreiben!

Der „Stein von Rosette" half, die Hieroglyphen zu entziffern. Finde mehr darüber heraus! Tipp: Lexikon, Internet

Auch heute wird noch die Bilderschrift verwendet. Nenne einige Beispiele!

Das Hieroglyphen-Alphabet

Die Hieroglyphen sind eine **Bilderschrift**. Jedes Schriftzeichen stand für ein Wort oder einen Laut. Insgesamt gab es etwa 700 verschiedene Zeichen, die von den Schreibern auf Papyrus geschrieben oder in Stein eingemeißelt wurden. Die Königsnamen schrieb man in einen ovalen Rahmen hinein, der „Kartusche" genannt wurde.

Zeichen	Gegenstand	Aussprache	Zeichen	Gegenstand	Aussprache	Zeichen	Gegenstand	Aussprache
	Geier (kurz)	a		Schilfblatt	i oder j		Seil	o
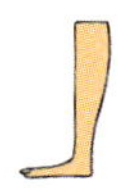	Bein	b		Korb	k		Hocker	p
	Tierleib mit Zitzen	ch		Löwe	l		Abhang	q (auch k)
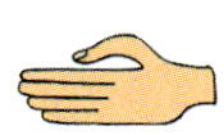	Hand	d		Henkelkranz Schleife	l		Mund	r
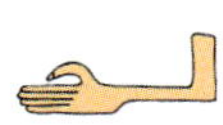	Unterarm	e		} Eule	m		gefalteter Stoff	s (stimmlos)
	Schlange (Hornviper)	f					Brotlaib	t
	Krugständer	g		Brettspiel	mn		Wachtel-küken	w oder u
	Hof	h		Wasser	n		Deutzeichen Mann – Frau	

Verwesung: Nach dem Tod zerfällt der Körper.

einbalsamieren: einen Leichnam durch Balsam und andere Stoffe vor Verwesung bewahren

Skarabäus: Mistkäfer, der bei den Ägyptern als Symbol (Zeichen) für die Auferstehung galt

Ein Leben nach dem Tod

Im ägyptischen Glauben war der Tod nur ein Übergang in ein anderes Leben. Die Ägypter glaubten an ein **Totengericht**. Der Totengott **Anubis** begleitete den Toten in das Totenreich, das unter der Erde lag. Auf der **Waage der Gerechtigkeit** wurden die guten und schlechten Taten des Toten gegeneinander abgewogen.

Der Körper des Toten musste erhalten bleiben. Wenn ein armer Ägypter starb, legten ihn daher seine Verwandten in den heißen Wüstensand. Dadurch trocknete der Körper aus und blieb vor der **Verwesung** geschützt. Das nennt man natürliche **Mumifizierung**. Starb jedoch ein Pharao oder ein reicher Ägypter, wurde die Leiche **einbalsamiert**. Dazu schnitt man den Körper auf und entfernte alle Eingeweide bis auf das Herz. Die Organe gab man in spezielle Krüge, die **Kanopen**. Das Gehirn wurde durch die Nase mit einem Haken herausgezogen. Die Priester legten den Toten für 40 Tage in Salz zum Austrocknen. Danach wurde der Leichnam gewaschen und ausgestopft. Anschließend rieb man ihn mit Ölen ein und wickelte ihn in Leinenbinden. Zwischen die Stoffschichten legten die Priester wertvolle Amulette wie zum Beispiel einen **Skarabäus**.

Mumifizierung

Bis zu 3 000 m Leinenstreifen brauchte man für eine solche Mumie, die dann noch in mehrere Särge – immer einer größer als der andere – gelegt wurde. Auf diese Art und Weise sollte der Körper vor Verwesung geschützt werden und die **Seele des Toten** konnte in ihn zurückkehren.

Sogar Tiere wurden mumifiziert. Reiche Ägypter nahmen die Mumien ihrer Lieblingstiere wie Katzen oder Hunde mit ins Grab. Archäologen/Archäologinnen entdeckten auch ein mumifiziertes Krokodil von über 4,5 m Länge.

Große Tempel zu Ehren der Götter

Der Felsentempel von Abu Simbel. Die vier mächtigen Ramses-Statuen bewachen den Eingang des Tempels und sind 20 m hoch.

Zu Ehren der Götter erbauten die Ägypter gewaltige **Tempelanlagen**. Unter den Pharaonen gab es einen besonders bedeutenden Herrscher: **Ramses II**. Dieser ließ einen Tempel aus Sandstein errichten, der über 60 Meter tief im Felsen liegt. Im Innersten des Tempels befinden sich Figuren der Götter. Der Tempel wurde so gebaut, dass jedes Jahr am 22. Februar und am 22. Oktober die Sonnenstrahlen bis zum innersten Punkt vordringen und dort diese Figuren beleuchten.

Statuen: Figuren von Menschen, von einem Künstler hergestellt

Die Pharaonen bauen sich Häuser für die Ewigkeit

Im **Alten Reich** ließen sich die Pharaonen noch zu ihren Lebzeiten prächtige **Pyramiden** errichten, in denen sie begraben wurden. Auf der Hochebene von Gizeh stehen die 3 Pyramiden: von König Cheops, seinem Sohn Chephren und seinem Enkel Mykerinos.

Die berühmteste dieser drei Pyramiden ist die **Cheopspyramide**, die beinahe 146 m hoch ist. Vor dieser ließ Cheops drei kleinere Pyramiden für seine Hauptfrauen erbauen.

Altes Reich: von 2 850 – 2 050 v. Chr.

In welchen Kino- oder Fernsehfilmen kommen Mumien und Pyramiden vor?

Vergleiche die Größe der Cheopspyramide mit der des Stephansdomes!

Der Bau der Pyramiden war eine gewaltige Leistung für die damalige Zeit. Du musst dabei bedenken, dass es keine Kräne oder andere Maschinen gab.

Die drei Pyramiden von Gizeh wurden um 2 500 v. Chr. erbaut.

Welche Hilfsmittel kannst du auf der Pyramiden-Baustelle erkennen?

Wie wurden die Steine transportiert?

Mit welchen Baustoffen und Maschinen wird heute gebaut?

Wieso braucht man heute nicht mehr so viele Arbeiter auf der Baustelle?

Dieses Bild zeigt dir, wie eine Baustelle in Ägypten ausgesehen haben könnte.

Hast du das gewusst?

- Jeder Steinblock wog so viel wie eineinhalb Elefanten (ca. 2,5 Tonnen).
- Wasserträger versorgten die Arbeiter, da es in der Wüste sehr heiß war.

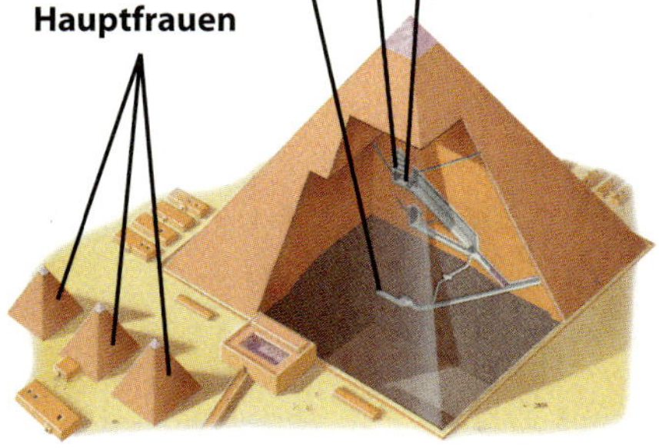

Das Innere der Cheopspyramide

Laut dem griechischen Geschichtsschreiber Herodot verarbeiteten beim Bau der Cheopspyramide 100 000 Arbeiter in 23 Jahren bis zu 2 Millionen **Steinblöcke**. Die Steine wurden von den Arbeitern mit Meißel und Sägen zurechtgeformt, ehe sie auf Holzschlitten zur Pyramide gebracht wurden. Die Ägypter bauten ihre Pyramiden zum Großteil in „Handarbeit".

Um die Steine in größere Höhen zu befördern, sollen die Ägypter Rampen aus Erde und Lehmziegel gebaut haben. Manche Forscher glauben aber, dass die Steine nicht über Rampen transportiert, sondern mit riesigen Hebeln an ihren Platz gebracht wurden. An der Außenwand bekamen die fertigen Pyramiden zum Schluss einen leuchtend weißen Anstrich, der die Steine schützen sollte.

luxuriös: im Reichtum leben

Labyrinth: Irrgänge

Die Ägypter glaubten an viele **Götter** und **Göttinnen**. Die Schriftzeichen der Ägypter nennt man **Hieroglyphen**. Ihre Toten wurden **mumifiziert**. Die **Pyramiden** dienten den Pharaonen als Grab.

In den Pyramiden befanden sich unermessliche **Schätze** wie Gold, Silber, Edelsteine und wertvolle Gebrauchsgegenstände. Diese Grabbeigaben sollten den Pharaonen auch im Jenseits ein angenehmes und **luxuriöses** Leben ermöglichen.

Grabräuber

Die Schätze in den Pyramiden lockten aber auch immer wieder **Grabräuber** an, die die wertvollen Gegenstände raubten, manchmal sogar den Leichnam des Pharaos. Um 1 500 v. Chr. verlegten die Herrscher Ägyptens ihre Gräber ins **Tal der Könige**, einem schwer zugänglichen Ort am Westufer des Nils. Obwohl **Labyrinthe** angelegt wurden und Fallen Räuber abhalten sollten, waren auch diese Gräber vor Räubern nicht sicher.

Nun geht's los – Aufgaben für schlaue Köpfe!

1) Die Sphinx thront vor der Cheopspyramide. Sie ist die Wächterin der Toten und Beschützerin des königlichen Grabes. **Die Sphinx gibt dir zwei Rätsel auf, versuche sie zu lösen! ★★**

Tipp: Falls dir die Lösungen nicht einfallen, ordne den Zahlen unten die entsprechenden Buchstaben im Alphabet zu!

13	5	14	19	3	8	20	1	7	14	1	3	8	20

2) **Versuche, die folgenden Wörter in Hieroglyphen zu „übersetzen"! ★★★★**

MUMIE

KATER

AMULETT

3) **Schreibe deiner Freundin oder deinem Freund eine Geheimnachricht in Hieroglyphenschrift! ★★★★**

Nun geht's los – Aufgaben für schlaue Köpfe!

4) **Vorbereitung auf das Leben nach dem Tod:** Ordne den Text und füge die Buchstaben in die Kreise ein! ★★★★

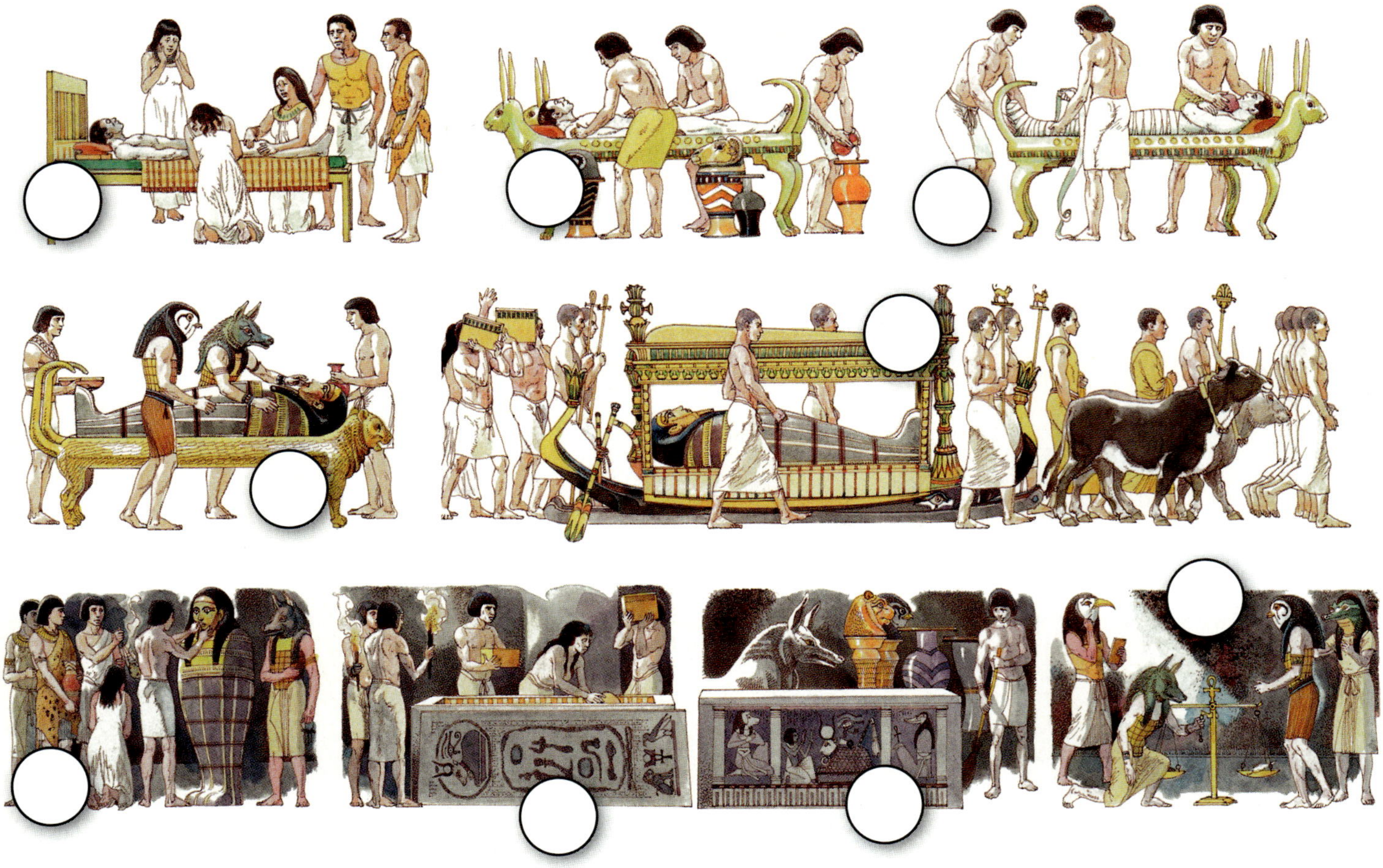

B. Am Eingang zum Grabmal vollzieht ein Priester das Ritual „Öffnen des Mundes".

S. Der Tote tritt vor die „Waage der Gerechtigkeit".

A. Der Leichnam wird mit langen, schmalen Leinenbinden umwickelt, Amulette werden dazwischengelegt.

R. Über das Gesicht der Mumie kommt zuerst eine Maske. Dann wird sie in einen Sarg gelegt, der reich verziert ist.

Ä. Der Sarg wird in einen rechteckigen Außensarg gelegt.

K. Die Einbalsamierer entfernen das Gehirn und die inneren Organe und legen den Körper des Toten in Salz, das ihn austrocknet.

A. Bei der Begräbniszeremonie werden der Sarg des Toten und all seine Besitztümer zum Grabmal geleitet.

S. Die Verwandten trauern um den Toten.

U. „Das Entfernen der Füße" – alle Spuren menschlichen Lebens werden mit einem Besen weggekehrt.

LÖSUNGSWORT: . . . .

5) Setze die Buchstaben aus der Liste von Seite 46 ein – dann erfährst du den Namen einer berühmten ägyptischen Königin! ★

. . . .

Hochkulturen NEWS

Verkaufe gut abgerichteten Affen, der beim Ernten der Früchte hilft!

Mitarbeiter und Mitarbeiterinnen gesucht!
Wer schreibt die beste Reportage über eine der Hochkulturen unserer Welt?

Zwei Monate kein Lohn für Arbeiter – erster STREIK!

Ägypten, 1156 v. Chr. – Exklusivmeldung: In der Totenstadt von Ramses III. weigern sich die Arbeiter und Handwerker zu arbeiten. Seit zwei Monaten haben sie schon keinen Lohn mehr erhalten. Wir halten Sie exklusiv auf dem Laufenden!

Das Rätsel der Sphinx:

Ägypten: Ein geheimnisvolles Wesen bewacht die Pyramide des Chefren in Gizeh. Es ist 73 m lang und 20 m hoch, hat den Körper eines Löwen und ein menschliches Gesicht.

Wir verfassen Ihr persönliches Totenbuch!

Wollen Sie unvorbereitet ins Jenseits gehen? Sagen Sie sich von Ihren Sünden los und lassen Sie sich den Weg ins Totenreich zeigen! **Günstige Totenbücher von Anubis auch für Sie kein Luxus!**

Grab des Tutenchamun gefunden!

Exklusivbericht von Kabeb aus Ägypten

ACHTUNG!
Es dauerte 10 Jahre, bis alle Schätze aus dem Grab geräumt waren!

1922/Tal der Könige: Dem britischen Archäologen Howard Carter gelang der Sensationsfund des Jahrhunderts. Im Tal der Könige entdeckte er das nahezu unversehrte Grab des jungen Pharaos Tutenchamun. In unterirdischen Kammern stieß Carter auf kostbare Grabbeigaben. Das berühmteste Fundstück war die 11 kg schwere Totenmaske aus Gold. Tutenchamuns Mumie ist die einzige Mumie eines Pharaos, die heute noch in der ursprünglichen Grabstätte liegt.

Die blauen Streifen der Goldmaske sind aus Glas.

Sonderangebot – Amulette für jede Gelegenheit

Preisgünstige Skarabäen für Ihre lieben Verstorben. Eingewickelt zwischen den Leinenbändern erleichtert dieser Mistkäfer aus Halbedelsteinen gefertigt den Übergang in ein anderes Leben.
Das Auge des Horus hingegen schützt Sie vor allem, was hinter Ihnen liegt. So sind Sie sicher vor dem „bösen Blick“ und vor Unfällen.

Hochkulturen NEWS

Mesopotamien, 3 000 v. Chr.

Auch Sumerer schreiben!

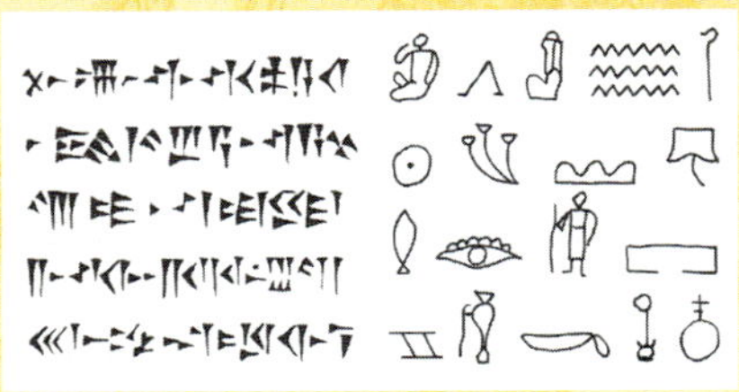

Nach neuen Erkenntnissen gebrauchten die Sumerer in Mesopotamien schon um 3 000 v. Chr. eine Bilderschrift, in der jeweils ein Zeichen für ein Wort steht. Später entwickelten sie daraus die Keilschrift.

Phönizien – 2 000 v. Chr.

NEUES VON DER SCHIFFSMESSE HOCHSEETÜCHTIGE BOOTE GEBAUT

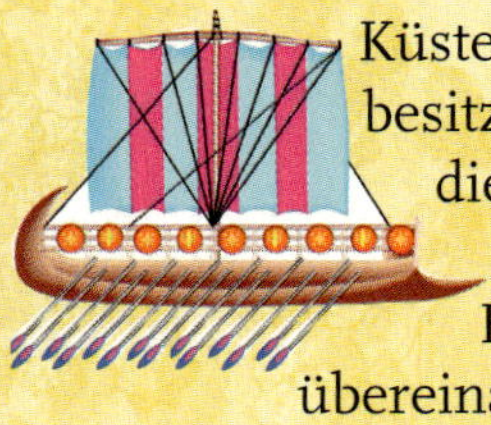

Schluss mit den flachen Booten, die nur in Küstennähe sicher sind! Unser neues Modell besitzt einen Kiel, sodass Sie ohne Probleme die Meere besegeln können. Ihre Ruderer sitzen mit dem Rücken zur Fahrtrichtung in zwei Reihen übereinander – dies erhöht die Geschwindigkeit. Anfragen an „Die Werft“ in BYBLOS

Was gibt es Neues?

- **Um 2 000 v. Chr. wird die erste Literatur der Menschheit in Tontafeln gestochen: das Gilgamesch-Epos.**
- **Das Ischtartor ist seit 1930 im Pergamonmuseum in Berlin zu besichtigen.**
- **Seit Beginn des 2. Jt. werden sumerische Wörterbücher angefertigt. Sie enthalten nach Sachgebieten geordnete Wörterlisten.**
- **Der chinesische Weise Konfuzius prägt die goldene Regel: „Was du nicht willst, das man dir tu, das füg auch keinem anderen zu.“**

Mesopotamien, 18. Jh. v. Chr.

Gesetzeskodex des Hammurabi tritt in Kraft!

Die Gesetze des Hammurabi sind auf einer 2,25 m hohen Säule aus schwarzem Stein eingemeißelt. Jeder, der einen Rechtsstreit hat, kann sich hier informieren. Ein Beispiel: „Wenn ein freier Mann einen anderen freien Mann des Mordes anklagt und dafür keinen Beweis erbringen kann, soll der Ankläger mit dem Tode bestraft werden.“
Was halten Sie von dieser Bestimmung?

Bier aus Mesopotamien

Mehrere Sorten: Starkbier, Feinbier, dunkles Bier, süßes Bier. Garantiert unverdünnt!
Tipp: Trinken Sie Ihr Bier mit dem Strohhalm!
Warnung an die Wirte:
Wer Bier verdünnt, wird ertränkt!

Mehr als 6 000 lebensgroße Tonfiguren bewachen das Grab von Quin Shi Huangdi, dem ersten Kaiser von China!

China, 221 v. Chr. – Quin Shi Huangdi teilte das Land in 36 Kreise, reformierte die Schrift, regelte Maße und Gewichte, ließ neue Straßen anlegen, befahl, mit dem Bau der großen Chinesischen Mauer zu beginnen und verlieh sich selbst den Kaisertitel. Nach seinem Tod wurde er in einem ungeheuer großen Grab bestattet.

Reise in die Vergangenheit:

2 850 – 2 050 v. Chr.:	Altes Reich (Cheops)
2 050 – 1 570 v. Chr.:	Mittleres Reich (Sesostris III.)
1 570 – 715 v. Chr.:	Neues Reich
715 – 332 v. Chr.:	Spätzeit
332 v. Chr.:	Alexander der Große eroberte Ägypten
304 – 30 v. Chr.:	Herrschaft der Ptolemäer
30 v. Chr.:	Ägypten wurde römische Provinz
3 200 – 1 686 v. Chr.:	Reich der Sumerer und Akkader (Hammurabi)
1 686 – 626 v. Chr.:	Assyrisches Reich
625 – 539 v. Chr.:	Babylonisches Reich
539 – 330 v. Chr.:	Persisches Reich
331 v. Chr.:	Alexander der Große eroberte Babylonien

Buchtipps

Renèe Holler: **Spurensuche am Nil. Ein Ratekrimi aus dem alten Ägypten** (Loewe).
Renèe Holler: **Das Geheimnis des Druiden. Ein Ratekrimi aus der Zeit der Kelten** (Loewe).
Maja Nielsen: **Tutanchamun – Das vergessene Grab** (Gerstenberg).
Peter Chrisp, Joe Fullman: **Geschichte für clevere Kids** (Dorling Kindersley).

11. DER LEBENSRAUM DER GRIECHEN

Besiedlung – Stadtstaaten – Athen und Sparta – Gesellschaft – Kolonisation – Perserkriege

Menschen besiedeln Griechenland

Im 2. Jt. v. Chr. zogen die **Achäer**, aus dem Norden kommend, in das Gebiet des heutigen Griechenlands.

Wer von euch war in den Ferien schon einmal in Griechenland?
Wie sieht die Landschaft dort aus?

Das antike Griechenland

antik: alt

sich ansiedeln, besiedeln: Häuser, Dörfer bauen

Berühmte griechische Heldengedichte sind die Ilias und die Odyssee, die der Dichter Homer anhand von Erzählungen im 8. Jh. v. Chr. verfasst haben soll. Der Kampf um die Stadt Troja wurde sogar durch ein hölzernes Pferd entschieden!

Woher sie kamen, weiß niemand genau. Die Achäer **siedelten sich an**, vermischten sich mit der einheimischen Bevölkerung oder unterwarfen diese. Sie gründeten eine Reihe von Königreichen.

Mykene war das reichste und mächtigste Königreich. Mittelpunkt jedes Königreiches war eine Burg, von der aus das Land verwaltet wurde. Zuerst wurden Dörfer gegründet, später Städte gebaut. Um 1 000 v. Chr. wanderten die **Dorer** aus dem Norden kommend in Griechenland ein.

Lies doch die Sagen der Ilias und der Odyssee im Buch „Sagen für alle – die Antike" im Deutschunterricht!

Etwas ganz Besonderes: POLIS (Stadtstaat)

Griechenland wird vom Meer, aber auch von hohen Bergen in viele unterschiedliche Landschaften geteilt. Es war daher sehr schwierig, von einer Stadt in die andere zu gelangen. Dies war der Grund dafür, dass sich damals noch kein gemeinsamer großer Staat entwickeln konnte.

Doch viele Städte bildeten mit den Bauern- oder Fischerdörfern, die rundherum lagen, einen eigenen **Stadtstaat**. Das griechische Wort dafür ist **Polis** (Mehrzahl: Poleis). Meist hatten die Städte eine Festung auf einem Hügel über der Stadt, die man **Akropolis** (akro polis = über der Stadt) nannte, und einen **Markt**platz, die **Agora**.

Polis: Stadtstaat; besteht aus einer Stadt und ihrem Umland

Markt: Ort, an dem gehandelt wird

Antike Drachme

Welche Währung gibt es im heutigen Griechenland?

Betrachte diese Abbildung und zähle auf, was alles zum Stadtstaat gehört!

verbünden: sich zusammentun, vereinigen

Die Bauern aus den Dörfern versorgten die Polis mit Öl, Wein und Getreide sowie mit Milch und Käse von ihren Schafen und Ziegen. Die Polis handelte mit anderen Stadtstaaten und kaufte und verkaufte Waren, die meistens mit Schiffen transportiert wurden. Bei diesen Käufen und Verkäufen bezahlte man mit Silbermünzen, auf denen eine Eule eingeprägt war. Diese Münzen wurden **Drachmen** genannt.

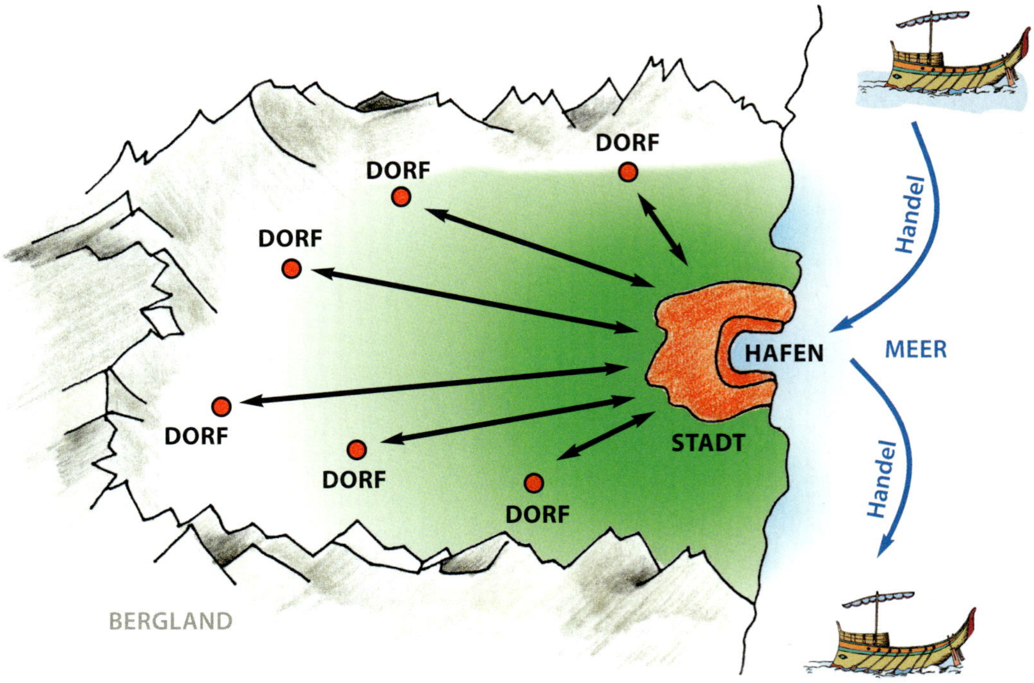

Eine Polis und ihr Umland

Manche Poleis führten Kriege gegeneinander, manche waren **verbündet**.

Pallas Athene: Göttin der Weisheit; sie war die Schutzgöttin der Stadt Athen

Athen und Sparta

Nach und nach entstanden in Griechenland ca. 600 Poleis. Diese waren verschieden groß. Eine der größten war **Athen**. Dort lebten bis zu 300 000 Menschen. Der Hafen von Athen heißt **Piräus**. Auf der Akropolis stand der Tempel der Göttin **Pallas Athene**.

Wie viele Männer und wie viele Frauen siehst du auf diesem Bild?
Wie sind die Menschen gekleidet?

Was machen sie?
Wer könnte ein Sklave oder eine Sklavin sein?

So ähnlich könnte es auf einem antiken griechischen Markt ausgesehen haben.

Die **Athener Männer**, die eigenes Land besaßen, nannte man **Bürger**. Manche von ihnen hatten große Ländereien und waren reich, andere hatten nur kleine Bauernhöfe. Die Männer in Athen bestimmten, was in der Familie zu geschehen hatte. Die Athener Bürger verachteten alle, die hart arbeiten mussten. Nur Politik, Theater und Kämpfen im Krieg hielten sie für vornehm.

Unterricht der Knaben in Athen

Erziehung: Im Alter von 7 Jahren begannen die Jungen in Athen lesen und schreiben zu lernen. Sie gingen in Begleitung eines Sklaven jeden Tag zu einem Lehrer zum Unterricht. Anschließend betrieben sie Sport.

Ihre **Frauen** durften die Wohnhäuser nur selten verlassen. Mädchen gingen nicht zur Schule und heirateten oft schon mit 14 Jahren. Die Frauen kümmerten sich um den Haushalt und erzogen die Kinder.

Ausländer und Ausländerinnen – **Metöken** und **Metökinnen** – lebten zwar in Athen, es war ihnen aber nicht erlaubt, Land zu besitzen. Sie arbeiteten meist als Händler oder Handwerker und bezahlten hohe Steuern an den Stadtstaat.

Die meiste Arbeit aber wurde von **Sklaven** und **Sklavinnen** verrichtet. Diese waren oft in Kriegen gefangen genommen und dann verkauft worden. Die Besitzer der Sklaven bestimmten, was diese zu arbeiten hatten. Sklaven wurden nicht als Menschen, sondern als Besitzgegenstände gesehen. Ihre Besitzer durften sie schlagen, aber nicht töten. Sie mussten schwer in den Bergwerken oder als Ruderer auf den Kriegsschiffen arbeiten. Andere Sklaven und Sklavinnen waren in der Landwirtschaft oder im Haushalt tätig. Sie bekamen keinen Lohn und hatten oft nur sehr wenig zum Leben. Gebildete Sklaven wurden Hauslehrer, Ärzte oder Diener.

Sklavin als Dienerin

Sparta war ebenfalls eine wichtige Polis. Die Spartaner kümmerten sich ausschließlich um die Verteidigung ihres Stadtstaates, während die versklavten Bauern – die man **Heloten** nannte – die Felder bestellen mussten. Da die Spartaner sehr kriegerisch waren, legten sie großen Wert auf sportliches Training – auch bei den Frauen und Mädchen.

Spartanerin beim Laufen

Im Gegensatz zu den Bewohnerinnen anderer griechischer Städte trieben die Frauen Spartas Sport und trugen kurze Kleidung. Der Staat übernahm die **Erziehung der Kinder**. Ab dem 7. Lebensjahr wurden die Kinder einem strengen Lehrer anvertraut, der ihre körperliche Leistungsfähigkeit und ihre Selbstdisziplin trainierte. Sparta und Athen kämpften lange Zeit darum, wer der mächtigere Stadtstaat war.

Menschen wandern aus

Die **Überbevölkerung** in den **Mutterstädten**, aber auch die Abenteuerlust ließ junge Griechen auswandern. An den Küsten rund um das Mittelmeer und am Schwarzen Meer gründeten sie neue Siedlungen. Diese neu gegründeten Dörfer und Städte nannte man **Kolonien (Tochterstädte)**. Die Auswanderer erhofften sich dort ein besseres Leben. Der **Philosoph** **Platon** meinte dazu: „Die Griechen sitzen um die Küste des Mittelmeers wie Frösche um einen Teich!"

Überbevölkerung: Zu viele Menschen leben in einem Land.

Welche Kinder aus deiner Klasse sind aus anderen Ländern nach Österreich gekommen?
Woher stammen sie?
Welche Sprachen sprechen sie?
Warum haben sie ihr Heimatland verlassen?

Philosoph: jemand, der über den Sinn des Lebens nachdenkt

Auf dieser Landkarte siehst du einige griechische Kolonien. In welchen Ländern liegen diese Städte heute? (Atlas)

Massalia: F . . . .

Neapolis: I . . . . . .

Syrakus: I . . . . . .

Tarent: I . . . . . .

Milet: T . . . . .

Ephesos: T . . . . .

Odessos: B . . . .

„Nea polis" heißt auf Griechisch „neue Stadt".

Zähle jene Waren auf, die die Tochterstadt an die Mutterstadt lieferte und umgekehrt!

Vor der Schlacht von Salamis fragten die Griechen das Orakel von Delphi um Rat. Was ist das Orakel von Delphi? (Lexikon, Internet)

Griechenland wurde im 2. Jt. v. Chr. besiedelt. Es bildeten sich Stadtstaaten (Poleis) wie **Athen** und **Sparta**. Die Griechen gründeten viele **Kolonien** rund ums Mittelmeer. 490 v. Chr. griffen die **Perser** die Griechen an. 480 v. Chr. konnten die Griechen die Perser endgültig besiegen.

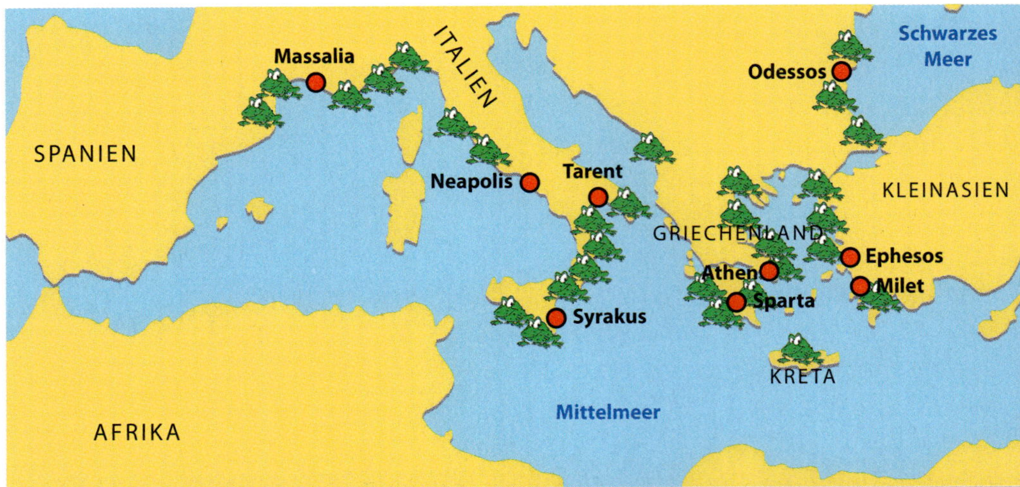

Die bedeutendsten griechischen Kolonien

Die Menschen, die in den **Kolonien** wohnten, glaubten an dieselben Götter und sie sprachen dieselbe Sprache wie die Menschen der Poleis: Griechisch! Auf diese Weise verbreitete sich die **griechische Kultur** im Mittelmeerraum und auch an den Küsten des Schwarzen Meeres.

Die Menschen in den Kolonien trieben Handel mit den Mutterstädten und ebenso mit benachbarten Völkern.

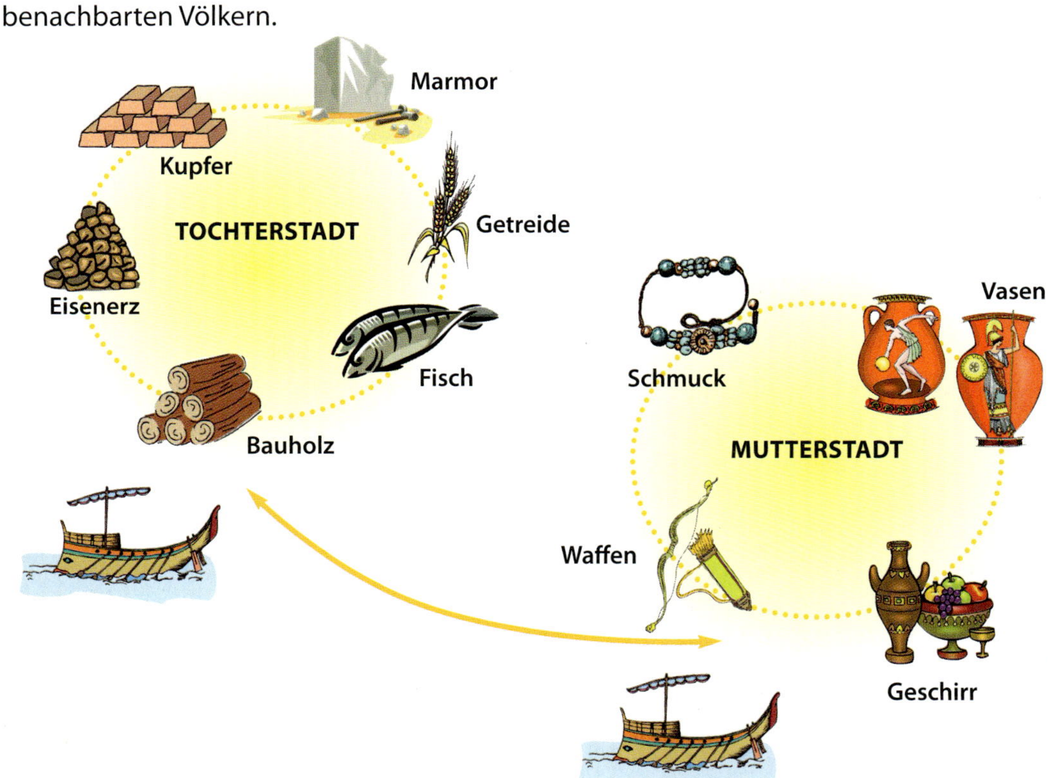

Handel zwischen Tochter- und Mutterstadt

Die Griechen trafen bei ihrer Kolonisation auch auf Gegner. Die größte Gefahr ging vom **Persischen Reich** aus, das Kleinasien und die dort liegenden griechischen Kolonien unterworfen hatte. Da die Griechen des Mutterlandes die Kolonien unterstützten, griffen die Perser Griechenland an. Die Stadtstaaten Griechenlands schlossen sich zum **Hellenischen Bund** zusammen und besiegten die Perser in der **Schlacht von Marathon** (490 v. Chr.).

Zehn Jahre später (480 v. Chr.) schlugen die Griechen die Perser endgültig in der **Seeschlacht von Salamis**.

Nun geht's los – Aufgaben für schlaue Köpfe!

1) **Bemale das Meer ! Anschließend verwende zum Anmalen folgende Farben! ★**
Festland Peloponnes Kreta Inseln

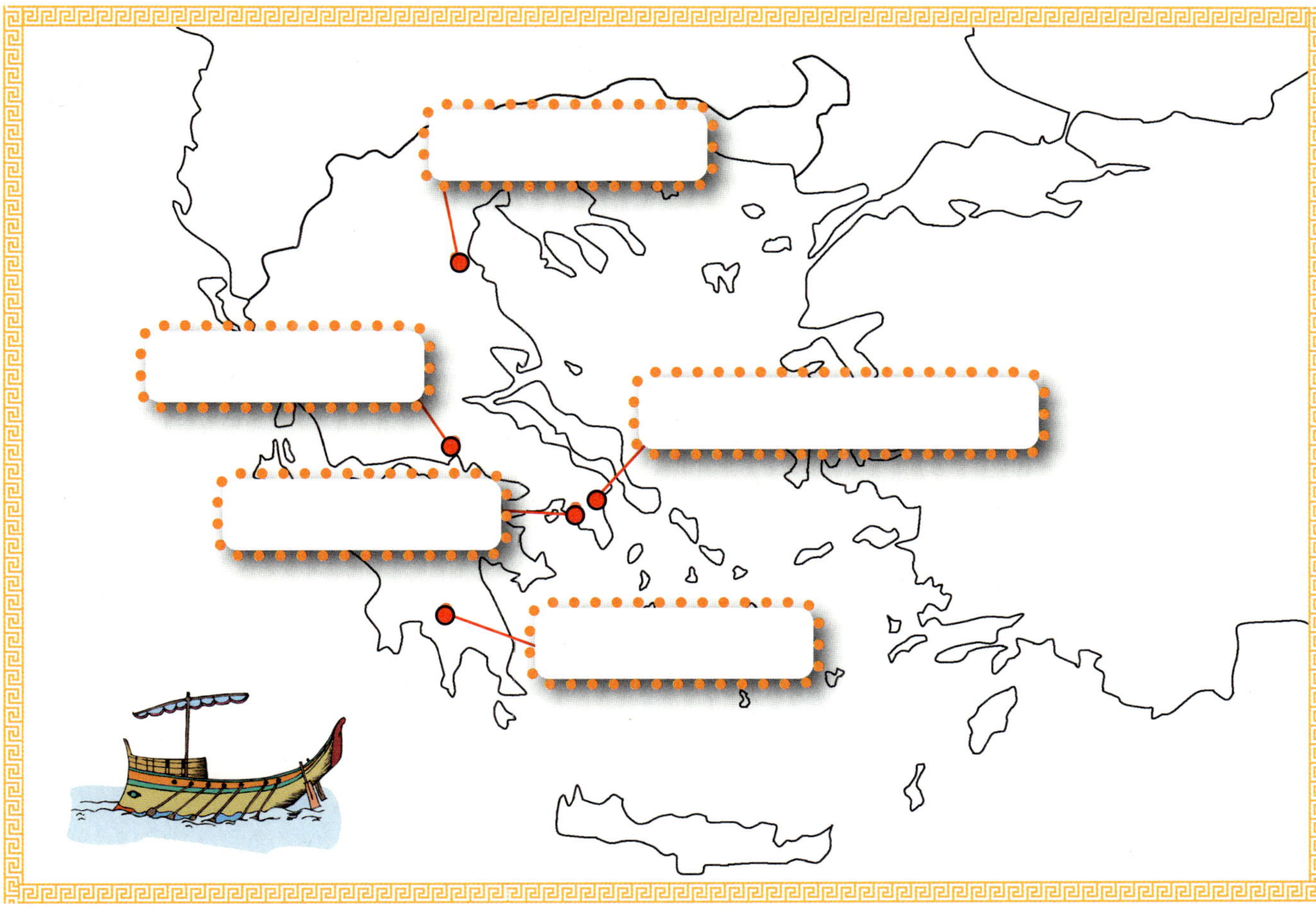

2) **Beschrifte die angegebenen Orte mit den griechischen Namen! ★**

3) **Suche Informationen zu diesen Orten und gestalte damit eine Collage! ★★★** (Lexikon, Internet)

4) Die Buchstaben sind durcheinandergekommen. **Schreibe die Wörter richtig in die 2. Spalte! ★★**
Erkläre anschließend in der 3. Spalte, was diese Wörter bedeuten! ★★

Ausländer im antiken Athen ★ Töchterstädte ★ Name für Stadtstaaten ★ großer griechischer Stadtstaat

KEMTÖNE		
NIOLKONE		
TEAHN		
LOPESI		

Nun geht's los – Aufgaben für schlaue Köpfe!

5) Hier siehst du eine neue und eine alte griechische Münze! **Was fällt dir auf? ★**

6) **Male die Eule an und zeichne dann eine eigene Münze!**

7) **Was symbolisiert eine Eule? ★** **W** . . . .

8) Jeder Frosch steht für eine heutige Stadt, die früher einmal eine griechische Kolonie war. **Schreibe die Namen der Städte in die Karte! ★★** (Atlas)

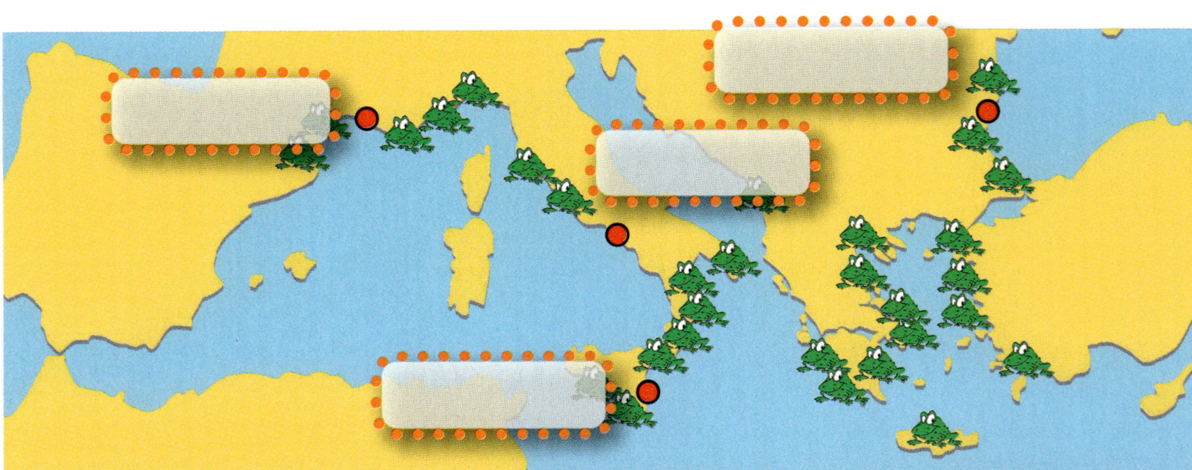

„DIE GRIECHEN SITZEN UM DIE KÜSTEN DES MITTELMEERS WIE DIE FRÖSCHE UM EINEN TEICH", sagte ______________________

9) **Welche anderen griechischen Kolonien gab es noch? ★★★** (Bücher, Lexikon, Internet)

10) Der Athener Dichter Aischylos, selbst Teilnehmer an der Schlacht bei Salamis, berichtet uns darüber. **Lies dir seinen Bericht genau durch und überlege, warum die Griechen gegen die Perser siegten! ★★**

Die Linie des Geschwaders führte der rechte Flügel mit den Athener Schiffen an, ihnen folgte die übrige Flotte. Wir hörten ihr Rufen: „Auf, Söhne Hellas'! Befreit unser Vaterland! Befreit Weib und Kind! Befreit der heimischen Götter Heiligtum und die Gräber der Väter!" Auch auf persischer Seite erhob sich lautes Kriegsgeschrei, denn sie durften nun nicht mehr länger warten.

Schon stießen die Schiffe mit ihren eisenbeschlagenen Schnäbeln aufeinander. Ein Grieche brach im Vorbeifahren einem Perser alle Ruder ab, ein anderer rammte einen schwerfälligen persischen Segler. Da sich aber die persischen Schiffe in der Einfahrt der engen Bucht drängten, konnte sich die Flotte nicht entfalten, ja, die Schiffe rammten sich selbst und zerbrachen sich gegenseitig ihre Ruder.

Die Griechen besiegten die Perser, weil ______________________

12. REGIERUNGSFORMEN IN GRIECHENLAND

Herrschaftsformen – Mutterland der Demokratie – Scherbengericht – indirekte und direkte Demokratie

Wie wird Griechenland regiert?

Jede **POLIS** war unabhängig und hatte daher eine eigene **Regierung**. Es gab dafür verschiedene Möglichkeiten:

Zuerst regierten meist **Könige**.

1 MONARCHIE

Königtum	Es regiert **ein** einzelner Herrscher. Das Amt wird vom Vater auf den Sohn vererbt.

Später stürzten die **Adeligen** den König und regierten gemeinsam.

2 ARISTOKRATIE

Adelsherrschaft	Es regiert **eine Gruppe** reicher und vornehmer Familien.

Dazwischen kamen immer wieder **Einzelne**, oft mit Gewalt oder mit Hilfe des Volkes, an die Macht.

3 TYRANNIS

Alleinherrschaft	Es regiert **ein** Einzelner.

Erst im 5. Jh. v. Chr. entwickelten **Politiker** in Athen eine neue Art des Regierens.

4 DEMOKRATIE

Volksherrschaft	**Alle männlichen** Athener **Bürger** durften mitbestimmen.

Die griechischen Bürgerinnen, die Metöken und Metökinnen und die Sklaven und Sklavinnen – also der größte Teil der Bevölkerung Athens – durften auch in der **Demokratie** nicht mitbestimmen.

Ordne die Bilder richtig zu – schreibe die richtigen Nummern in die Kästchen!

Politiker: Person, die an der Führung eines Staates beteiligt ist

Demokratie: Volksherrschaft – Das Recht geht vom Volk aus.

Großgrundbesitzer: jemand, der sehr viel Land besitzt

Erzeugnisse der Bauern: Getreide, Schafe, Früchte

Gutshof: ein größerer Bauernhof

Einteilung der Bevölkerung nach Solon:
1 Großgrundbesitzer und Großkaufleute
2 Bauern, Kaufleute, Handwerker
3 Kleinbauern und kleine Handwerker
4 besitzlose Bürger (konnten kein Regierungsamt übernehmen)

Besprecht gemeinsam: Sind heute alle Menschen vor dem Gesetz gleich?

Lies im Deutschunterricht „Die Bürgschaft" von Friedrich Schiller! Dabei erfährst du mehr über die griechische Tyrannis.

wehrhaft: wenn man sich wehren kann

Wer darf bestimmen? Wer darf regieren?

Im 7. Jh. v. Chr. kam es in Athen zu Spannungen zwischen dem **Adel** (**Großgrundbesitzer**), den **Bürgern** (Handwerker und Händler) und den **Bauern**. Die Bürger waren durch den Handel mit den Kolonien wohlhabend geworden und forderten mehr **politische Rechte**. Die Bauern verarmten, da aus den Kolonien billige Waren eingeführt wurden, sodass die Bauern ihre **Erzeugnisse** nicht mehr mit Gewinn verkaufen konnten.

Viele Menschen waren gezwungen, sich Geld auszuborgen. Wer die Schulden nicht zurückzahlen konnte, musste sich selbst und seine Familie als **Sklaven verkaufen**. Diese Sklaven arbeiteten auf den **Gutshöfen** der Großgrundbesitzer.

Als die Armen immer ärmer, die Reichen aber immer reicher wurden, bestimmte man den angesehenen Kaufmann und Dichter **Solon**, etwas dagegen zu unternehmen. Dieser legte fest, dass die Bürger ein **politisches Mitspracherecht** bekamen. Aber nicht alle Bürger erhielten die gleichen politischen Rechte. Solon teilte die Bevölkerung nach dem **Einkommen in vier Klassen** ein. Wer mehr Steuern zahlte, durfte auch politisch mehr mitbestimmen. Politische Ämter (Richter, Heerführer) übernahmen nur die Reichen, da es dafür keine Bezahlung gab.

Solon

Solon ordnete per Gesetz an, dass alle Athener Schuldsklaven **freigekauft wurden** und ihren Landbesitz zurückbekamen. Kein Bürger durfte sich mehr selbst verkaufen, um seine Schulden zurückzuzahlen. Ebenso legte Solon eine Höchstgrenze für den Grundbesitz fest.

Da es aber zu keiner Aufteilung des Großgrundbesitzes kam, führte die Unzufriedenheit der Bauern dazu, dass eine **Tyrannis** unter Peisistratos in Athen entstehen konnte.

Nach dem Sturz der Tyrannis erhielten alle **wehrhaften** Athener unter **Kleisthenes** politische Rechte zugestanden und konnten am politischen Geschehen in der **Volksversammlung** mitwirken. In dieser wurden wichtige Entscheidungen für alle Bürger getroffen. Dies war eine wichtige Reform, denn bis dahin war es nur den Adeligen erlaubt, eine Versammlung abzuhalten.

Perikles

In Athen, das nach den Perserkriegen eine Vormachtstellung in Griechenland einnahm, wurde 443 v. Chr. **Perikles** zum führenden Staatsmann. Er trat für den Ausbau der Demokratie ein und bestimmte, dass die Männer ein **Taggeld** für die Teilnahme an der Volksversammlung bekamen. Auch die politischen Ämter wurden ab nun bezahlt, daher konnten auch Arme jedes Amt annehmen. Alle Ämter – außer dem des obersten Heerführers – wurden verlost. Perikles war ein hervorragender Redner und ebenso ein großer Förderer der Kunst.

Was fordert Perikles von jedem Bürger? Was meinst du zu diesem Ausspruch? Passt dieser auch heute?

Taggeld: Bezahlung für einen Tag Arbeit

WAHLRECHT FÜR ALLE?

450 v. Chr. – Perikles:
Taggeld für politische Ämter

500 v. Chr. – Kleisthenes:
Volksversammlung

594 v. Chr. – Solon:
- Einteilung der Bevölkerung nach Besitz: „Wer mehr bezahlt, bestimmt mehr!"
- Ämter nur für Reiche
- Schulden der Bauern bezahlt

Mit der Wasseruhr wurde bei der Volksversammlung die Zeit gemessen. Wenn das Wasser vollständig abgelaufen war, war die Redezeit um.

Kinder spielen das Scherbengericht.

Das Scherbengericht

Zum Schutz vor weiteren Tyrannen, die immer wieder versuchten, die Macht an sich zu reißen, führte man in Athen das **Scherbengericht** ein.

Wenn ein Mann verdächtigt wurde, die Macht an sich reißen zu wollen, trafen sich die Athener Bürger in einer Volksversammlung. Wer glaubte, dass der Mann schuldig war, schrieb dessen Namen auf eine Tonscherbe. Wurde jemand von der Mehrheit für schuldig erklärt, verjagte man ihn für 10 Jahre aus dem Stadtstaat. Diese Strafe hieß **Verbannung**.

Das Scherbengericht könnt ihr nachspielen! Doch zuerst müsst ihr Griechisch schreiben lernen. Die Griechen hatten nämlich ein eigenes Alphabet.

Α	Β	Γ	Δ	Ε	Ζ	Η	Θ
α	β	γ	δ	ε	ζ	η	θ
[a]	*[b]*	*[g]*	*[d]*	*[e]*	*[dz]*	*[e]*	*[th]*
Ι	Κ	Λ	Μ	Ν	Ξ	Ο	Π
ι	κ	λ	μ	ν	ξ	ο	π
[i]	*[k]*	*[l]*	*[m]*	*[n]*	*[ks]*	*[o]*	*[p]*
Ρ	Σ	Τ	Υ	Φ	Χ	Ψ	Ω
ρ	σ	τ	υ	φ	χ	ψ	ω
[r]	*[s]*	*[t]*	*[y]*	*[ph]*	*[kh]*	*[ps]*	*[o]*

Griechisches Alphabet

So sahen die Tonscherben bei einem Scherbengericht in Griechenland aus. Versuche, den Namen des Tyrannen, der auf der ersten Zeile steht, mit Hilfe des griechischen Alphabetes zu lesen und aufzuschreiben!

. . . .

Wo werden heute noch griechische Buchstaben verwendet?

Demokratie in Österreich und Demokratie in Athen

Österreich ist wie viele andere Staaten eine **Demokratie**. Dennoch gibt es große Unterschiede zur Regierungsform im antiken Athen.

Gesetze: feste, meist aufgeschriebene Regeln

Auch du kennst Gesetze, z. B. im Straßenverkehr.

Welche anderen Gesetze kennst du noch?

Wäre in Österreich eine direkte Demokratie möglich? Denke an die Anzahl der Einwohner und Einwohnerinnen!

Welche Parteien gibt es in Österreich?

Abgeordnete: Vertreter des Volkes im Nationalrat/Bundesrat

In Griechenland gab es verschiedene **Regierungsformen**: Monarchie, Aristokratie, Tyrannis und Demokratie. Unter **Solon** bekamen die Bürger ein **politisches Mitspracherecht**. Es gibt große Unterschiede zwischen der Demokratie im antiken Athen und im heutigen Österreich.

Parlament

Pnyx (Treffpunkt der Volksversammlung)

ÖSTERREICH	ATHEN
REGIERUNG stellt Anträge für **Gesetze**, überwacht deren Ausführung	**RAT DER FÜNFHUNDERT** berät Gesetze, legt sie der Volksversammlung zur Abstimmung vor
NATIONALRAT/BUNDESRAT beschließt Gesetze, kontrolliert die Regierung	**VOLKSVERSAMMLUNG** beschließt Gesetze, wählt den Rat der Fünfhundert
WAHLBERECHTIGT sind alle Staatsbürger und Staatsbürgerinnen ab dem 16. Lebensjahr.	**WAHLBERECHTIGT** sind nur freie Athener. Frauen, Zugewanderte und Sklaven sind vom Wahlrecht ausgeschlossen.
INDIREKTE DEMOKRATIE Die Wähler und Wählerinnen wählen die Parteien, die Vertreter und Vertreterinnen (**Abgeordnete**) in den Nationalrat senden.	**DIREKTE DEMOKRATIE** Alle männlichen Bürger Athens beraten und entscheiden in der Volksversammlung selbst.

Heute verstehen wir unter Demokratie, dass jeder Mensch das Recht hat, **politisch mitbestimmen** zu können. Das bedeutet, dass jeder Bürger/jede Bürgerin z. B. wählen, für ein Amt kandidieren und seine/ihre Meinung frei äußern darf. Ebenso hat jeder die persönliche Freiheit, sein **politisches Recht frei auszuüben**. So kann z. B. niemand jemand anderen dazu zwingen, eine bestimmte Partei oder Gruppe zu wählen. Eine funktionierende Demokratie erfordert aber auch, dass jeder aktiv am politischen Leben teilnimmt und sich selbst eine eigene Meinung bildet.

Nun geht's los – Aufgaben für schlaue Köpfe!

1) Vervollständige diese lückenhafte Übersicht! ★★

Herrschaftsform	Fachausdruck	Erklärung
Königtum		
	Tyrannis	
		Eine Gruppe der reichsten und vornehmsten Familien übernimmt die Herrschaft.
Volksherrschaft		

2) **Toto 1 2 X** – Wer hat einen Toto-Sechser? ★★

Wenn eine Aussage richtig ist, dann kreise die 1 ein!
Wenn eine Aussage falsch ist, dann kreise die 2 ein!
Wenn du es nicht weißt, markiere das X!

Solon teilte die Bevölkerung nach dem Einkommen in vier Klassen ein.	1	2	X
Wer weniger Steuern bezahlte, durfte unter Solon mehr mitbestimmen.	1	2	X
Politische Ämter durften nur die Armen annehmen.	1	2	X
Kleisthenes berief alle wehrhaften Männer zu einer Volksversammlung ein.	1	2	X
Unter Perikles konnten auch die Reichen ein politisches Amt annehmen, da dieses bezahlt wurde – ebenso wie die Teilnahme an der Volksversammlung.	1	2	X
Frauen, Sklaven und Metöken waren von der Volksherrschaft in Athen ausgeschlossen.	1	2	X

3) Lies im Text dieses Kapitels nach und bessere die Fehler aus! Schreibe anschließend diesen Merktext in dein Heft! Welche Überschrift würde passen? ★★★

Nun geht's los – Aufgaben für schlaue Köpfe!

4) „Übersetze" die folgenden Namen in unsere Schrift: ★

ΣΟΛΟΝ . . . . . ΚΛΕΙΣΤΗΕΝΕΣ . . . . ΠΕΡΙΚΛΕΣ . . . .

5) Verfasse Steckbriefe dieser drei Politiker in deinem Heft! ★★★

6) Versuche, deinen Namen oder den deiner Freunde/Freundinnen in griechischer Schrift zu schreiben! ★★★

---

7) Demokratie in Athen oder Demokratie in Österreich? Male die Begriffe, die zu Athen passen, [blauer Stift] und die, die zu Österreich passen, [roter Stift] an! ★

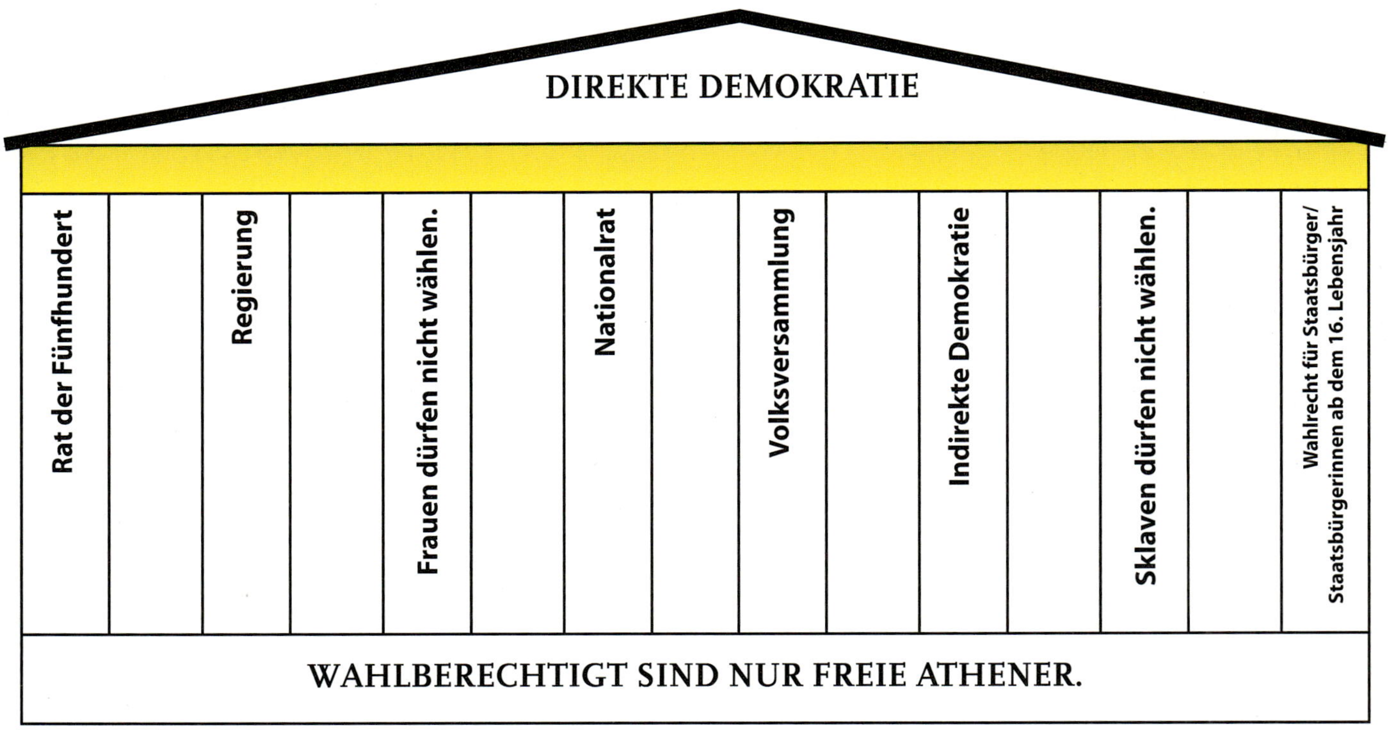

8) Alle diese Wörter kommen aus dem Griechischen. Was bedeuten sie? ★★★ Tipp: ÖWB!

Alphabet ______________________

Biologie ______________________

Geografie ______________________

Disko ______________________

Physik ______________________

Archäologie ______________________

13. RELIGION – KULTUR – WISSENSCHAFT

Religion – Olympische Spiele – Theater – bildende Kunst – Philosophie

Viele Götter und Göttinnen werden in Griechenland verehrt

Die Griechen und Griechinnen glaubten an viele **Götter** und **Göttinnen**. Sie stellten sich vor, dass diese auf dem **Olymp** wohnten und für immer jung und schön blieben. Ansonsten verhielten sich diese Götter und Göttinnen aber wie Menschen: Sie liebten einander und stritten miteinander, waren eifersüchtig und neidisch. Manchmal griffen sie sogar in das Leben der Menschen ein.

Olymp: Berg in Griechenland

Suche im Internet/Lexikon nach anderen griechischen Göttern und Göttinnen und nach Geschichten über sie!

Betrachte die Bilder genau! Welche Symbole gehören zu den einzelnen Göttern? Tipp: Zeus hält sein Symbol in der Hand, bei Pallas Athene sitzt es auf dem Schild.

ZEUS

Göttervater:
Er war der oberste Gott, der Herr über Himmel und Erde, der Beschützer von Ordnung und Recht.

HERA

Frau von Zeus:
Sie war die Beschützerin der Ehe, Geburt und Familie. Manchmal war sie eifersüchtig, weil ihr Mann sich in andere Frauen verliebte.

POSEIDON

Gott der Erdbeben und des Meeres:
Er war der Bruder von Zeus. Mit seinem Dreizack konnte er das Meer aufpeitschen oder beruhigen.

In den Tempeln, die nur Priester und Priesterinnen betreten durften, wurde ein Götterbild aufbewahrt. Im Krieg fanden die Menschen hier Schutz.

PALLAS ATHENE

Göttin der Weisheit und des Krieges:
Der Sage nach war sie in voller Rüstung dem Kopf ihres Vaters Zeus entsprungen. Sie war die Schutzgöttin der Stadt Athen.

APHRODITE

Göttin der Liebe und der Schönheit:
Sie war eine Tochter von Zeus und verheiratet mit Hephaistos, dem Gott des Feuers, der sehr hässlich war.

HADES

Gott der Unterwelt:
Er war ein Bruder von Zeus. Sein dreiköpfiger Hund Kerberos bewachte den Eingang zur **Unterwelt**, gestattete jedem den Eintritt, ließ aber niemanden hinaus.

Die griechische Siegesgöttin hat übrigens ihren Namen einem großen Sportartikelkonzern „geliehen". Welchem?

• • • •

Unterwelt: Reich der Toten

Olympische Spiele

Zu Ehren der Götter und Göttinnen wurden angeblich ab 776 v. Chr. im kleinen Ort Olympia auf dem Peloponnes sportliche Wettkämpfe abgehalten. Diese **Olympischen Spiele** fanden alle 4 Jahre statt. Sie waren so wichtig, dass die Griechen die Zeit in **Olympiaden** statt in Jahren maßen. Eine Olympiade war der Zeitraum zwischen den Olympischen Spielen und dauerte 4 Jahre.

Diese 5 Ringe sind das Symbol der Olympischen Spiele, die es auch in der Neuzeit wieder gibt. Die Ringe symbolisieren die 5 Kontinente.

Bei den Olympischen Spielen wurde zuerst dem Göttervater Zeus geopfert und zu ihm gebetet. Die Spiele dauerten 5 Tage und es gab 3 Wettbewerbe: die Wagenrennen, den Ringkampf und den **Fünfkampf**.

Vor Beginn mussten die Sportler den **Olympischen Eid** schwören. An den Olympischen Spielen durften nur Griechen – und zwar aus ganz Griechenland und den Kolonien – teilnehmen. Metöken und Sklaven waren ausgeschlossen. Frauen war es nicht einmal erlaubt, als Zuschauerinnen dabei zu sein, weil die Teilnehmer nämlich nackt kämpften. Während der Olympischen Spiele durfte kein Krieg geführt werden.

Der Legende nach rief der Held Herkules die Olympischen Spiele ins Leben, um alle Griechen zu vereinen. Versuche, mehr über Herkules herauszufinden!

Legende: Erzählung aus dem Leben eines bedeutenden Menschen

Fünfkampf: Laufen, Weitsprung, Speerwurf, Diskuswurf, Faustkampf

Olympischer Eid: Die Sportler schwören, fair zu kämpfen.

Olympische Sportarten

Welche Sportarten werden hier ausgeübt? Wie sind die Sportler gekleidet? Was fällt dir noch an ihnen auf?

Nach Abschluss der Wettkämpfe gab es ein Dankesopfer an die Götter und Göttinnen und ein gemeinsames Essen für die Sieger.

Die **Sieger** bekamen in Olympia nur einen Kranz aus Ölzweigen, später einen **Lorbeerkranz**. Doch zu Hause warteten noch weitere Preise auf sie: Die Sieger bekamen Geld, durften lebenslang gratis essen und brauchten keine Steuern zu zahlen. So konnten sie ihren Sport als Beruf ausüben. Ihr Name und auch ihre Heimatstadt wurden in ganz Griechenland berühmt.

Welche Unterschiede bestehen zwischen den antiken und den modernen Spielen, was ist gleich?

Lorbeerkranz: Kranz aus den Blättern des Lorbeerbaums

Wie nennt man heute Berufssportler/Berufssportlerinnen? Welche Olympiasieger und Olympiasiegerinnen der letzten Jahre kennst du?

Lorbeerkranz

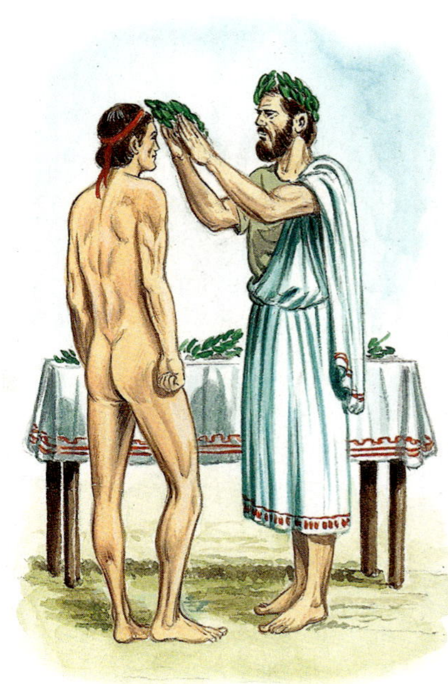

Siegerehrung

Das griechische Theater

Zu Ehren der Götter wurde in Griechenland auch **Theater** gespielt. Dabei führte man oft über mehrere Tage hinweg verschiedene Stücke auf. Wissenschaftler und Wissenschaftlerinnen wissen nicht genau, ob unter den Zuschauern auch Frauen gewesen sind. Gefiel dem Publikum ein Theaterstück, wurde laut applaudiert, missfiel es, spendeten die Zuschauer wenig Applaus. Für das beste Stück gab es einen Preis wie einen Ziegenbock, einen Korb Feigen oder Wein.

Die Stücke wurden **im Freien** aufgeführt. Die Zuschauer saßen auf Holz- oder Steinbänken. Essen und Trinken waren während der Aufführung üblich.

Die Griechen gingen gerne ins Theater. Für die Armen bezahlte die Regierung die Eintrittskarten und die Männer wählten nur jene Politiker, die ihnen den Theaterbesuch ermöglichten.

Aus dem Griechischen stammen viele Wörter wie Theater, Drama, Szene, Chor und Orchester. Diese Wörter werden auch heute noch verwendet. Finde heraus, was sie bedeuten! (ÖWB)

Wie unterscheidet sich ein Theaterbesuch heute von einem im antiken Griechenland?

Gibt es heute auch noch Geschenke vor Wahlen?

1. Orchestra: Chor
2. Theatron: Zuschauerplätze
3. Skenè: Bühnenhaus

So ähnlich könnte ein antikes Theater ausgesehen haben.

Denkt euch ein kurzes Theaterstück aus und führt es auf! Verwendet dabei selbst gebastelte Masken!

Die Schauspieler waren nur Männer. Sie hielten sich **Masken** vor das Gesicht. Die Männermasken waren braun, die Frauenmasken weiß. An den Masken konnte man erkennen, ob die dargestellte Figur gut oder böse, lustig oder traurig war.

Kostüme waren unbekannt, aber die Schauspieler trugen hohe **Plateausohlen**, damit sie von den Zuschauern besser gesehen werden konnten.

Antike Theatermaske

Schauspieler

Plateausohle: sehr dicke, hohe Sohle

In jedem Stück kamen nur zwei bis drei Schauspieler vor. Ein **Chor** von bis zu 16 Personen erzählte wichtige Teile der Geschichte. Sowohl lustige Stücke wie **Komödien** als auch traurige wie **Tragödien** wurden gespielt. Die berühmtesten griechischen Theaterdichter waren Aischylos, Sophokles und Euripides. Sie lebten im 5. Jh. v. Chr.

Bildende Kunst

Die Griechen verehrten die Götter und Göttinnen auch, indem sie ihnen prachtvolle **Tempel** bauten und sie in **Bildern** und **Skulpturen** darstellten. Die berühmteste Skulptur war die Statue des Göttervaters Zeus in Olympia. Sie war 12 m hoch und reich mit Gold und Elfenbein verkleidet. Einige Künstler stellten auch Szenen des Alltagslebens dar.

Die Griechen wohnten in bescheidenen Häusern aus Ziegelsteinen. Die Tempel aber waren zumeist rechteckig, aus Stein oder **Marmor** gebaut und innen und außen mit Säulen geschmückt.

So könnte die Zeusstatue ausgesehen haben.

Tempel

Skulptur: Werk eines Bildhauers

Marmor: ein wertvoller Stein

Proportion: Größenverhältnis

Diskus: Wurfscheibe

Philosophie: Liebe zur Weisheit und zum Wissen

Schierlingsbecher: Becher, gefüllt mit einem Pflanzengift

Ab dem 5. Jh. v. Chr. betonten die Bildhauer die Schönheit des menschlichen Körpers bei ihren Statuen.

Die **Proportionen** waren wirklichkeitsnah und ließen dadurch die Statuen lebendig wirken. Ein berühmtes Beispiel dafür ist die Statue eines **Disku**swerfers, die in Bronze gegossen ist.

Diskuswerfer

Die Griechen glaubten an viele **Götter** und **Göttinnen**, die zwar unsterblich waren, aber sonst menschliche Eigenschaften hatten. Zu ihren Ehren wurden **Olympische Spiele** veranstaltet, Theater gespielt und Tempel gebaut. Einer der berühmtesten Philosophen war **Sokrates**.

Ein berühmter Philosoph – Sokrates

Sokrates, der im 5. Jh. v. Chr. in Athen lebte, war ein armer Schuster. Mehr als seine Arbeit liebte er es aber, sich mit verschiedenen Problemen zu beschäftigen und die Menschen durch gezielte Fragen zum Nachdenken und damit zu einem richtigen Leben zu bringen. Solche Menschen nennt man **Philosophen**.

Die Mächtigen in Athen vertraten aber die Meinung, dass er durch seine Reden die Jugend verderbe. Deshalb wurde er von einem Athener Gericht angeklagt und schließlich zum Tode verurteilt – im Jahr 399 v. Chr. musste er den **Schierlingsbecher** trinken.

Sokrates

Nun geht's los – Aufgaben für schlaue Köpfe!

1) **„Who is who?"** Bei einigen Göttern und Göttinnen fehlen die Namen, Teile vom Bild oder ihre Eigenschaften. **Ergänze die Lücken! ★★**

APHRODITE	______	PALLAS ATHENE

______	**Göttervater:** Er war der oberste Gott, der Herr über Himmel und Erde, der Beschützer von Ordnung und Recht.	**Göttin der Weisheit und des Krieges:**

HADES	POSEIDON	______

______ Er war ein Bruder von Zeus. Sein dreiköpfiger Hund ______ bewachte den Eingang zur Unterwelt, gestattete jedem den Eintritt, ließ aber niemanden hinaus.	**Gott der Erdbeben und des Meeres:** Er war der Bruder von Zeus. Mit seinem Dreizack konnte er das Meer aufpeitschen oder beruhigen.	______

2) In den folgenden Text haben sich 8 Fehler eingeschlichen: **Streiche die Fehler durch und schreibe den Text richtig in dein Heft! ★★**

Die ersten Olympischen Spiele fanden angeblich 776 n. Chr. in Athen statt und dauerten fünf Wochen. Die Sportler nahmen an einem Autorennen, am Ringkampf und am Sechskampf teil. Am Ende der Spiele gab es ein Dankesopfer für die Sponsoren und ein gemeinsames Mahl für die Sieger. Olympiasieger bekamen zuerst nur eine goldene Medaille, zu Hause aber wurden sie reich beschenkt. Den Zeitraum zwischen den Spielen nannte man Dekade.

Nun geht's los – Aufgaben für schlaue Köpfe!

Hast du das gewusst?

Ab dem Jahr 1896 wurden wieder Olympische Sommerspiele abgehalten. Die ersten Spiele der Neuzeit fanden in Athen statt. Seit dem Jahr 1924 gibt es zusätzlich Olympische Winterspiele. Die ersten wurden in Chamonix in Frankreich veranstaltet. Seit 1924 dürfen Frauen an den Winterspielen teilnehmen, seit 1928 auch an den Sommerspielen.

3) **Gemeinsam schafft ihr es sicher! Trage mit deinem Sitznachbarn/deiner Sitznachbarin die Namen der Sportarten, die jetzt „olympisch" sind, unter den Bildern ein! ★★★**

4) **Kreise nun die Wintersportarten ein! ★**

5) Hier siehst du Vorlagen für griechische Masken. **Gestalte sie so, dass eine lustig und eine traurig wirkt, und male sie an!**

6) **„Sokrates und der Soldat Trasybulos".** **Lest den Dialog mit verteilten Rollen und spielt ihn nach!**

Trasybulos: Guten Morgen, Sokrates!
Sokrates: Guten Morgen, Trasybulos! Gut siehst du aus in dieser schönen Rüstung.
T.: Ja gewiss, Sokrates. Bin ja auch ein tüchtiger Soldat.
S.: So?
T.: Na hör mal! Ich habe kürzlich erst im Kampf 10 Thebaner totgeschlagen.
S.: Brav Trasybulos, sehr brav! Denn die Thebaner sind ja doch alle böse Menschen.
T.: Genau das hat unser General auch gesagt, Sokrates.
S.: Und der General der Thebaner hat zu seinen Soldaten gesagt, alle Athener seien böse Menschen.
T.: Aber das stimmt doch gar nicht, wir Athener sind doch gar keine bösen Menschen.
S.: Sind denn die Thebaner böse Menschen?
T.: Wie? Meinst du etwa, unser General habe nicht recht?
S.: Ich weiß es nicht.

Was wollte Sokrates dem Soldaten damit sagen? ?

14. ALEXANDER DER GROSSE

Herkunft – Ausbildung – Alexanderzug – Hellenismus

Alexander der Große kommt aus Makedonien

Nach den Perserkriegen waren die Stadtstaaten Athen, Sparta, Theben und Korinth wieder zerstritten. Diese Situation nutzte König **Philipp II. von Makedonien** aus, dessen Königreich im Norden von Griechenland lag. Im Jahre 338 v. Chr. eroberte Philipp II. ganz Griechenland. Sein Sohn hieß **Alexander**. Dieser bekam später von römischen Geschichtsschreibern den Beinamen **„der Große"** verliehen.

Suche das Land Makedonien im Atlas! Wo liegt es?

Alexander der Große

„der Große": Beiname, den nur einige Herrscherpersönlichkeiten aufgrund ihrer überragenden Leistungen zugestanden bekamen

Auch ein Königssohn muss in die Schule

Philipp II. ließ seinen Sohn schon ab dem 13. Lebensjahr von dem berühmten Privatlehrer **Aristoteles** vor allem in Philosophie, Mathematik und Medizin unterrichten. Mit 18 Jahren machte ihn dann sein Vater zum Anführer der Reitersoldaten.

Angeblich hat Aristoteles diese Aussage über das Lernen gemacht.
Was könnte er damit gemeint haben? Was meinst du dazu?

Aristoteles mit seinem Schüler Alexander

Aristoteles: berühmter Wissenschaftler; lebte von 384 v. Chr. bis 332 v. Chr.

Alexander wird König und kämpft gegen die Perser

336 v. Chr. wurde Phillipp II. ermordet. Alexander bestieg deshalb schon mit 20 Jahren den Thron. König Philipp II. hatte noch vor seiner Ermordung einen Krieg gegen das mächtige Perserreich geplant. Sein Sohn Alexander führte nun diesen Plan aus. Er zwang die Griechen zu einem Feldzug gegen das gewaltigste Reich der damaligen Welt – **Persien**, das unter der Herrschaft von König Dareios III. stand.

Perserkönig Dareios III. in der Schlacht bei Issos/Kleinasien; Ausschnitt aus dem „Alexanderschlacht-Mosaik"

Mosaik: ein Bild aus vielen kleinen, bunten Steinchen

334 V. CHR. – SCHLACHT AM GRANIKOS: Alexander traf zum ersten Mal auf das persische Heer und besiegte es.

333 V. CHR. – SCHLACHT VON ISSOS: Alexander besiegte den Perserkönig Dareios III. Nun wandte er sich nach Ägypten, das von den Persern besetzt war. Dort wurde Alexander als Befreier begrüßt. Er gründete am Nildelta die Stadt Alexandria und setzte seinen Kriegszug gegen die Perser fort.

Diese Schlacht kannst du dir leicht merken: „333 – bei Issos Keilerei!"

331 V. CHR. – SCHLACHT VON GAUGAMELA: Alexander siegte endgültig über Dareios, der kurz darauf von seinen eigenen Anhängern ermordet wurde. Kampflos eroberte Alexander nun die übrigen Teile des Persischen Reiches. Als Sieger zog er in einer der persischen Hauptstädte – in **Babylon** – ein.

„Bis ans Ende der Welt"

Doch Alexander wollte bis an die Grenzen der damals bekannten und bewohnten Welt vorstoßen und plante einen Vormarsch „bis ans Ende der Welt".

Obwohl seine Truppen erschöpft waren, drängte sie Alexander weiter voran. Tag und Nacht ließ er seine Soldaten marschieren. Sie durchquerten Wüsten und andere gefährliche Gebiete. Viele tausend Kilometer legten sie so zurück.

Alexander in der Schlacht

Alexander drang mit seinem Heer schließlich bis nach **Indien** vor. Damit beherrschte er einen Großteil der damals bekannten Welt. Er musste aber, nachdem er den **Indus** überquert hatte, unter dem Druck seiner erschöpften Soldaten umkehren. Diesen weiten Eroberungszug, der 11 Jahre dauerte, nennt man **Alexanderzug**.

Auf dem Rückweg erkrankte er an Fieber und starb mit 33 Jahren in Babylon. Nach seinem Tod zerfiel das riesige Reich in mehrere Nachfolgestaaten – die **Diadochenreiche**. Alexanders Traum von einem Weltreich verwirklichten erst einige hundert Jahre später die **Römer**.

Während seiner Feldzüge in Indien musste Alexander auch gegen Soldaten kämpfen, die Elefanten ritten. Später setzte er diese Tiere selbst in seiner **Armee** ein.

Armee: bewaffnete Streitkräfte

Suche die Stadt Babylon in deinem Atlas! Sie liegt 90 km südlich von Bagdad.

In welchem heutigen Staat liegt Babylon?

Miss in deinem Atlas die Entfernung Athen – Indus nach und berechne die Entfernung mit Hilfe des Maßstabes!

Entfernung: ____________ km

Orient: Osten

Der Alexanderzug

Ein Traum: Friedliches Zusammenleben

Wenn Alexander es auch nicht geschafft hatte, ein dauerhaftes Weltreich zu gründen, so brachte er doch die griechische Sprache und die griechische Kultur bis weit in den **Orient**. Er gründete zahlreiche Städte, die alle Alexandria hießen. Überall ließ er griechische Soldaten zurück, die einheimische Frauen heirateten.

Die Verbindung von griechischer mit orientalischer Kultur nennt man **Hellenismus**.

Im Zeitalter des Hellenismus wurden die **Naturwissenschaften** begründet. Die Gelehrten gewannen grundlegende Kenntnisse über Physik, Biologie und Geografie. So erkannten sie z. B. schon damals, dass sich die Erde um die Sonne dreht, und berechneten den Umfang der Erdkugel.

Alexander der Große marschierte mit seinen Truppen bis nach **Indien**. Er wollte ein **Weltreich** aufbauen, in dem die Menschen friedlich zusammenleben. Die griechische Kultur sollte sich mit der orientalischen verbinden. Daraus entstand die Kultur des **Hellenismus**.

Nun geht's los – Aufgaben für schlaue Köpfe!

1) **Was hast du dir gemerkt?** **Erstelle einen Steckbrief von Alexander auf einem A4-Blatt!** Er soll folgende Angaben enthalten: Name, Geburtsland, Vater, Erziehung, Thronbesteigung, Erfolge, Tod. **Suche auch nach einem Bild von Alexander im Internet und klebe dieses zu deinem Text! ★★★**

2) **Wellentext** – **Lies diese Geschichte von Plutarch über Alexander und beantworte dann die Frage! ★★**

König Philipp, dem Vater Alexanders, wurde der herrliche Schimmel Bucephalos zum Kauf angeboten, den aber niemand zu reiten vermochte. Der junge Alexander hatte jedoch bemerkt, dass das Pferd scheute, wenn es sah, wie sich vor ihm sein eigener Schatten bewegte. Deshalb drehte er das Tier mit dem Kopf zur Sonne und redete ihm gut zu. So konnte er aufsitzen und reiten, ohne abgeworfen zu werden. Als Alexander wieder vom

Pferd stieg, sagte Philipp voller Stolz zu ihm: „Suche dir ein Reich, das deiner würdig ist. Makedonien ist zu klein für dich." Alexander war der einzige, der Bucephalos reiten konnte. Er begleitete ihn als treuer Gefährte in all seinen Schlachten.

Woran erkannte Philipp, dass Alexander etwas Besonderes war?

____

3) Alexander der Große hatte bei seinem Feldzug der Sage nach ein schwieriges Problem zu lösen. In der folgenden Geschichte berichtet er darüber. Alle **E** und **e** in der Geschichte sind verloren gegangen. **Füge diese ein und zeichne das Comic fertig! ★★**

Mit m.in.m H..r, das aus 35 000 Männ.rn b.stand, l.gt. ich in 9 Jahr.n .in. W.gstr.ck. von rund 18 000 km zurück. Dab.i hatt.n wir hoh. G.birg. zu üb.rschr.it.n und Wüst.n zu durchqu.r.n. Um m.in. Männ.r anzutr.ib.n, musst. .s mir g.ling.n, d.n Gordisch.n Knot.n zu lös.n, d.r aus s.hr vi.l.n S.il.n und Schnür.n b.stand. Das Orak.l hatt. vorausg.sagt, dass nur d.rj.nig. d.n Gordisch.n Knot.n lös.n konnt., d.m di. H.rrschaft üb.r P.rsi.n zustand. Vi.l. klug. und stark. Männ.r hatt.n .s schon versucht, doch ohn. .rfolg. So trat ich vor di.s.n ri.sig.n Knot.n hin, üb.rl.gt. kurz und tr.nnt. ihn mit .in.m wuchtig.n Hi.b mit m.in.m Schw.rt durch. Nun konnt. ich P.rsi.n .rob.rn.

Nun geht's los – Aufgaben für schlaue Köpfe!

Hast du das gewusst?

Bei den Völkern der Antike galt die 7 als besondere Zahl. Die **„Sieben Weltwunder"** waren die berühmtesten und großartigsten Bau- und Kunstwerke der Antike. Einige wie die Cheopspyramide in Ägypten und die Zeusstatue in Olympia kennst du schon. Alle Weltwunder der Antike siehst du hier abgebildet.

4) **Versuche, die Namen richtig zuzuordnen (Internet, Bücher)! ★★★**

durch Erdbeben zerstört

Zeusstatue
durch Brand zerstört

eingestürzt

durch Erdbeben zerstört

Koloss von Rhodos

Grabmal des Mausolos

Hängende Gärten der Semiramis

Tempel der Artemis

Leuchtturm von Alexandria

zerstört

durch Brand zerstört

Cheopspyramiden
noch erhalten

15. DIE ANFÄNGE ROMS

Besiedlung – Frühzeit – Republik – Ständekämpfe

Die Gründung Roms

Der Sage nach soll die Stadt Rom im Jahr 753 v. Chr. von den Zwillingen **Romulus** und **Remus** gegründet worden sein. Diese waren ausgesetzt, von einer Wölfin gesäugt und von einem Hirten aufgezogen worden.

Dieses Datum kannst du dir leicht merken: 753 – Rom schlüpft aus dem Ei!

Die Wölfin säugt die Zwillinge Romulus und Remus.

„Rom wurde nicht an einem Tag erbaut", sagt schon ein Sprichwort. So fanden Wissenschaftler und Wissenschaftlerinnen heraus, dass vermutlich um 800 v. Chr. die erste städtische Siedlung von den **Etruskern** gegründet worden war. Weil es in diesem Gebiet viele **Sümpfe** gab, wurde diese auf sieben Hügeln angelegt.

In der Mitte dieser Siedlung gab es einen Marktplatz, das **Forum**, der das Zentrum der neuen Stadt **Rom** war. Am **Forum Romanum** trafen sich die Bewohner der Stadt. Dort erfuhr man viele Neuigkeiten.

Lies doch diese Sage über die Gründung Roms im Buch „Sagen für alle – die Antike"!

Sumpf: schlammiges Gebiet

Patrizier: reiche Adelige – von lateinisch „patres"; bedeutet Väter

Forum Romanum

Wo treffen sich in einer Stadt Menschen heute gerne? Wo erfährt man Neuigkeiten? Wo triffst du dich mit deinen Freunden?

Von der Königsherrschaft zur Republik

Zu Beginn herrschten in Rom **etruskische Könige**. Die Etrusker waren hervorragende Baumeister. Sie errichteten Straßen, Brücken, Wasserleitungen, Kanäle und Grabbauten. Die etruskischen Könige wurden 510 v. Chr. von den wenigen reichen Adeligen, den **Patriziern**, abgesetzt. Rom wurde **Republik**! „Politik geht alle an", so meinten die Römer.

Die meisten Menschen in Rom aber waren Kleinbauern. Sie wurden **Plebejer** genannt. Doch die Plebejer durften im Staat nicht mitbestimmen.

Republik: von lateinisch „res publica"; bedeutet öffentliche Sache

Plebejer: Kleinbauern – von lateinisch „plebs"; bedeutet Menge, Volksmenge

Wer darf in Österreich mitbestimmen (regieren, wählen)?

Wie wird Rom regiert?

Rom wurde von zwei **Konsuln** mit Hilfe von vielen Beamten regiert. Die **Volksversammlung** bestand aus den männlichen römischen Bürgern und bestimmte, wer Konsul oder Beamter werden durfte. Konsul konnte man nur einmal im Leben für ein Jahr werden. Der **Senat** setzte Steuern fest, erklärte Kriege und unterzeichnete Friedensverträge. Frauen hatten keine Rechte.

Der Aufbau der Römischen Republik

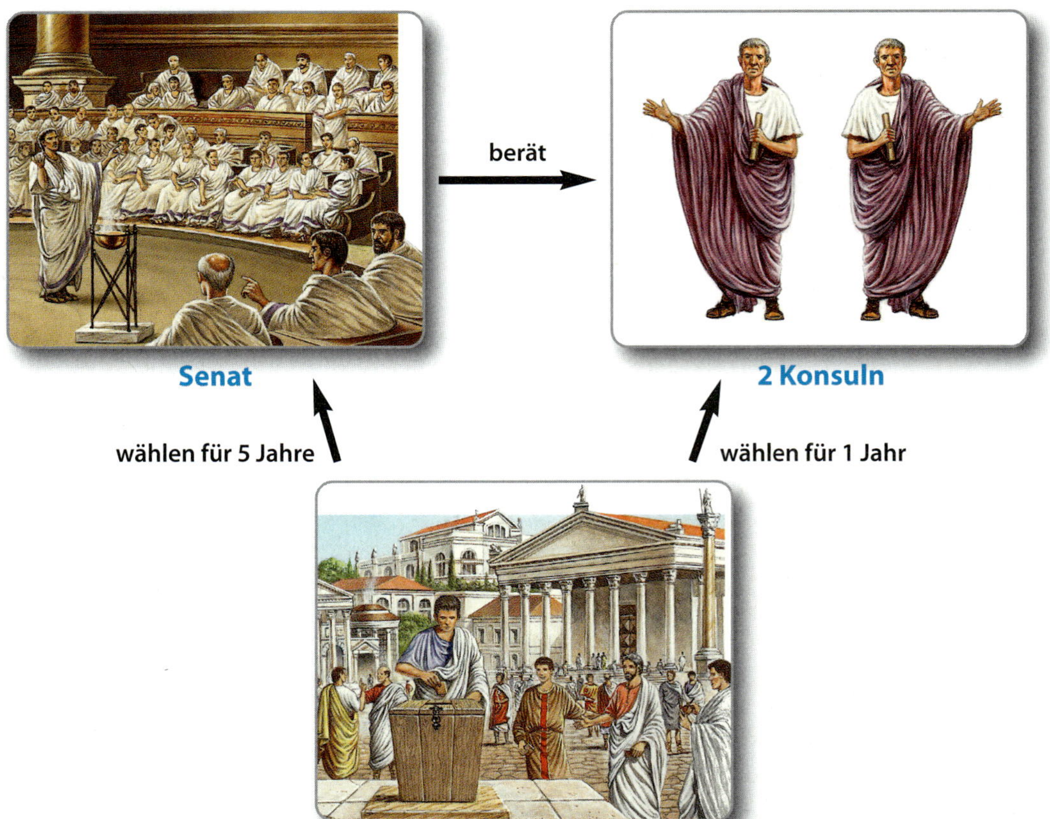

Der **Senat** bestand nur aus **Patriziern**, die Plebejer waren von der Herrschaft ausgeschlossen. Sogar Ehen zwischen Patriziern und Plebejern waren verboten.

Die Fabel des Agrippa:
Einst verschworen sich sämtliche Glieder des Körpers gegen den Magen. Zähne, Hände und Füße wollten es nicht länger dulden, dass der Magen genießen konnte, was sie in schwerer Arbeit für ihn bereit stellten. Da wurde der Körper ganz schwach und krank. So merkten die Glieder, dass auch der Magen wichtig ist, und söhnten sich mit ihm aus.

Die Ständekämpfe

Als die Plebejer auch Kriegsdienst leisten sollten, forderten sie politische Mitsprache. Diese wurde ihnen verweigert. 494 v. Chr. – auf dem Höhepunkt der Auseinandersetzungen, die **Ständekämpfe** genannt werden –, verließen die Plebejer sogar die Stadt Rom. Der Sage nach schickten die Patrizier **Konsul Agrippa** zu den Plebejern, der ihnen eine **Fabel** erzählte, die sie nach Rom zurückkehren ließ.

In den Ständekämpfen, die dreihundert Jahre dauerten, setzten sich die Plebejer schrittweise durch: Das Eheverbot wurde aufgehoben, die wichtigsten Rechtsgrundsätze wurden im **Zwölftafelgesetz** veröffentlicht und die Plebejer konnten hohe Beamte und Richter werden. Ebenso wurde ihnen gestattet, ab nun eigene Vertreter zu wählen. Diese **Volkstribunen** besaßen das Recht, gegen Beschlüsse des Senats Einspruch zu erheben – **Vetorecht**.

Konsul: oberster Beamter

Senat: Versammlung von Patriziern

Diese Aufschrift findet sich auch heute noch an römischen öffentlichen Gebäuden.

SPQR: von lateinisch „Senatus populusque Romanum"; bedeutet „Im Namen des Senats und des Volkes von Rom"

Fabel: eine Erzählung, in der ein Gleichnis gebracht wird

Überlege! Wer war dieser Fabel nach im römischen Staat der Magen, wer waren die Glieder? Was wollte Agrippa damit sagen?

Veto: lateinisch „Ich verbiete!"

753 v. Chr. wurde der Sage nach die Stadt **Rom** gegründet. Am Anfang herrschten die **Etrusker**, später wurde Rom **Republik**. Die reichen Adeligen nannte man **Patrizier**, die Kleinbauern **Plebejer**. Rom wurde von 2 **Konsuln** und dem **Senat** regiert. In den **Ständekämpfen** erkämpften die Plebejer Rechte.

Nun geht's los – Aufgaben für schlaue Köpfe!

1) **Was für ein Durcheinander!** **Ordne die Bilder! Beginne mit dem Kopf der Wölfin. Dann setze die Buchstaben richtig ein – so kommst du zu einem wichtigen Begriff der römischen Geschichte! ★★★**

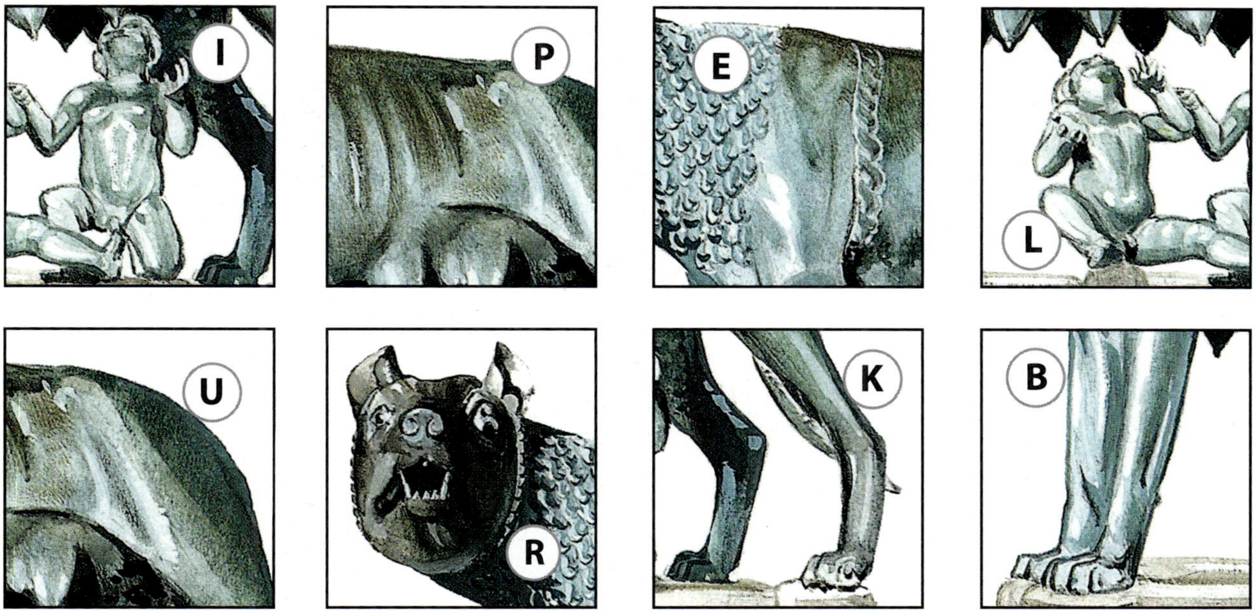

LÖSUNGSWORT: . . . .
1 2 3 4 5 6 7 8

2) **Lies folgenden Quellentext des griechischen Geschichtsschreibers Polybios:**

Die Konsuln haben, bevor sie das Heer ausrücken lassen, während ihrer Anwesenheit in Rom, die Verfügungsgewalt über alle staatlichen Angelegenheiten. Denn die übrigen Beamten sind alle den Konsuln untergeordnet und gehorchen ihnen mit Ausnahme der Volkstribunen. … Der Senat hat in erster Linie das Verfügungsrecht über die Finanzen. Die ganzen Einnahmen und ebenso die Ausgaben kontrolliert er nämlich. … Ferner gibt das Volk die Ämter denen, die ihm würdig erscheinen. … Das Volk entscheidet auch über die Bestätigung der Gesetze, und vor allem, es berät über Krieg und Frieden.

Was weißt du nun alles über die Römische Republik? **Kreise die richtigen Antworten ein und setze ein!** ACHTUNG: Nicht alles steht in der Quelle! ★★★★

- **A.** Das höchste Amt im Römischen Staat ist das Konsulat.
- **S.** Die zwei Konsuln werden vom Senat bestimmt.
- **I.** Die Konsuln haben im Kriegsfall den Oberbefehl über das Heer.
- **T.** Konsul kann man nur einmal im Leben sein.
- **P.** Der Senat besteht aus Patriziern und Plebejern.
- **R.** Das Volk wählt für sechs Jahre die Mitglieder des Senats.
- **A.** Die Volksversammlung stimmt über einen Krieg ab.
- **E.** Steuern werden vom Senat bestimmt.

LÖSUNGSWORT:

M . G . S . R . T .

3) **Weißt du noch wann? ★**

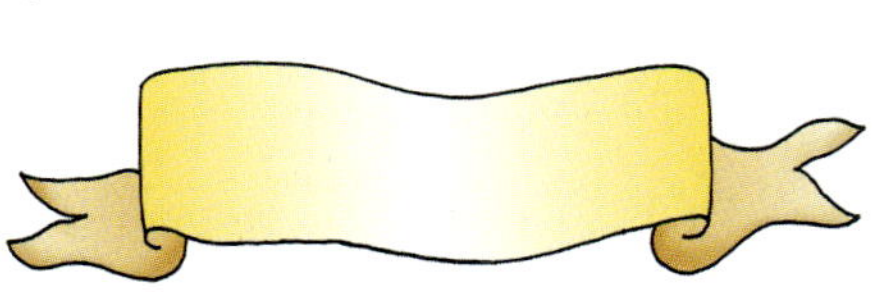 **, Rom schlüpft aus dem Ei!**

Nun geht's los – Aufgaben für schlaue Köpfe!

4) **Hier ist aber einiges falsch!** Lies dir diese Geschichte deshalb genau durch und kreise jene 7 Wörter ein, die Unsinn sind! ★★

DAS NEUESTE AUS ROM

CORNELIA SPAZIERT ÜBER DAS FORUM ROMANUM. SIE HAT NOCH EINIGE EINKÄUFE ZU ERLEDIGEN.

HIER GIBT ES DIE TOLLSTEN SACHEN. VOR ALLEM AUS AMERIKA BRINGEN DIE SCHIFFE WUNDERBARE DINGE. AUS ALLEN TEILEN DES GROSSEN RÖMISCHEN REICHES SIEHT MAN HIER MENSCHEN. AUCH WAFFENHÄNDLER GIBT ES, DIE IHRE GEWEHRE ANBIETEN. BEI IHREM SPAZIERGANG TRIFFT SIE JULIUS. ER ERZÄHLT IHR VOM NEUEN BUNDESKANZLER, DER GEWÄHLT WORDEN IST. CORNELIA INTERESSIERT SICH ABER NICHT FÜR POLITIK.

JETZT MUSS SIE SICH ABER BEEILEN, DENN SIE TRIFFT SICH NOCH MIT EINER FREUNDIN. TREFFPUNKT IST DAS DENKMAL VON PINK UND RAMAZZOTTI, DEN GRÜNDERN ROMS, DIE VON EINER TIGERIN GESÄUGT WORDEN SIND.

VÖLLIG AUSSER ATEM KOMMT SIE AM DENKMAL AN. IHRE FREUNDIN IST SCHON UNGEDULDIG, DENN SIE WILL NICHT ZU SPÄT ZUM FORMEL I-RENNEN KOMMEN.

5) Auch in dieses Bild haben sich 10 Fehler eingeschlichen! Kreise sie ein! ★

16. ROM WIRD WELTMACHT

Neue Gebiete – Punische Kriege – Größte Ausdehnung

Das Römische Reich entsteht

Die Römer hatten eine gut organisierte Armee, die aus **Legionen** bestand. Bis zum 3. Jh. v. Chr. gelang es den Römern, die gesamte **Apenninen**halbinsel zu unterwerfen. In den eroberten Gebieten legten die Römer Straßen an, damit die Legionen schnell von einem Ort zum anderen kommen konnten. Die unterworfenen Völker in Italien wurden zu **Bundesgenossen** Roms. Sie behielten ihre Selbstverwaltung, mussten aber Soldaten für das römische Heer stellen und durften sich nicht gegen Rom verbünden. Im Laufe der Zeit übernahmen die Bundesgenossen römische Sitten und die lateinische Sprache. Sie wurden **romanisiert**.

Nicht alle besiegten Völker wurden aber gleich behandelt. Die Gebiete außerhalb der Apenninenhalbinsel nannten die Römer **Provinzen**. Diese wurden als unterworfene Gebiete gesehen und mussten hohe **Abgaben** leisten. Die Provinzen wurden von römischen **Statthaltern** verwaltet. Manche von ihnen aber versuchten, sich zu bereichern und die einheimische Bevölkerung auszubeuten.

Ein mächtiger Gegner – Die Punier

Die größten Gegner der Römer im Kampf um die Vorherrschaft im Mittelmeerraum waren die **Punier**. In drei Kriegen kämpfte Rom gegen das Punische Reich, dessen Hauptstadt **Karthago** war.

Im 1. Punischen Krieg ging es um die **Kornkammer** Sizilien (264 bis 241 v. Chr.). Im 2. Punischen Krieg (218 bis 202 v. Chr.) überquerte der punische Feldherr **Hannibal** von Spanien aus die Alpen, um Rom vom Norden her anzugreifen. Er setzte im Kampf gegen die Römer auch **Kampfelefanten** ein, von denen aber nur einer den beschwerlichen Marsch überlebte. Hannibal schlug die Römer in mehreren Schlachten. Berühmt wurde die **Schlacht von Cannae**, in der Hannibal mit seinem Heer die Römer umzingelte. Den Römern gelang es aber, neue Heere aufzustellen und in Nordafrika zu landen. Hannibal wurde besiegt.

Zug über die Alpen

Im 3. Punischen Krieg (149 bis 146 v. Chr.) wurde Karthago, die mächtigste Handelsstadt des Mittelmeeres, völlig zerstört. Die Auseinandersetzungen mit den Puniern erstreckten sich über einen Zeitraum von 100 Jahren. Mit diesen Siegen nahmen die Römer Sizilien, Sardinien, Korsika, Spanien, Nordafrika und Süd**gallien** in Besitz.

Bemale das Gebiet Roms um 300 v. Chr.!

Legion: Einheit des römischen Heeres; umfasste ca. 3 000 bis 5 000 Soldaten

Apennin: großer Gebirgszug in Italien

romanisieren: Übernahme von römischem Lebensstil und römischer Kultur

Abgaben: ein Teil der Ernte, den der Bauer dem Grundherrn geben musste

Statthalter: Verwalter einer Provinz; Stellvertreter des Römischen Reiches

Kornkammer: Gebiet, in dem viel Getreide angebaut wird

Schildkröten-Taktik: römische Kampfaufstellung; lateinisch „Testudo"

Beschreibe, was auf diesen beiden Bildern zu sehen ist!

Gallien: heutiges Frankreich

Suche auf dieser Landkarte Karthago und verfolge den Feldzug Hannibals! Verwende den Atlas!

In welchem nordafrikanischen Staat liegt Karthago heute?

• • • • • • • •

Pergamon: Zentrum der griechischen Kultur in Kleinasien

Suche Pergamon im Atlas!

Gegen Ende der Republik um 44 v. Chr. bezeichneten die Römer das Mittelmeer als „Mare Nostrum" – unser Meer, da sie fast alle angrenzenden Länder erobert hatten.

Imperium Romanum: Weltreich der Römer

Mit Hilfe ihrer **Legionen** eroberten die Römer nach und nach ein riesiges Reich rund um das Mittelmeer – **Imperium Romanum**. Sie besiegten die Punier und eroberten Gallien, Griechenland, Ägypten und Britannien.

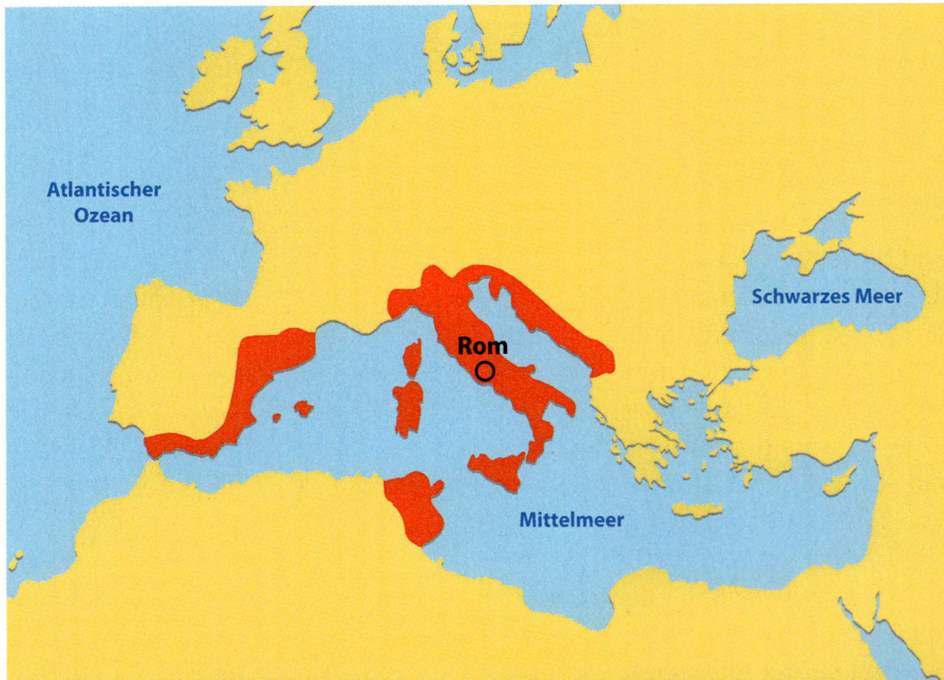

Das Römische Reich 146 v. Chr. nach den Punischen Kriegen

Das Römische Reich wächst

Etwa zur gleichen Zeit eroberten die Römer Makedonien und besetzten es. Ebenso vererbte der König von **Pergamon** sein Reich den Römern. Damit erstreckte sich Rom bis Kleinasien (heutige Türkei). Bis 30 v. Chr. wurde das Reich bis nach **Syrien** und **Ägypten** erweitert.

Um 15 v. Chr. eroberten die Römer auch den **Alpen-** und **Donauraum** und gründeten die Provinzen **Noricum** und **Raetia** im Gebiet des heutigen Österreichs. 43 n. Chr. wurde auch Britannien besetzt.

Das **Imperium Romanum** reichte nun vom Atlantischen Ozean bis nach Kleinasien und von Ägypten bis an die Donau.

Die Erwerbungen Roms bis 43 n. Chr.

17. KRISEN DER RÖMISCHEN REPUBLIK

Proletarier – Reformen – Caesar

Die Verarmung der Bauern

Je größer das Reich wurde, desto länger mussten die Plebejer als Soldaten in fremden Ländern kämpfen. Das römische **Bauernheer** hatte ein riesiges Weltreich erobert, doch die Soldaten konnten sich oft jahrelang nicht um ihre kleinen Bauernhöfe kümmern. Deshalb gerieten ihre Familien in Not.

Latifundie

Viele verkauften ihren Besitz an reiche Patrizier. Diese setzten auf ihren riesigen Landgütern, den sogenannten **Latifundien**, **Sklaven** ein, die aus den eroberten Gebieten stammten. Der Einsatz von Sklaven brachte höhere Ernten und führte zu niedrigeren Getreidepreisen. Die Mehrzahl der Bauern verlor Haus und Hof und zog in die Stadt. Dies nennt man **Landflucht**. Sie wurden dort zu **Proletariern** und **Proletarierinnen**, weil sie außer Kindern nichts besaßen.

Die Brüder **Tiberius** und **Gaius Gracchus** wollten im 2. Jh. v. Chr. das Land gerechter verteilen und den Proletariern billiges Getreide verschaffen. Doch die Reichen wehrten sich gegen diese Pläne. Es kam zu Kämpfen in Rom, bei denen die Brüder Gracchus ermordet wurden. Die **Reformen** scheiterten, die Bauern mussten wieder Kriegsdienst leisten und ihre Höfe verkaufen. Wenige Jahre später wandelte **Konsul Marius** das Heer in eine **Berufsarmee** um. Die Soldaten bekamen für ihre Dienste Geld, auch **Sold** genannt, und nach 20 Jahren Dienst ein Stück Land.

Der Aufstieg Caesars

Erfolgreiche Feldherren wurden immer mächtiger und versuchten, die Herrschaft in Rom zu übernehmen. Das **Zeitalter der Bürgerkriege** begann!

60 v. Chr. schloss der Feldherr Pompejus mit Crassus und dem jungen Politiker Caesar ein heimliches Bündnis – **1. Triumvirat** –, um das Römische Reich zu beherrschen.

Julius Caesar eroberte mit seinen Soldaten ganz Gallien und wurde Statthalter. Als der Senat ihn abberufen wollte, marschierte er mit seinem Heer in Italien ein und überschritt den **Rubicon**. Er setzte sich gegen Pompejus als **Diktator** (Alleinherrscher) durch. Caesar war mächtiger als alle römischen Politiker vor ihm. Er hielt sich jedoch nicht an die **Verfassung**, das führte zu Widerstand gegen ihn. An den **Iden des März** 44 v. Chr. wurde er während einer Senatssitzung ermordet.

Gaius Julius Caesar

In vielen Ländern der Welt ist der Grundbesitz sehr ungerecht verteilt. Suche solche Beispiele! (Lexikon, Internet)

Proletarier: von lateinisch „proles"; bedeutet Nachkommen (Kinder)

Reformen: Veränderungen, Erneuerungen

Triumvirat: Dreimännerbündnis

Rubicon: Grenzfluss zwischen Gallien und Italien

Verfassung: Grundgesetze eines Staates

Iden: Feiertage in der Mitte jedes Monats, hier der 15. März

VENI – VIDI – VICI

ICH KAM, SAH UND SIEGTE!

Die Kleinbauern verarmten, doch die Reformen der Brüder **Tiberius** und **Gaius Gracchus** scheiterten. **Julius Caesar** strebte die Alleinherrschaft an und wurde ermordet.

18. VOM KAISERREICH ZUM UNTERGANG ROMS

Augustus – Kaiserzeit – Untergang des Imperiums

Nach Augustus ist der Monat August benannt. Welcher andere Monat trägt auch den Namen eines römischen Staatsmannes?

____

2. Triumvirat: wurde nach dem Tod Caesars zwischen Oktavian, Marc Anton und Marcus Aemilius Lepidus auf fünf Jahre geschlossen

Purpur: dunkelrot, die Farbe stammt von der Purpurschnecke

Vindobona: römisches Militärlager im Gebiet des heutigen Wien

Romulus Augustulus: war noch ein Kind, als er Kaiser wurde und deshalb spöttisch Augustulus – „Kaiserlein" genannt

Augustus besiegte alle politischen Gegner und errichtete das **Römische Kaiserreich**. Das Reich wurde immer schwerer zu regieren und musste deshalb in ein **Weströmisches** und ein **Oströmisches Reich** geteilt werden. 476 n. Chr. endete das Weströmische Reich.

Augustus (Oktavian)

Kaiser Augustus

Nach dem Tod Caesars kam es in Rom zu einem Bürgerkrieg. **Oktavian**, der Großneffe Caesars, den dieser zu seinem Nachfolger bestimmt hatte, schloss ein **2. Triumvirat** ab. Es gelang ihm, den Bürgerkrieg zu beenden und sich gegen seinen Rivalen **Marc Anton** durchzusetzen. Oktavian errichtete eine **Erbmonarchie**, ließ aber den Senat weiterbestehen. Er war oberster Befehlshaber der Armee und oberster Priester. Ebenso ernannte er die Beamten und die Mitglieder des Senats, an dessen Spitze er selbst stand.

27 v. Chr. wurde ihm vom Senat der Ehrentitel **Augustus** (der Erhabene) verliehen. Augustus war ein geschickter Politiker und der reichste Römer seiner Zeit, da er die Einnahmen aus den kaiserlichen Provinzen erhielt. Damit förderte er Handel, Kunst und Kultur. Er versuchte ebenso, die Grenze des Römischen Reiches vom Rhein an die Elbe zu verlegen, scheiterte jedoch in der **Schlacht im Teutoburger Wald**. Als Nachfolger bestimmte er – wie ein Kaiser – seinen Sohn Tiberius, daher sprechen wir ab Augustus vom **Römischen Kaiserreich**.

Nach seinem Tod – 14. n. Chr. – wurde **„Caesar Augustus"** zum Titel aller römischen Kaiser. Ab nun trugen die Kaiser, die auch **Imperatoren** genannt wurden, einen Lorbeerkranz und einen **Purpur**mantel als Zeichen ihres Amtes. Auch forderten sie göttliche Verehrung vom Volk.

Die Römische Kaiserzeit

Viele Kaiser sorgten gut für das Reich, doch einige missbrauchten ihre Macht. So ließ Kaiser **Nero** nach dem Brand Roms die Christen blutig verfolgen. Unter Kaiser **Trajan** erreichte das Römische Reich die größte Ausdehnung. Kaiser **Marc Aurel**, der die Germanen abwehrte, starb 180 n. Chr. in **Vindobona**. Zur Sicherung der Grenzen ließ Kaiser **Hadrian** einen Wall in Britannien (Hadrianswall) erbauen. Im 3. Jh. gelang es Kaiser **Diokletian**, das Reich noch einmal zu stärken. Er reformierte die Verwaltung, verstärkte das Heer und erhöhte die Steuern.

Untergang des Weströmischen Reiches

Immer wieder griffen fremde Stämme die Grenzen des Reiches an, das wegen seiner Größe auch sehr schwer zu regieren war.

395 n. Chr. kam es zur Teilung in das **Weströmische** und das **Oströmische Reich**. Konstantinopel wurde Hauptstadt des Oströmischen Reiches, Rom blieb Hauptstadt des Weströmischen Reiches.

476 n. Chr. wurde der letzte römische Kaiser **Romulus Augustulus** vom germanischen Heerführer **Odoaker** abgesetzt. Damit endete das Weströmische Reich, während das Oströmische Reich noch ca. 1 000 Jahre bis **1453** bestand.

Nun geht's los – Aufgaben für schlaue Köpfe!

1) **Ein Legionär trägt schwer!**

Die Römer erkämpften mit einem Berufsheer ein riesiges Reich. Die Legionäre blieben für 20 Jahre in der Armee. Danach traten sie in den Ruhestand – falls sie ihn erlebten. Das Bild zeigt dir einen römischen Soldaten mit seiner Ausrüstung. Diese wog etwa 30 kg! **Trage die Begriffe richtig ein! ★**

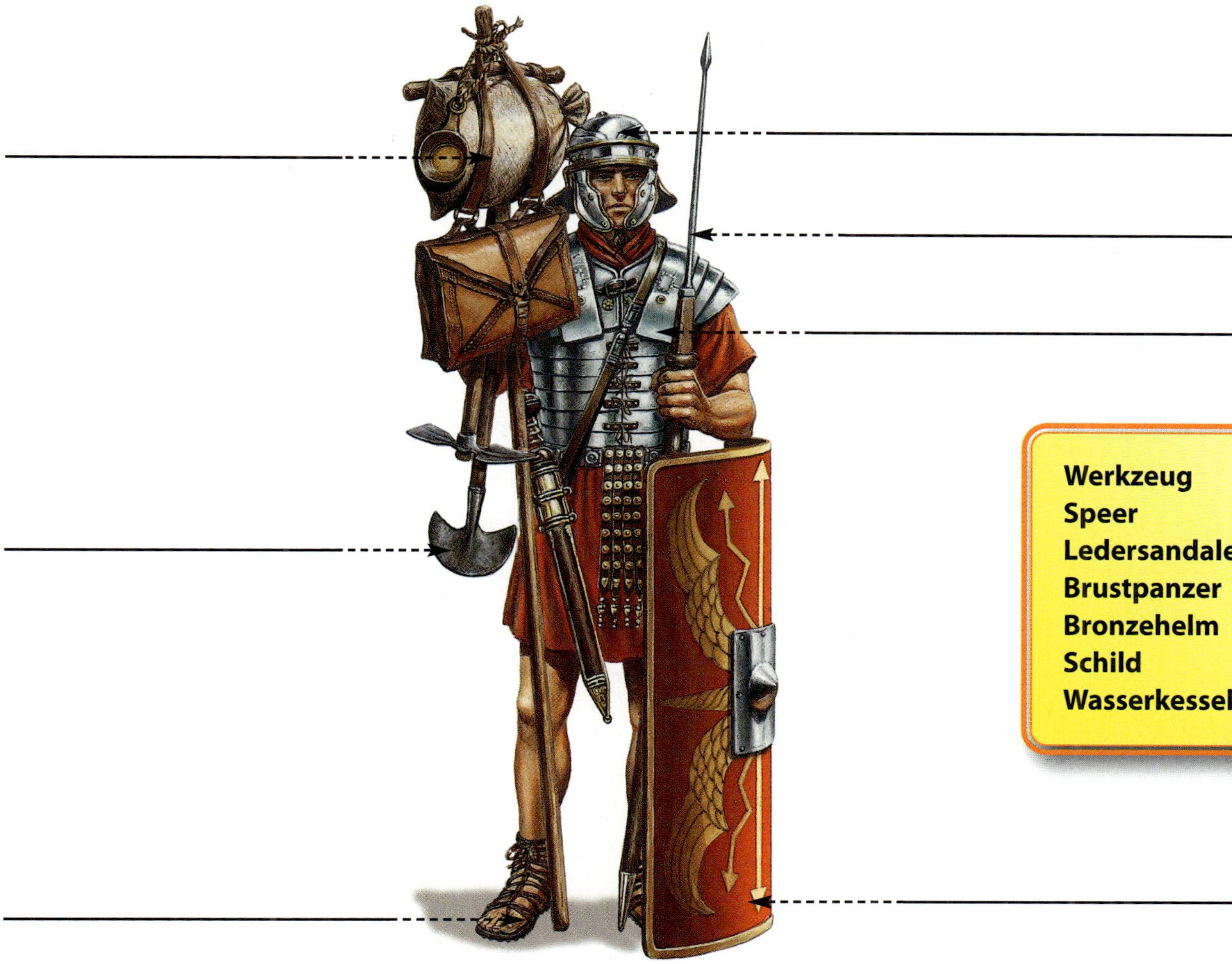

Werkzeug
Speer
Ledersandalen
Brustpanzer
Bronzehelm
Schild
Wasserkessel

2) **Löse dieses Silbenrätsel!** Wie viele Antworten schaffst du? ★

Mächtige Stadt am Mittelmeer, 146 v. Chr. zerstört:

. . . .

Römischer Soldat: . . . .

Punischer Feldherr: . . . .

Wer erhielt den Ehrentitel Augustus?

. . . .

Hauptstadt des Oströmischen Reiches:

. . . .

Nun geht's los – Aufgaben für schlaue Köpfe!

3) Der Legionär Flavius schreibt seinem Freund Tiberius einen Brief aus Britannien. Leider ist dieser nur mehr schwer zu lesen. **Kannst du helfen? ★**

Lieber Tiberius!
Salve aus dem kalten und regenreichen Bri…nien! Das Leben in der Leg…n ist sehr langweilig, das Essen ist seltsam. Mir fehlt der Wein aus R…, die herrlichen Trauben und Kastanien gibt es hier auch nicht.
Hast du meine angebetete Claudia gesehen? Ich sehne mich so sehr nach ihr, obwohl ich weiß, dass unsere L… niemals zu einer Ehe führen kann, weil ihre El…n es nicht erlauben.
Wie schön wäre es, mit ihr am Foru… spazieren zu gehen oder mit dir einen süßen Gewürzwein zu trinken! Weißt du ein neues Kochrezept für mich? Ich grüße dich, deine Frau und deine Fam…ie!
Dein Flavius

Wörter: ______________________________

____

____

Hier ist die Antwort von Tiberius. **Suche aus der Wortliste die richtigen Begriffe und setze diese ein! ★**

Lieber Flavius!
Salve aus dem sonnigen Rom! Meiner Familie und mir geht es gut und wir freuen uns über die Grüße aus der

. . . . Britannien. Du Glücklicher, ich habe gute Nachrichten für dich: Claudias Eltern haben nichts mehr gegen eure Hochzeit einzuwenden. Ihr Bruder hat mir das gestern auf dem Forum erzählt.

Ich sende dir einen Sack . . . . und hoffe, dass sie dich erreichen. Hier ein köstliches Rezept

. . . .
für eine Speise, die meine
bei unserer letzten Einladung zubereitet hat:
1 Becher rote Bohnen, 2 geschnittene Zwiebeln, 1 Tomate, 2 Löffel Olivenöl, 2 Löffel Essig, Petersilie, Schnittlauch und Gewürze. Vermische alles und lass es dir schmecken!

Plebejer ★ Provinz ★ Beamte ★
Zwölftafelgesetz ★ Kastanien ★ Sklavin

4) **Finde passende Überschriften zu diesen Bildern! Wenn du mehr über diese Ereignisse wissen willst, informiere dich im Internet! ★**

______________________________ ______________________________

Nun geht's los – Aufgaben für schlaue Köpfe!

5) **Geheime Botschaft:** Julius Caesar erfand eine kaum zu entschlüsselnde „Geheimschrift". Dazu waren das Alphabet und ein zusätzliches Geheimalphabet nötig. Diese Schrift verwendete er vor allem, um seinen Soldaten geheime Befehle zu senden. Allerdings soll er auch die Liebesbriefe an die ägyptische Königin Kleopatra so geschrieben haben. Man nennt diese Geheimschrift **Caesarverschiebung**.

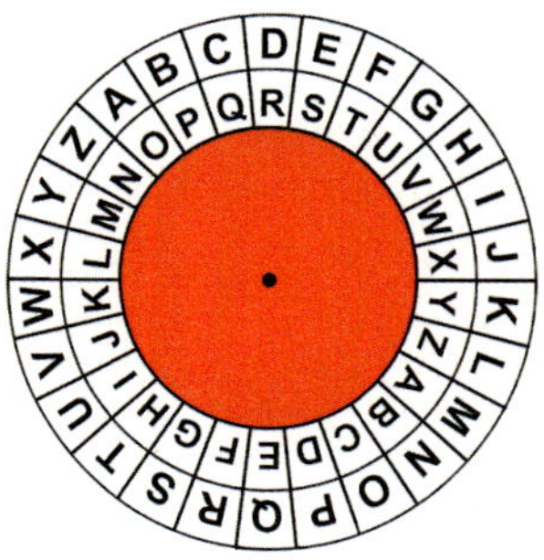

Sie ist einfach anzuwenden und trotzdem sehr schwer zu knacken: Das Geheimalphabet unterscheidet sich vom normalen Alphabet darin, dass alle Buchstaben um eine bestimmte Anzahl von Stellen verschoben werden. Nur wer weiß, um wie viele Stellen das Alphabet verschoben worden ist, kann die Botschaft lesen. Mit Hilfe der so genannten Caesarscheibe lässt sich eine Nachricht ganz einfach verschlüsseln!

Hier wird statt A ein O verwendet, statt B ein P und so weiter.
Kannst du die geheime Botschaft lesen? ★★

X I Z W I G   Q O S G O F   P S G W S U H   U O Z Z W S B

• • • • • •   • • • • • •   • • • • • • •   • • • • • • •

I B R   K W Z Z   F C A   O Z Z S W B   F S U W S F S B .

• • •   • • • •   • • •   • • • • • •   • • • • • • • •

6) Versuche selbst, eine Botschaft in deinem Heft zu verschlüsseln, und lass sie von deinem Sitznachbarn/deiner Sitznachbarin entschlüsseln! ★★★

7) Du kannst dir auch selbst eine Scheibe basteln und weitere Geheimschriften erfinden!

8) **Richtig oder falsch?** Kreise den richtigen Buchstaben ein! ★★

	Richtig?	Falsch?
Die besitzlosen Menschen in Rom nannte man Proletarier und Proletarierinnen.	A	B
Augustus bedeutet „der Kleine".	V	U
Die Brüder Gracchus wurden in Rom ermordet.	G	A
Latifundien waren riesige Landgüter.	U	R
Der Monat Juli ist nach Kaiser Augustus benannt.	I	S
Caesar bildete mit Pompejus und Crassus das 1. Triumvirat.	T	C
Gallien gehörte nicht zum Imperium Romanum.	A	U
Ein Triumvirat war ein Vierfrauenbund.	M	S

LÖSUNGSWORT: • • • • • • • •

Nun geht's los – Aufgaben für schlaue Köpfe!

9) **Rechnen wie die Römer und Römerinnen:** Es werden die römischen Zahlen verwendet!

1	I	7	VII	13	XIII	19	XIX	80	LXXX
2	II	8	VIII	14	XIV	20	XX	90	XC
3	III	9	IX	15	XV	30	XXX	100	C
4	IV	10	X	16	XVI	40	XL	200	CC
5	V	11	XI	17	XVII	50	L	500	D
6	VI	12	XII	18	XVIII	60	LX	1000	M

a) Lucia braucht für das Abendessen VIII Zwiebeln. V hat sie noch. Wie viele muss sie besorgen? ★

______________________ Zwiebeln

b) Flavius ist Fischer. Zuerst fängt er XIX Fische, später noch IV. Wie viele Fische kann er verkaufen? ★

______________________ Fische

c) Claudia ist Töpferin. Jeden Tag stellt sie VII Krüge her. Wie viele Krüge sind das in der Woche (VII Tage),

_______________ Krüge, wie viele im Monat (XXX Tage)? ★★ _______________ Krüge

d) Patricia kauft eine neue Palla (Mantel) und bezahlt dafür CCLIX Denare. Für Sandalen bezahlt sie XCIV Denare.

Wie viel gibt sie insgesamt aus? ★★ _______________ Denare

e) Livius bekommt XIX Denare als Sold. Davon gibt er VI Denare für Wein aus. Sein Bruder Quintus bekommt nur XVII Denare, er hat aber noch XII vom Vormonat gespart. Wie viel haben die Brüder gemeinsam? ★★★

_______________ Denare

f) Wie alt bist du? ★ _______________ Jahre

g) Schreibe dein Geburtsdatum in römischen Zahlen auf (Tag/Monat/Jahr)! ★ ________/________/________

Ein beliebtes römisches Spiel

Zeichne dieses Spielfeld auf Packpapier oder übertrage es auf den Boden. Versuche nun, die Felder mit Steinchen zu treffen:
Du bekommst die angegebenen Punkte!

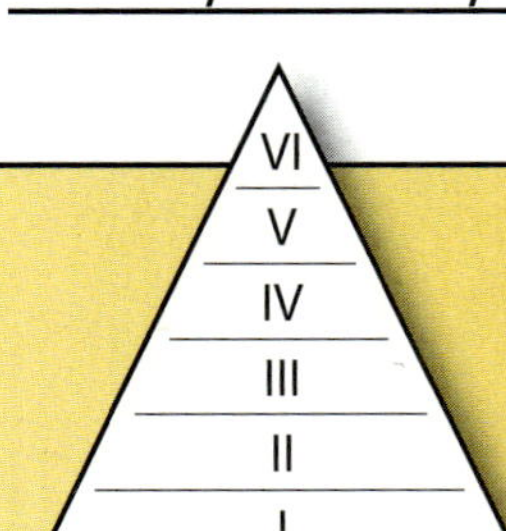

19. ALLTAG IN ROM

Familie – Wohnen – Kleidung – Essen – Religion – Wasser – Straßenbau – Kunst und Kultur – Pompeji

Familienleben in Rom

Bei den Römern hatte der **Mann** die Macht über die gesamte Familie. Dazu zählten seine Ehefrau, die Kinder, Sklaven und Sklavinnen und die Dienstboten. Er bestimmte auch über Leben und Tod seiner Kinder und über den gesamten Besitz.

Zum Nachdenken: Wie ist heute bei dir die Rollenverteilung in der Familie? Berichte darüber!

Frauen waren rechtlos. Sie durften nicht wählen und an der Volksversammlung teilnehmen. Innerhalb des Hauses aber bestimmte die Frau über die Dienstboten und organisierte den Haushalt. Söhne waren den Römern viel wichtiger als Töchter. Mädchen wurden mit 12 bis 15 Jahren verheiratet, die jungen Männer heirateten erst mit 25 Jahren. Römische Paare hatten nur wenige Kinder, zumeist 2 bis 3.

Kinder gingen auch schon im antiken Rom zur Schule. Es gab aber keine richtigen Schulgebäude, sondern der Unterricht wurde im Freien oder in einem Zimmer abgehalten. Leider konnten nur wenige Kinder aus armen Familien zur Schule gehen, da sie schon früh arbeiten mussten. Die Kinder wohlhabender Familien lernten vom 7. bis zum 14. Lebensjahr lesen, schreiben und rechnen. Hatten sie reiche Eltern, wurden sie danach weiter ausgebildet und studierten Mathematik, Geometrie, Philosophie, Literatur, **Rhetorik**, Musik und Sport. Mädchen lernten spinnen, weben und musizieren.

Unterricht in Rom

Rhetorik: Fertigkeit, Reden zu halten

Wohnen in Rom

Die Patrizier wohnten in einstöckigen Häusern ohne Fenster an der Außenseite.

In der Mitte des Hauses war das Atrium, die Empfangshalle. Rundherum lagen die Geschäfts- und Arbeitsräume. Hinter dem Atrium gab es einen Garten, Wohnräume und Bäder, die mit Mosaikfußböden, Teppichen, Wandbildern und kostbaren Möbeln ausgestattet waren. In der kühleren Jahreszeit wurden tragbare Öfen verwendet. Manche Villen hatten auch eine Fußbodenheizung. In die Hohlräume unter dem Boden wurde warme Luft geleitet.

Villa

Schau dir das Bild dieser Villa (Haus am Land) gut an und versuche, es zu beschreiben!

Bei den Römern wohnten viele Menschen direkt über ihrem Arbeitsplatz.
Welche Menschen wohnen heute direkt an ihrem Arbeitsplatz?

Die **Plebejer** lebten in Mietshäusern mit bis zu 5 Stockwerken. Die Miete war sehr teuer, obwohl die Häuser schlecht gebaut waren. Daher konnten sie schnell Feuer fangen oder einstürzen. Es gab weder Wasserleitungen noch Bäder oder WCs – die Menschen holten das Wasser von Brunnen und benützten öffentliche Toiletten, auch **Latrinen** genannt, die Geld kosteten.

Mietshaus: Erdgeschoß mit Geschäften und Werkstätten / 1. Stock schöne Wohnungen / obere Stockwerke einfache Wohnungen

Latrine

Festmahl: Die Römer aßen mit den Fingern.

Was gibt es zu essen?

Die Menschen ernährten sich vor allem von Getreidebrei und Brot. Dazu kamen Gemüse und Hülsenfrüchte wie Kohl, Lauch, Erbsen und Bohnen sowie Früchte (Birnen, Äpfel, Nüsse und Kastanien). Fleisch war sehr teuer. Getrunken wurde Wasser, aber auch Wein, der so billig war, dass ihn sich jeder leisten konnte.

Die vornehmen Römer luden gerne Bekannte zum Essen ein. Bei diesen Festen lagen die Gäste beim Essen auf Sofas und ließen sich von Sklaven und Sklavinnen verschiedenste Speisen servieren.

Ordne die Kleidung richtig zu, indem du die Zahlen einfügst!

1. **Senatorentoga**
2. **Stola mit Palla**
3. **Tunika**

Wie kleiden sich die Menschen in Rom?

Die reichen Römer und Römerinnen waren sehr eitel. Die Männer ließen sich die Haare schneiden und den Bart rasieren, die Frauen liebten kunstvolle Frisuren, teuren Schmuck, Kämme und Spangen.

Die Kleidung der Männer bestand aus einer kurzen **Tunika**. Außerhalb des Hauses trugen die Reichen darüber eine **Toga** (Überwurf). Frauen zogen eine lange Tunika, die **Stola**, an. Vornehme Römerinnen warfen eine **Palla** (Mantel) darüber, wenn sie ausgingen.

An wen glauben die Römer und Römerinnen?

In Rom wurden dieselben Götter und Göttinnen wie in Griechenland verehrt, allerdings gab man ihnen andere Namen. **Jupiter** war der Göttervater, **Juno**, seine Frau, war die Beschützerin der Frauen, **Minerva** die Göttin der Weisheit, **Venus** die Göttin der Liebe und **Neptun** der Gott des Meeres.

Jupiter

Wie kommt das Wasser nach Rom?

In Rom lebten 1 Million Menschen, die zum Trinken, Kochen und Baden sehr viel Wasser brauchten. Das Wasser wurde über 14 Wasserleitungsanlagen – **Aquädukte** – von Quellen oder Flüssen in die Stadt gebracht.

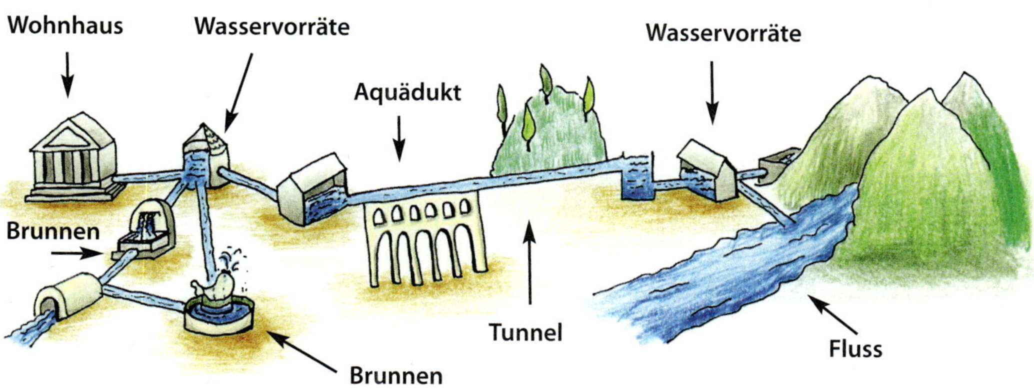

Aquädukt: Wasserleitung

Auch heute werden Thermen gerne zur Erholung besucht. Welche Thermen gibt es in Österreich? (Atlas)

Suche die Strecke Rom-Brindisi in deinem Atlas!

Die öffentlichen Bäder wurden **Thermen** genannt. Es gab Schwimmbecken, Kaltwasserbecken und Dampfbäder. Die Menschen verbrachten dort gerne ihre Freizeit, jedoch besuchten Männer und Frauen das Bad nicht gemeinsam. Sogar Eheleute badeten getrennt.

gepflastert: mit Steinplatten belegt

„Alle Wege führen nach Rom"

Die Römer bauten als Erste **feste Straßen**, um die Städte des Imperiums miteinander zu verbinden. So konnten Waren, Nachrichten und Soldaten schnell und einfach von einem Ort zum anderen kommen. Diese Straßen waren etwa 4 m breit und in den Städten mit großen Steinplatten belegt. Damit das Wasser besser abfloss, waren sie in der Mitte höher als am Rand. Die längste römische Straße war mit 540 Kilometern Länge die **Via Appia**, die von Rom nach Brindisi führte.

Straßenbau

Rom – eine bedeutende antike Stadt

In der Mitte von Rom befand sich ein großer freier Platz, das **Forum Romanum**, von dem aus viele **gepflasterte** Straßen in alle wichtigen Städte führten. Rund um das Forum Romanum standen öffentliche Gebäude, prächtige Statuen und Tempel. Wenn ein Feldherr eine große Schlacht gewonnen hatte, wurde ihm zu Ehren ein **Triumphbogen** am Forum gebaut.

Auf vielen Plätzen gab es Brunnen, von denen sich die Menschen Wasser holen konnten, und prächtige Paläste. Einige dieser Bauwerke sind heute noch teilweise erhalten wie das **Kolosseum**.

Triumphbogen des Konstantin (Rom)

Gladiatoren: Männer, die für den Kampf im Stadion ausgebildet waren

gladius: das Schwert

Stadien: Mehrzahl von Stadion

Brot und Spiele für das Volk

Es gab in Rom sehr viele arme und arbeitslose Menschen. Die Politiker versorgten sie mit Gratisbrot und kümmerten sich um ihre Unterhaltung. So versuchten sie, für die nächste Wahl Wähler zu gewinnen. Später machten sich so auch die Kaiser beliebt.

Die Leute besuchten gerne **Gladiatoren**kämpfe in Kampf**stadien**. Das größte Stadion war das **Kolosseum** in Rom. Dort kämpften besonders ausgebildete Sklaven oder auch Verbrecher gegeneinander oder gegen wilde Tiere.

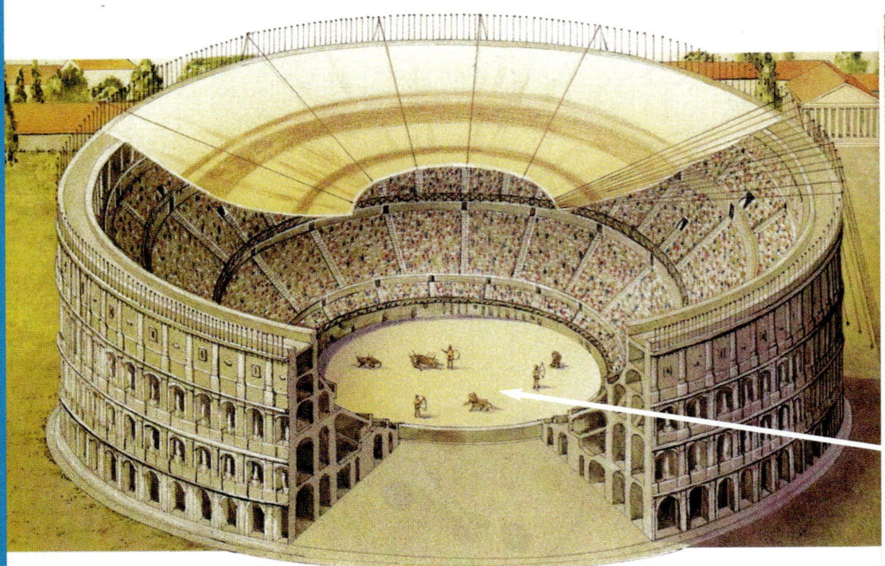

Gladiatorenkampf

Kolosseum in Rom:
- **fast 50 m hoch**
- **4 Stockwerke**
- **188 m lang**
- **156 m breit**
- **85 000 Zuschauer**

Welche Sportart wird heute hauptsächlich in Stadien gespielt?

Manchmal wurden sogar Wasserschlachten mit Schiffen nachgespielt. Auch mit Pferde- und Wagenrennen wurden die Leute unterhalten. Diese fanden im **Circus Maximus** statt.

Pompeji – die versunkene Stadt

Lava: glühendes Gestein aus dem Vulkan

Pompeji, eine Stadt in der Nähe von Neapel (Süditalien), lag sehr nahe beim Vulkan Vesuv. 79 n. Chr. starben 2 000 Menschen bei einem Ausbruch dieses feuerspeienden Berges. Menschen, Tiere und Häuser wurden unter einer 7 m dicken Schicht von **Lava** und Asche begraben. 16 000 Menschen gelang die Flucht. Seit 1860 legen Archäologen/ Archäologinnen die Reste der Stadt frei.

Das antike Rom war eine Großstadt, hatte gepflasterte **Straßen**, eine gute Wasserversorgung (**Aquädukte**) und prächtige Gebäude.
Die Menschen wohnten in **Villen** oder **Mietshäusern**.
In ihrer Freizeit besuchten sie **Thermen** oder gingen ins **Stadion**.

Vieles, was wir über das Leben im antiken Rom wissen, verdanken wir diesen Ausgrabungen, denn es wurden Kunstwerke, vollständige Hauseinrichtungen, Werkzeuge und Alltagsgegenstände gefunden. In der erstarrten Lava sind die Abdrücke von getöteten Menschen und Tieren erhalten geblieben. Die Wissenschaftler und Wissenschaftlerinnen gossen diese Abdrücke mit Gips aus.

Gipsfiguren aus Pompeji

Diese Gipsfiguren zeigen die Menschen in dem Moment, als sie vom Vulkanausbruch überrascht wurden: Einige waren bei der Arbeit oder spielten Karten, andere waren auf der Flucht.

Nun geht's los – Aufgaben für schlaue Köpfe!

1) **Gerade oder ungerade Zahl?** – Ein römisches Spiel auch für dich!

Selbst die kaiserliche Familie Roms spielte dieses Spiel.
Dabei müssen die Spieler und Spielerinnen erraten, ob sich eine gerade oder ungerade Anzahl an kleinen Gegenständen wie Steine, Murmeln oder Nüsse (du kannst aber verwenden, was du gerade hast) in der Hand des Mitspielers oder der Mitspielerin befindet.

2) **Heute oder früher?** Hier siehst du 9 Inserate. Welche stammen aus dem Alten Rom, welche sind von heute? Setze ein! ★★ R = Rom, H = heute

DIENER GESUCHT
Suche gebildeten Diener, der Griechisch und Latein fließend spricht. Alter 12 – max. 14 Jahre. Gutes Aussehen erwünscht!

ELEGANTE VILLA am Stadtrand zu mieten
Großer Wohnsalon, 3 Schlafzimmer, 2 Bäder, römisches Dampfbad, großer Garten mit Altbaumbestand, Doppelgarage.

MANCHE MÖGENS HEISS
Leiden Sie unter kalten Wintern? Wenn ja, dann gönnen Sie Ihren Füßen eine Zentralheizung. Sklaven beheizen Ihre Anlage.

BLONDINEN BEVORZUGT
Perücken und Haarteile für jeden Anlass, hergestellt aus feinsten blonden Haaren von Barbaren.

ERFAHRENE HAUSHÄLTERIN
für Villenhaushalt mit Kleinkind gesucht. Fremdsprachen und Reisebereitschaft erwünscht, keine Flugangst.

BEIFALLKLATSCHER GESUCHT
Benötigen Sie zwei Assen zusätzlich? Dann klatschen Sie doch laut bei der Aufführung der Komödie von Turpilius.

ELEGANTES STADTHAUS zu verkaufen!
Wohnzimmer mit dekorativem Wasserbecken, 6 Schlafzimmer, großer Garten mit Altar.

HAUS DER SCHÖNHEIT
Make-up, Parfum, Kämme, Spiegel, Haarentfernung mit Wachs, Gelnägel – wir haben alles für Ihre Schönheit.

LEHRER/IN GESUCHT
Sprechen Sie fließend Latein und Griechisch? Gymnasium mit humanistischem Schwerpunkt bietet Stelle ab sofort.

3) **Götterpuzzle** – Wenn du die Puzzleteilchen richtig zusammensetzt, erfährst du, wie die griechischen Götter und Göttinnen in Rom hießen! ★★

Jupiter

Venus

Poseidon

Hera

Minerva

Neptun

Pallas Athene

Aphrodite

Juno

Zeus

Nun geht's los – Aufgaben für schlaue Köpfe!

4) **Beschrifte und bemale die Zeichnung! ★★**

Brunnen ★ Aquädukt ★ Tunnel ★ Brunnen ★ Wasservorräte ★ Wohnhaus ★ Wasservorräte ★ Fluss

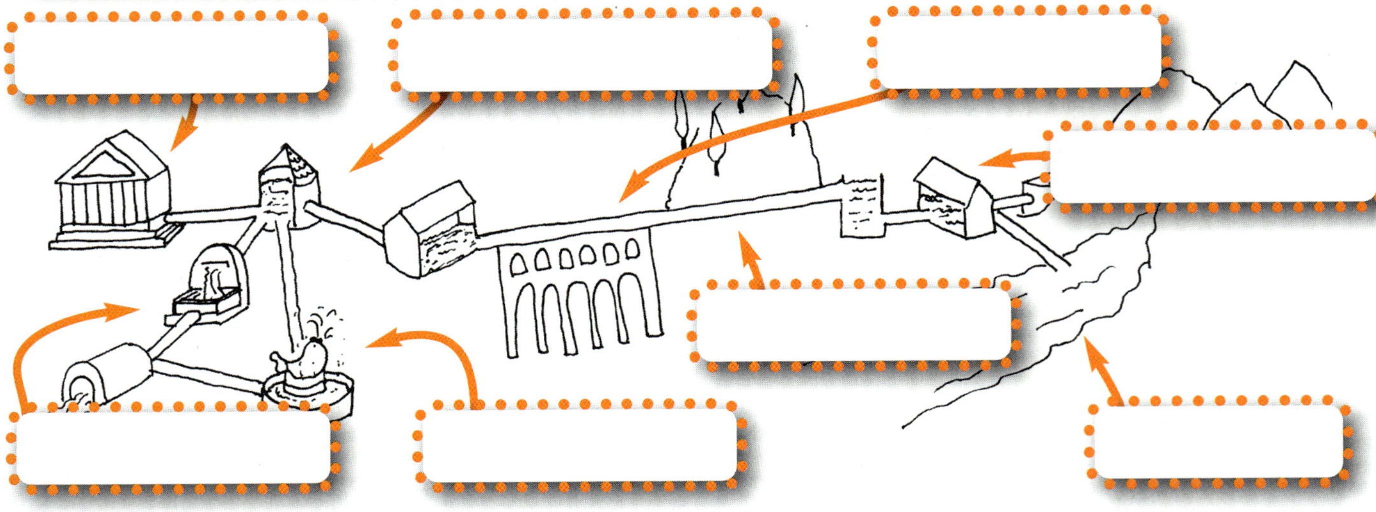

5) Die Römer liebten besonders Wagenrennen und Gladiatorenkämpfe. **Verfasse mit Hilfe des folgenden Textes einen kurzen Brief an deinen römischen Freund oder deine römische Freundin und erzähle, was du bei deinem Besuch im alten Rom erlebt hast! ★★★**

Bei einem Wagenrennen werden die zweirädrigen Wagen von vier Pferden gezogen. So ein Gespann heißt Quadriga. Die Wagen fahren sieben Runden, wer als Erster über die Ziellinie fährt, hat gewonnen und erhält eine Siegespalme und einen hohen Geldpreis. Bevor die Gladiatorenkämpfe beginnen, wird das Publikum mit Kämpfen zwischen wilden Tieren aus fremden Ländern wie Elefanten, Krokodilen und Löwen unterhalten. Die Hauptattraktion sind aber die Kämpfe zwischen den Gladiatoren, die so lange gegeneinander kämpfen, bis einer von ihnen stirbt oder schwer verletzt ist. Wenn ein Gladiator zu Boden geht, darf ihn das Publikum begnadigen.

6) In den folgenden Text haben sich 9 Fehler eingeschlichen. **Unterstreiche das falsche Wort und schreibe das richtige Wort auf die Zeile daneben! ★★**

Pompeji war eine Stadt in der Nähe von Venedig (Süditalien) am Vulkan ____________________
Vesuv. 2 000 n. Chr. starben 2 000 Menschen bei einem Ausbruch dieses ____________________
wasserspeienden Berges. Menschen, Tiere und Häuser wurden unter einer 7 m ____________________
dicken Schicht von Eis und Asche begraben. 16 000 Menschen gelang die Flucht. ____________________
Seit 1860 legen Meteorologen die Reste der Stadt frei. ____________________
Vieles, was wir über das Leben im modernen Rom wissen, verdanken wir ____________________
diesen Ausgrabungen, denn es wurden Kunstwerke, vollständige ____________________
Hauseinrichtungen, Werkzeuge und Elektrogeräte gefunden. In der erstarrten ____________________
Lava blieben die Schuhe von getöteten Menschen und Tieren erhalten. ____________________
Die Wissenschaftler haben diese Abdrücke mit Plastik ausgegossen. ____________________

20. AUSTRIA ROMANA

Raetia – Noricum – Pannonia – Limes – Magdalensberg – Carnuntum

Die Römer in Österreich

15 v. Chr. unterwarf **Kaiser Augustus** das keltische Königreich **Noricum**. Damit sicherten sich die Römer die Eisen- und Goldvorkommen in diesem Gebiet. Neue Grenze des Römischen Reiches wurde die **Donau**, die als Grenzfluss leichter zu überwachen und zu verteidigen war. Sie errichteten im Gebiet des heutigen Österreichs drei Provinzen: **Raetia, Noricum** und **Pannonia.**

Finde mit Hilfe des Atlas die heutigen Namen dieser römischen Städte heraus!

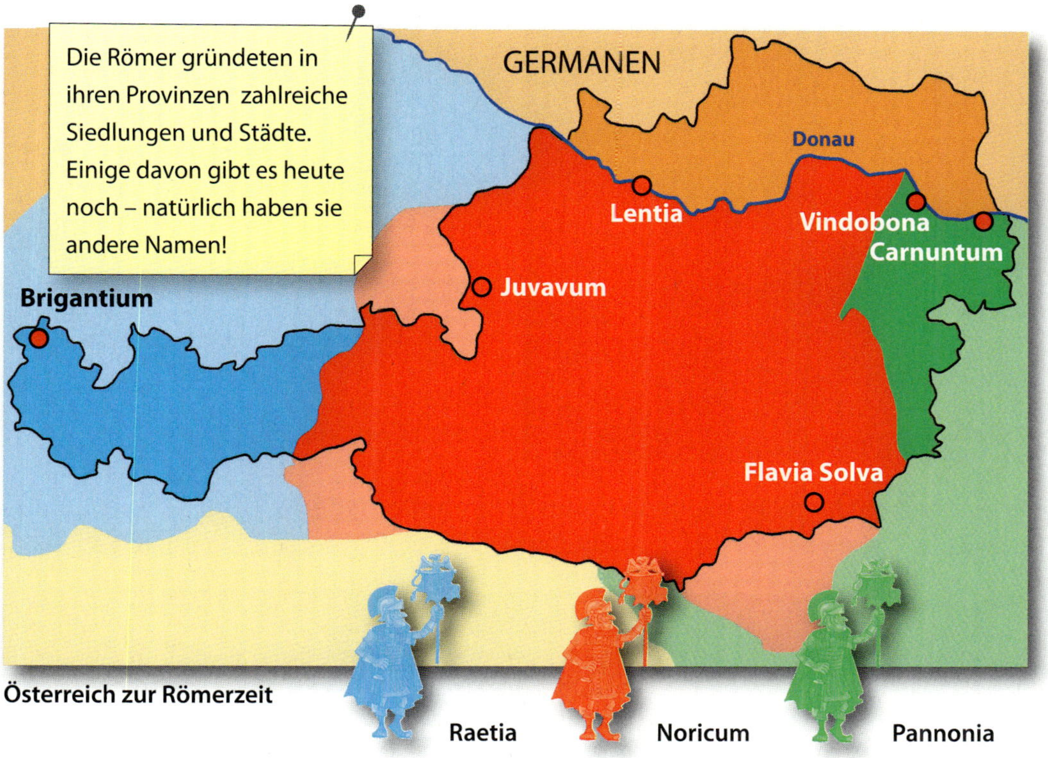

Österreich zur Römerzeit

Nach jeder römischen Meile (1,472 km) gab es am Straßenrand einen Meilenstein, an dem die Reisenden erkennen konnten, wie weit sie noch von Rom entfernt waren.

Die Städte in den Provinzen waren mit der Hauptstadt Rom durch Straßen verbunden. An den Straßen gab es in regelmäßigen Abständen **Herbergen** und Poststationen, an denen die Pferde gewechselt werden konnten. Wichtige Nachrichten wurden innerhalb einer Woche von **berittenen Boten** von Rom bis an die Donau gebracht.

Herberge: Haus, in dem Reisende gegen Bezahlung schlafen und essen konnten

berittener Bote: brachte Nachrichten und Briefe, ritt auf einem Pferd

Das Römische Reich schützt seine Grenzen

Entlang der Donau bauten die Römer zum Schutz vor Angriffen der Germanen den **Limes**, einen Grenzwall mit Wachtürmen. Sie errichteten auch **Lager** für ihre Legionäre entlang des Limes. Menschen aus den umliegenden Provinzen zogen in die Nähe dieser Lager, um den Römern Lebensmittel und andere Waren zu verkaufen. Römische Soldaten heirateten einheimische Frauen und blieben für immer im Land.

Die einheimische Bevölkerung übernahm teilweise die römische Sprache und Lebensweise, sie wurde mit der Zeit **romanisiert**. Auch heute noch erinnern viele Funde in Österreich an die Zeit der Römerherrschaft.

Limes

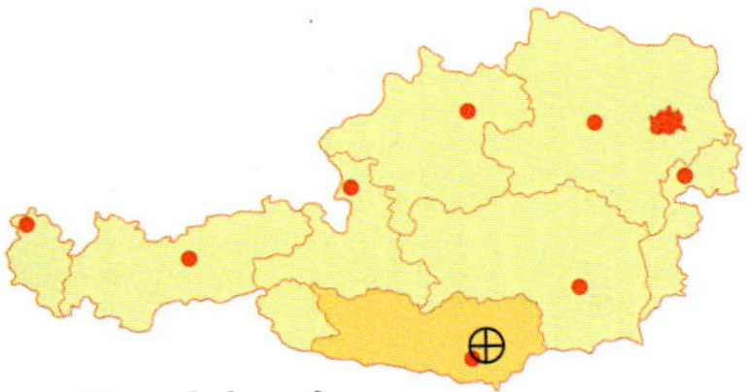
Magdalensberg

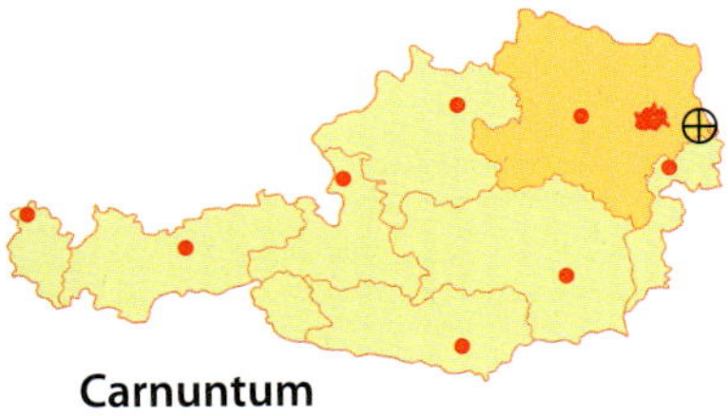
Carnuntum

Römische Siedlungen in Österreich

Vor ungefähr 500 Jahren fand ein Bauer auf der Südseite des **Magdalensberges** in Kärnten beim Pflügen die Statue eines bronzenen Jünglings. Man suchte weiter und stieß auf die Reste einer römischen Stadt. Diese war in der Nähe einer keltischen Siedlung gegründet worden, in der Geräte, Werkzeuge und Waffen aus hochwertigem Norischen Eisen erzeugt worden waren. Sie diente als Handelsplatz der Römer. Auch Gold wurde hier verarbeitet.

Bronzestatue Jüngling vom Magdalensberg: Abguss des Originals aus dem 16. Jh.

Heidentor bei Carnuntum heute

Erkundige dich, ob es in der Nähe deines Wohnortes römische Ausgrabungen gibt! (Heimatmuseum, Internet,...)

Veteran: ehemaliger Soldat

Amphitheater: rundes Theater ohne Dach

Im Osten von Wien lag die bedeutendste römische Siedlung auf österreichischem Boden – **Carnuntum**. Hier hat man die Reste eines großen Legionslagers ausgegraben.

Archäologiepark Carnuntum

Kinder in Carnuntum als Römer und Römerin verkleidet

Österreich war zur Römerzeit in **3 Provinzen** eingeteilt: Raetia, Noricum, Pannonia. Ausgrabungsstätten wie am **Magdalensberg** und in **Carnuntum** erinnern uns an die Städte und Lager der Römer in Österreich.

Neben dem Militärlager befand sich die **Zivilstadt**. In dieser lebten Römer und **Veteranen**. Es gab aber auch Kaufleute, die den Soldaten Waren verkauften und auch mit den Völkern nördlich der Donau Handel trieben. Für Abwechslung sorgten zwei **Amphitheater**, eines im Militärlager und eines in der Zivilstadt. Heute gibt es in Carnuntum einen großen Archäologiepark und ein Museum.

Nun geht's los – Aufgaben für schlaue Köpfe!

1) **Wie hießen diese österreichischen Städte zur Römerzeit?** ★

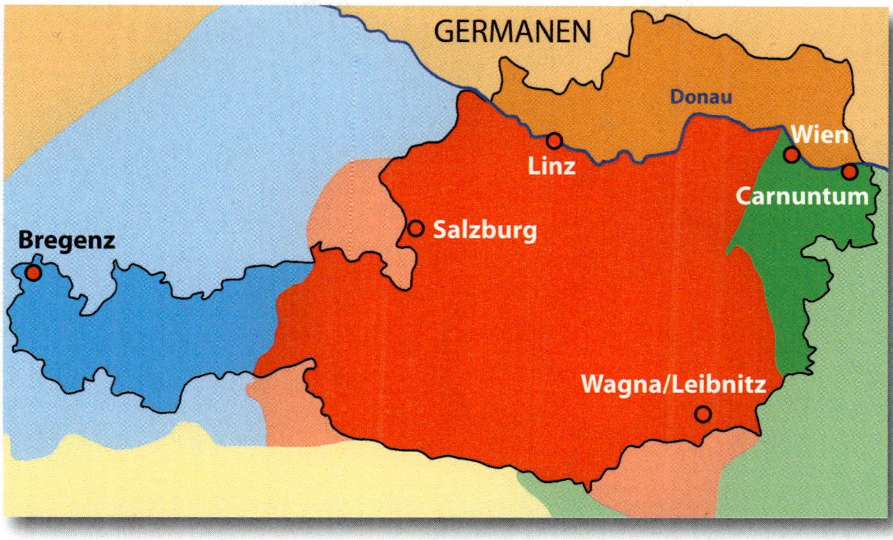

Bregenz: . . . .

Linz: . . . . . .

Salzburg: . . . .

Wien: . . . .

Carnuntum: . . . .

Wagna/Leibnitz: . . . .

2) Hier kannst du eine berühmte Fabel von Äsop nachlesen **– schreibe sie richtig auf!** ★★ Tipp: Achte auf die Groß- und Kleinschreibung und die Satzzeichen! ACHTUNG: Die Römer verwendeten ein V anstelle eines U; achte darauf OE = Ö und AE = Ä!

DERFVCHSVNDDIETRAVBEN
GEQVAELTVOMHVNGERWOLLTESICHEINFVCHSVOMHOHEN
WEINSTOCKTRAVBENHOLENVNDERSPRANGHINAVFDOCHDAESIHM
VNMOEGLICHWARSIEZVERLANGENSPRACHERSIESINDNICHT
REIFVNDSAVREMAGICHNICHTWERDASMITWORTENSCHMAEHT
WASERNICHTHASCHENKANNDERMVSSSICHDIESEFABEL
ZVHERZENNEHMEN

Der Fuchs ______________________________

____

____

____

____

____

____

Nun geht's los – Aufgaben für schlaue Köpfe!

3) **Ein Legionär hat es schwer!** (Ein Spiel für 2 – 4 Spieler und Spielerinnen)

Für das Spiel brauchst du einen Spielstein und einen Würfel. **Wenn du auf ein Ereignisfeld kommst, musst du lesen, was zu tun ist!** ACHTUNG: Das Ziel muss genau erreicht werden!

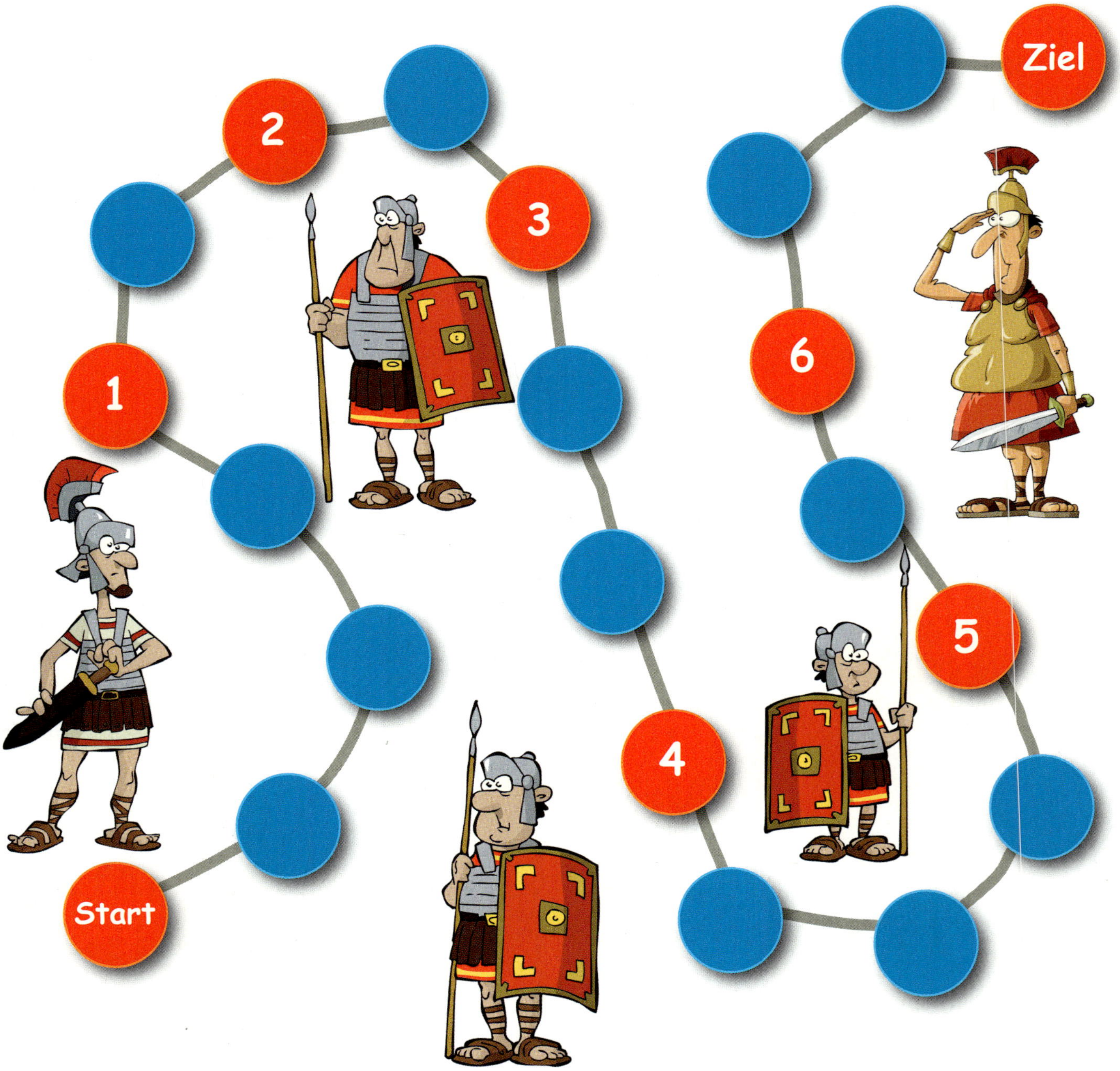

Ereignisfelder:

1 Du wirst als Legionär an den Grenzwall versetzt. Wenn du das Wort Grenzwall erklären kannst, darfst du ein Feld vorrücken.

2 Deine Kleidung ist für diese Gegend zu leicht. Du kaufst einem Germanen eine Hose ab ➔ 1 Feld vorrücken!

3 Bei einer Übung musst du den schweren Mahlstein für das Getreide tragen ➔ 3 Felder zurück!

4 Du musst mit befreundeten Germanen puren (nur Wein) statt gewässerten Wein trinken. Das bist du nicht gewohnt ➔ einmal aussetzen!

5 Vom Wachturm aus entdeckst du Feinde und warnst das Lager rechtzeitig ➔ 1 Feld vorrücken!

6 Du lernst eine Frau aus Noricum kennen und beschließt, mit ihr an der Donau zu wohnen ➔ Vorrücken bis zum **ZIEL**!

21. DIE VÖLKERWANDERUNG – DER UNTERGANG DES WESTRÖMISCHEN REICHES

Völker wandern – Hunnen – Germanen – Slawen – Ende des Weströmischen Reiches

Völker wandern

Germanische Stämme drängten ab dem Ende des 2. Jh. immer stärker gegen die Grenzen des Römischen Reiches. Einige germanische Stämme lebten in Frieden mit den Römern, andere waren häufig in kriegerische Auseinandersetzungen verwickelt.

Germanische Stämme: Vandalen, Sachsen, Angeln, Franken, Goten, Langobarden, Burgunder

Vom 4. bis zum 6. Jh. n. Chr. wanderten viele Völker und Stämme quer durch Europa und veränderten dadurch die antike Welt völlig.

Slawen: Gruppe von Völkern in Osteuropa

Im Laufe von 400 Jahren zogen all diese **Stämme** durch Europa:

Goten · Langobarden · Slawen · Angeln/Sachsen · Franken · Hunnen · Burgunder · Vandalen

Hier siehst du einen Wagenzug, wie er ausgesehen haben könnte.

Während der Völkerwanderung kam es immer wieder zu Überfällen und **Plünderungen**. Es gab abwechselnd ruhige und wieder kriegerische Zeiten. In den kriegerischen Zeiten wurden Menschen verschleppt und ermordet sowie Häuser ausgeraubt und angezündet.

Plünderung: Raub

Siedlungsgebiet: Land, das in Besitz genommen wird

Auf der Suche nach neuen **Siedlungsgebieten** brachten diese wandernden Stämme Not, Angst und Tod über die einheimische Bevölkerung.

Diese 400 Jahre nennt man die Zeit der **Völkerwanderung**!

Heute spricht man von einer „modernen Völkerwanderung“, weil viele Menschen aus Not, Angst vor Kriegen und Verfolgung ihre Heimat verlassen müssen.

Hast du schon von der „Festung Europa“ gehört? Was könnte dieser Begriff bedeuten? (Lexikon, Internet, Zeitungen)

Völker ziehen durch Europa

Germanische Stämme, die in der Nachbarschaft der Römer siedelten, wurden mit der Zeit zu Verbündeten der Römer, die man **Föderati** nannte. Diesen war es erlaubt, auf römischem Gebiet Siedlungen zu gründen und im römischen Heer zu kämpfen.

Alle Völker, die du auf dieser Karte findest, waren bedeutende Stämme der Völkerwanderungszeit, die auf der Suche nach Land waren.

Zug der Völker durch Europa

Verfasse eine Übersicht über die Wanderzüge der einzelnen Völker!
Welche heutigen Länder durchzogen sie und wo ließen sie sich nieder?

Trotzdem drangen ab dem 4. Jh. n. Chr. an vielen Stellen des Römischen Reiches germanische Stämme ein. Es kam jedoch aufgrund der Bündnisse zu keinen größeren Bevölkerungsverschiebungen. Erst der Einfall der **Hunnen** in Europa löste eine große Völkerwanderung aus.

Die Hunnen

Gegen Ende des 4. Jh. n. Chr. eroberte das Reitervolk der Hunnen aus Asien kommend weite Teile Osteuropas. Sie unterwarfen die **Ostgoten**, die vorher schon in diese Gebiete gezogen waren. Andere Stämme flüchteten und wichen nach Westen aus. So kamen die Völker Europas in Bewegung.

Unter ihrem berühmten König **Attila** stießen die Hunnen bis nach Gallien und Oberitalien vor. Nach dem Tode Attilas (453 n. Chr.) löste sich das Reich der Hunnen allmählich auf.

Hunnischer Krieger

Quelle: nach Ammianus Marcellinus (römischer Geschichtsschreiber 370 n. Chr.)
Das Volk der Hunnen ist uns aus alten Berichten wenig bekannt. Sie haben einen **gedrungenen** starken **Gliederbau**, sodass man sie für zweibeinige Tiere halten könnte. Sie leben von wilden Wurzeln und von halbrohem Fleisch aller möglichen Tiere, das sie den Pferden auf den Rücken legen und so, darauf sitzend, **mürbe** reiten. Ungemein **flüchtig und behänd** sprengen sie im Kampfe auf einmal absichtlich auseinander und fallen in Haufen bald da, bald dort wieder ein, um ein mörderisches Blutbad anzurichten.

gedrungen: stämmig

Gliederbau: Körperbau

mürbe: weich

flüchtig und behänd: schnell

Unterstreiche in dieser Quelle alle Merkmale, die die Römer den Hunnen zuschrieben!

Welchen Eindruck wollte dieser römische Geschichtsschreiber bei seinen Lesern von den Hunnen hervorrufen? Überlege, warum!

Die Germanen

Als Nachbarn des Römischen Reiches drängten die germanischen Stämme schon gegen Ende des 2. Jh. n. Chr. gegen die Grenzen des Römischen Imperiums.

In den Grenzgebieten kam es immer wieder zu Kämpfen zwischen Römern und Germanen.

In **Friedenszeiten** betrieben die beiden Völker auch Handel miteinander. Den Germanen gefiel das Leben auf den römischen Märkten und in den Städten.

Germanische Familie auf dem Feld

Ostgermanische Gürtelschnalle aus dem 5. Jh.

Quelle: nach Tacitus (römischer Geschichtsschreiber 55 – 116 n. Chr.)
Die germanischen Stämme wohnen nicht in Städten. In ihren Dörfern siedeln sie weit voneinander entfernt **ohne planvolle Anordnung**. Als Baumaterial verwenden sie nicht Steine oder Ziegel, sondern überall nur roh behauenes Holz.
Die Germanen nutzen die **Ergiebigkeit des Bodens** nicht durch **intensive** Bearbeitung aus; sie säen nur Getreide und erwarten, dass die Erde es **zur Reife bringt**.
Die Mitgift bringt nicht die Gattin dem Mann, sondern der Mann der Gattin … Rinder und ein gezäumtes Ross und einen Schild mit **Frame** und Schwert. Für diese Gaben erhält der Mann die Gattin, die nun ihrerseits dem Manne eine Waffe schenkt. Das galt ihnen als die stärkste Bindung, als geheime Weihe, als göttlicher Schutz der Ehe.
Die Germanen gehen mit nacktem Oberkörper in den Kampf. In der Regel tragen sie Speere und leichte Wurfgeschosse.

Kämpfende Germanen (Siegessäule Marc Aurels, Rom)

ohne planvolle Anordnung: nicht geordnet

Ergiebigkeit des Bodens: mehr Ernte

intensiv: stark

zur Reife bringen: wachsen lassen

Frame: Speer

Vergleiche die Lebensweise der Germanen mit der der Römer! Welche Unterschiede kannst du finden?

Meerenge von Gibraltar: Südspitze der Iberischen Halbinsel

Suche auf der Karte die Meerenge von Gibraltar!

Germanische Fibeln aus Untersiebenbrunn (NÖ)

Slawischer Fürst mit einem Gefangenen

Ungefähr 400 Jahre dauerte die **Völkerwanderung**. Sie veränderte Europa völlig. Durch die Anstürme der **Hunnen** und **Germanen** ging das Weströmische Reich **476 n. Chr.** endgültig unter. Friedliche und kriegerische Zeiten wechselten einander ab.

Die Vandalen

Die **Vandalen** zogen 406 n. Chr. über Österreich nach Gallien und Spanien. Da sie die **Meerenge von Gibraltar** überqueren mussten, lernten sie den Schiffsbau und wurden zu gefürchteten Seeräubern. In Nordafrika gründeten sie ein Reich auf römischem Gebiet. 455 n. Chr. plünderten sie sogar Rom und auch noch heute gibt es die Bezeichnung „Vandalismus" für zerstörerisches Verhalten.

Die Völkerwanderung im Gebiet des heutigen Österreichs

In die fast menschenleer gewordenen Gebiete Osteuropas wanderten slawische Völker ein.

Im Gebiet des heutigen Österreichs waren dies um 600 n. Chr. die **Slawen** gemeinsam mit den **Awaren**. Viele der noch bestehenden römischen Siedlungen wurden dabei zerstört. Schließlich vermischten sich die Slawen und Awaren mit der einheimischen Bevölkerung.

Das Ende des Weströmischen Reiches

Durch den über 300 Jahre dauernden Ansturm vieler Stämme ging **476 n. Chr.** das Weströmische Reich endgültig unter. Es bildete sich eine Reihe von neuen Staaten auf dem Gebiet des ehemaligen Weströmischen Reiches:

- Reich der **Westgoten**
- Reich der **Ostgoten**
- Reich der **Franken**

Die östliche Hälfte der Reiches blieb als Oströmisches Reich jedoch noch fast 1 000 Jahre bestehen.

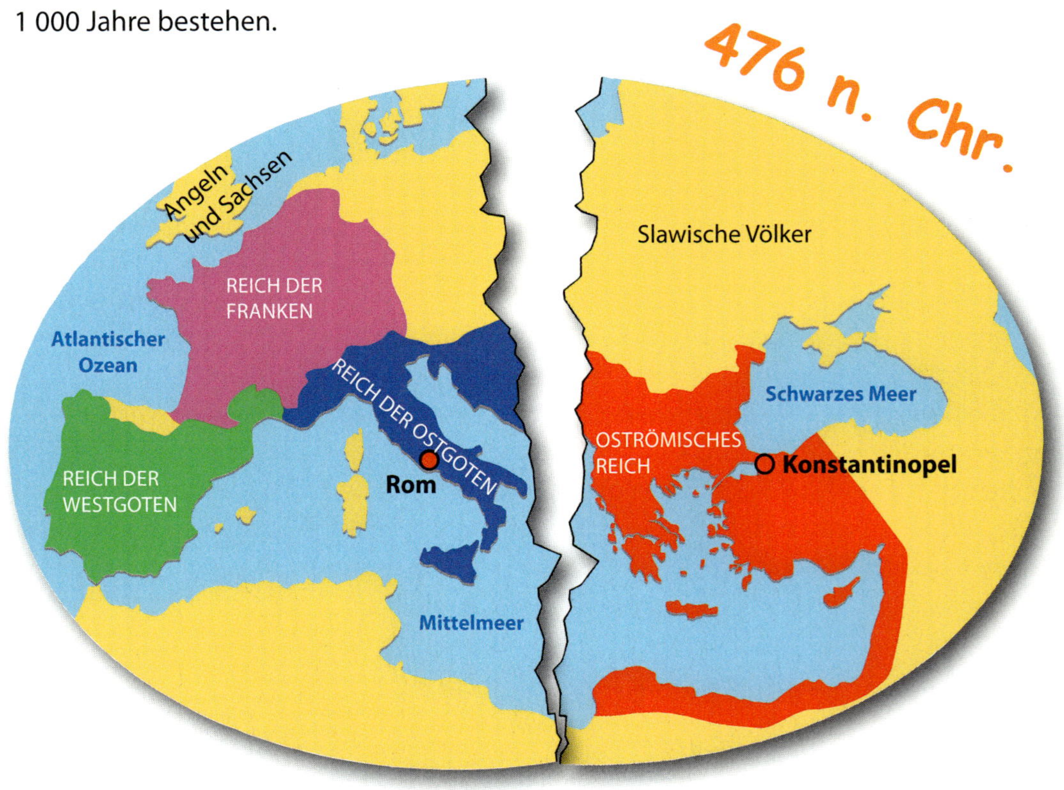

Neue Staaten auf dem Boden des Weströmischen Reiches

Welche Staaten liegen heute auf dem Gebiet des ehemaligen Weströmischen Reiches? (Atlas)

22. WAS BLIEB VON DER ANTIKE?

Bauten – Philosophie – Technik und Kunst – Mathematik – Medizin – Ziffern, Schrift und Sprache – Recht

Spuren der Antike

Die **Wirren** der Völkerwanderung führten zu einer Verschlechterung im täglichen Leben der Menschen. **Errungenschaften** der Griechen und Römer gingen verloren, wie die Fähigkeit vieler Menschen, lesen und schreiben zu können.

Von den großartigen Leistungen der Römer und Griechen in Kunst, Wissenschaft und Technik ist jedoch einiges bis heute erhalten geblieben.

Bauwerke

Obwohl viele antike Städte fast vollständig zerstört worden waren, findet man überall rund um das Mittelmeer Ruinen römischer und griechischer Bauwerke, darunter viele Tempel, in denen die Götter verehrt wurden.

Die **Säulen** der Tempel ersetzten eine geschlossene Außenwand. Dadurch wirkt das Bauwerk harmonisch und nicht wuchtig. Es gab 3 verschieden Baustile: Dorisch – Ionisch – Korinthisch, die am deutlichsten an der Form der **Kapitelle** der **Säulen** zu erkennen sind.

Griechischer Tempel: 1. Stufen, 2. Säulen, 3. Fries, 4. Kapitell

Unter den Griechen und Römern gab es große Meister der Bildhauerei. Sie schufen prächtige Statuen aus Stein, Elfenbein, Bronze und Gold.

Im Straßenbau waren die Römer Meister. Der Straßenbau war Aufgabe der Legionäre, denn diese sollten so schnell wie möglich – wenn die **Pax Romana** bedroht war – ihr Ziel erreichen können. Einige unserer modernen Straßen sind sogar über den alten Römerstraßen gebaut worden.

Philosophie

Viele berühmte griechische Philosophen beschäftigten sich mit dem **Sinn des Lebens** und anderen wichtigen Fragen. Im Arbeitsteil kannst du über einen von diesen „Freunden des Wissens und der Weisheit" noch mehr erfahren.

Wirren: Durcheinander, **Chaos**

Chaos: Durcheinander; Gesetze gelten nicht mehr.

Errungenschaft eines Volkes: was ein Großteil des Volkes erreicht hat

Weißt du noch? Wo gab es überall griechische Siedlungen?

Kapitell: oberer Abschluss einer Säule

Dorische Säule

Ionische Säule

Korinthische Säule

An welches Gebäude in Österreich erinnert dich dieser Tempel? Tipp: Eine griechische Göttin steht davor!

Pax Romana: Frieden, den das Römische Reich sicherte

Archimedische Schraube

Technik und Kunst

Ein großartiger Naturwissenschaftler war der Grieche **Archimedes**. Mehr als 40 Erfindungen gehen auf ihn zurück, darunter der Kran, der Flaschenzug und die „Archimedische Schraube".

Ebenso berühmt ist der griechische Mathematiker **Pythagoras**, der einen noch heute gültigen Lehrsatz – den **Pythagoräischen Lehrsatz ($a^2+b^2=c^2$)** – aufgestellt hat. Auch die Winkel in Dreiecken werden mit griechischen Buchstaben beschriftet.

Frage im Physikunterricht, ob du mehr über Archimedes erfahren kannst! Kläre auch, wie die Archimedische Schraube funktioniert!

Von den Römern blieben die Salzgewinnung und landwirtschaftliche Kenntnisse wie Weinbau und Bienenzucht erhalten. Ebenso stellten die Wasserleitungen der Römer mit ihren Rohrleitungen – auch **Aquädukte** genannt – ein technisches Meisterwerk dar.

perfektionieren: etwas sehr gut können

In der Antike wurden Vasen, Teller und Krüge kunstvoll bemalt. Nach griechischem Vorbild hatten die Römer die Kunst des **Mosaiklegens** perfektioniert. Bei dieser Gestaltung wurden kleine Stein-, Fliesen- oder Glasstückchen auf dem Fußboden, aber auch manchmal auf der Wand, angeordnet, sodass sie Bilder oder Muster ergaben.

Legen eines Mosaiks

Medizin

Der griechische Arzt **Hippokrates** gilt als Begründer der Medizin. Noch heute muss jeder Arzt und jede Ärztin den **„Hippokratischen Eid"** ablegen. Dabei schwören sie, sich so gut wie möglich um die Patienten und Patientinnen zu kümmern. Als Symbol dafür gilt eine Äskulapnatter, die an einem Stab hoch kriecht.

Äskulapnatter

Ziffern, Schrift und Sprache

Auch die **Buchstaben**, die du verwendest, kommen aus dem lateinischen Alphabet. Die römischen Ziffern wiederum werden nur mehr in Ausnahmefällen wie bei Inschriften verwendet.

Oftmals übernahmen andere Völker die lateinische Sprache. Auch heute noch wird in den Gymnasien **Latein** unterrichtet und viele Lehnwörter, die du sicher kennst, stammen aus der lateinischen Sprache („familia" = Familie).

Einige Sprachen – man nennt sie **romanische Sprachen** – entwickelten sich aus dem Lateinischen. Dazu zählen z. B.: Spanisch, Französisch, Italienisch und Rumänisch.

Die Griechen und Römer waren Meister der **Baukunst**. Reste von Tempeln, Straßen und Aquädukten sind heute noch erhalten.
Auch in der **Physik**, **Mathematik**, **Medizin** und der **Philosophie** leisteten sie sehr viel. Die **römischen Ziffern** und **Buchstaben** und viele **lateinische Wörter** werden noch heute verwendet.

Rechtswesen

Justitia, die römische Göttin der Gerechtigkeit, ist noch immer das Symbol für die Rechtssprechung, denn das **Römische Recht** wurde in allen europäischen Ländern zur Grundlage des Rechtssystems der Gegenwart.

Justitia

Nun geht's los – Aufgaben für schlaue Köpfe!

1) In dieser Geschichte erfährst du mehr über den berühmten Philosophen Diogenes. **Lies sie genau, dann kannst du auch das Quiz am Ende dieser Geschichte leicht beantworten! ★**

Der um 400 v. Chr. an der Schwarzmeerküste geborene Philosoph Diogenes lebte und lehrte in Athen und Korinth. Er wohnte in einem Fass, da er meinte, dass man zum Leben nicht mehr braucht. Für ihn war ein einfaches Leben in der Natur wertvoller als Bequemlichkeit und alles, was für Geld zu kaufen ist. Zahlreiche Geschichten werden über ihn erzählt:
So besuchte ihn einmal Alexander der Große und fragte: „Was wünschst du dir, Diogenes?" „Geh mir aus der Sonne!", antwortete Diogenes nur.
Ebenso soll er eines Tages, nachdem sein Sklave weggelaufen war, ausgerufen haben: „Lächerlich, wenn der Sklave ohne Diogenes leben kann, aber Diogenes nicht ohne einen Sklaven!" Dieser kluge Mann, der am Tag mit einer Laterne umherging, um einen „richtigen" Menschen zu suchen, starb 323 v. Chr. in Korinth.

QUIZ:

Wo lebte Diogenes? ☐ in einem Palast ☐ in einem Fass ☐ in einer Höhle

Was liebte Diogenes? ______________________________

Was war ihm nicht so wichtig? ______________________________

____

Welcher Ausspruch ist von ihm? ☐ Nach mir die Sintflut! ☐ Geh mir aus der Sonne! ☐ Ich kam, sah und siegte!

2) In „Diogenes und die bösen Buben" von Wilhelm Busch spielen diese beiden Buben Diogenes zwei Streiche! **Schreibe in Stichworten in die leeren Felder, was geschieht! ★**

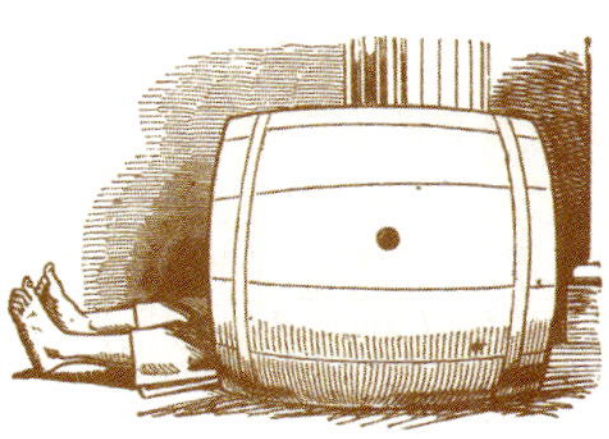

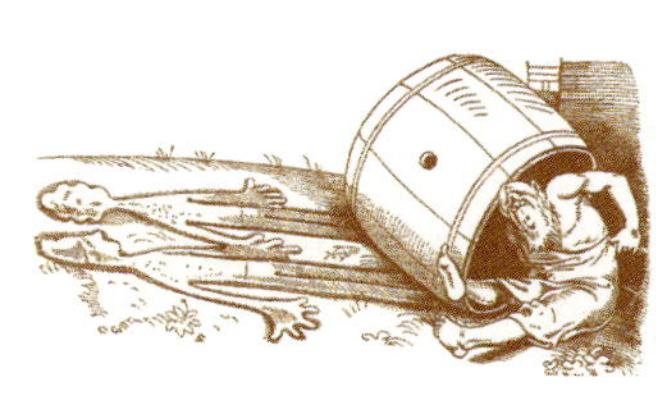

Nun geht's los – Aufgaben für schlaue Köpfe!

3) **CAVE CANEM – „Warnung vor dem Hund"!** Dieser in Pompeji gefundene herrenlose Hund benötigt dringend deine Hilfe. **Male die Mosaiksteine bunt an!** So kannst du diesen fast 2 000 Jahre alten Hund zum Leben erwecken!

4) **Versuche, diese lateinischen Wörter zu übersetzen! ★★★** Welche Lehnwörter aus dem Lateinischen kennst du in deiner Sprache?

FENESTRA = ______________ PORTA = ______________

CAMINUS = ______________ MURUS = ______________

5) **Besprecht mit eurem Lehrer oder eurer Lehrerin die Rechtssprechung in Österreich! ★★★★★**
Ab wie vielen Jahren kann man in Österreich vor Gericht gestellt werden?
Wie verläuft ein Prozess?

23. DAS OSTRÖMISCHE REICH – BYZANZ

Byzanz – Konstantinopel – Bevölkerung – kultureller Mittelpunkt – Untergang

Byzanz – das Rom des Ostens

Nach dem Untergang des Weströmischen Reiches – 476 n. Chr. – erlangte das **Oströmische Reich** immer mehr an Bedeutung. Mit der Hauptstadt **Byzanz** stieg es zur wichtigsten und reichsten Handels- und Hafenstadt des Mittelmeeres auf.

Byzanz: ursprünglicher griechischer Name der Stadt Konstantinopel

Diese Stadt wurde bereits ab 330 n. Chr. nach Kaiser Konstantin I. **Konstantinopel** genannt. Innerhalb von nur sechs Jahren ließ Kaiser Konstantin nach Entwürfen von Architekten und Künstlern aus der unbedeutenden Hafenstadt Byzanz die prachtvolle **Residenz** Konstantinopel errichten. In dieser gab es zahlreiche Paläste, die aus Marmor gebaut waren. Dazwischen wuchsen Palmen und **Platanen**.

Platane: hoch gewachsener Laubbaum

Nach dem Zerfall des Römischen Reiches in zwei Teile wurde Konstantinopel die Hauptstadt des neuen Oströmischen Reiches.

Für den Bau der Hagia Sophia wurden Materialien aus allen Teilen des Reiches verarbeitet. So verwendete man Steine, Säulen und Verzierungen von mehreren Tempeln aus Ägypten und Griechenland und vor allem dem Artemistempel in Ephesos. Ein wesentliches Merkmal des byzantinischen Baustils war die **Kuppel**.

Hagia Sophia

Kuppel: halbkugelförmiger oberer Teil eines Raumes

Die Kirche der Heiligen Weisheit – auch **Hagia Sophia** genannt – deren Bau Kaiser Konstantin in Auftrag gab, wurde zweimal zerstört. Kaiser Justinian ließ sie neu errichten. Sie galt als das größte und bedeutendste Bauwerk der frühen Christenheit.

Mit der Zeit wurden die Bewohner Konstantinopels sehr reich. Es gab große Unterschiede zwischen den Reichen und den Armen: Die Reichen lebten im Luxus – die Armen dieser so reichen Stadt in bitterer Not.

Das Innere der Hagia Sophia

Wucher: überhöhte Preise

Metropole: Hauptstadt, große Stadt

Wie sahen die Wohngebiete der Armen in Byzanz aus? Wer wohnte in den Mietskasernen?

Weshalb flüchteten so viele Menschen vom Land in die Stadt?

In der römischen Geschichte hatte es schon einmal eine Landflucht gegeben. Wodurch wurde diese ausgelöst?

Osmanen: Bewohner des Osmanischen Reiches

Wer ist das Oberhaupt der römisch-katholischen Kirche? In welcher Stadt hat dieser seinen Sitz?

Missionar: verbreitet den Glauben

Sultan: arabischer Herrscher

Aus der kleinen griechischen Stadt **Byzanz** entwickelte sich **Konstantinopel**. Nach dem Ende des Weströmischen Reiches stieg sie schnell zum wirtschaftlichen, kulturellen und religiösen **Mittelpunkt Osteuropas** auf. 1453 wurde die Stadt von den Osmanen erobert.

Quelle: bearbeitet nach Wolf Schneider „Überall ist Babylon"

Wie aber die Menschen wohnten, das interessierte den Kaiser nicht. Die Wohnhäuser lagen in ebenso engen Gassen wie am Tiber. Die Mietskasernen von Byzanz waren 30 Meter hoch und umfassten damit 12 Stockwerke, sofern die zugehörige Gasse wenigstens 4 Meter breit war. Mit solch einer Bauordnung wurden finstere Straßen und Gassen begünstigt. Die Eigentümer der Mietshäuser betrieben Miet**wucher** wie in Rom: Denn selbstverständlich strömten Beamte, Kaufleute und Proletarier in hellen Scharen in die neue **Metropole**.

Die Landbevölkerung wurde vom Glanz und Reichtum dieser Stadt angelockt und ebenso von der Aussicht, ihr Brot nicht verdienen zu müssen, da das Proletariat Getreide kostenlos bekam und keine Steuern zahlen musste.

Unter Kaiser **Justinian I.** gelang es im 6. Jh., das Gotenreich in Italien und das Vandalenreich in Nordafrika zu erobern. Damit war die Einheit des Römischen Reiches für kurze Zeit wieder hergestellt. Die eroberten Gebiete gingen jedoch bald darauf verloren.

Das Oströmische Reich musste sich gegen Angriffe der Germanen, der Hunnen, der Slawen, der Araber und der **Osmanen** verteidigen. Im Laufe von 800 Jahren gingen dabei immer mehr Gebiete verloren. Zuletzt blieben nur mehr die Stadt Konstantinopel und ihr Umland erhalten.

Justinian I.: Mosaikausschnitt aus der Kirche San Vitale in Ravenna

Trotzdem war diese Stadt **kultureller und religiöser Mittelpunkt** für Osteuropa. So war Konstantinopel der Sitz des griechisch-orthodoxen Patriarchen (Oberhaupt der griechisch-orthodoxen Kirche). Von dort aus verbreitete sich der **orthodoxe Glaube** durch die beiden **Missionare** **Cyrill** und **Method**, die die Slawen missionierten. Ausgehend von der griechischen Schrift entwickelten sie für die slawische Sprache das **kyrillische Alphabet**.

1453 eroberten die **Osmanen** unter ihrem **Sultan** Mohammed II. Konstantinopel.

Dies bedeutete den **Untergang des Oströmischen Reiches**.

Die Stadtmauer Konstantinopels

Die gewaltige Stadtmauer Konstantinopels war bis zum Untergang der Stadt der stärkste Festungsbau Europas im Mittelalter. Teile davon sind auch heute noch erhalten.

Nun geht's los – Aufgaben für schlaue Köpfe!

1) **Nun zu etwas Kniffeligem!** Versuche mit Hilfe der Silben im Wagen, die Namen der Völker und Stämme der Völkerwanderungszeit herauszufinden! ★★

1 ______________________

2 ______________________

3 ______________________

4 ______________________

5 ______________________

6 ______________________

7 ______________________

8 ______________________

9 ______________________

2) Nenne Gründe, warum Menschen heute ihre Heimat verlassen müssen! ★★★★

____

____

3) Gestaltet mit Hilfe von Zeitungsartikeln eine Collage zum Thema „Flüchtlinge“! ★★★★

4) Wenn du aus dieser Buchstabenschlange jeden zweiten Buchstaben herausnimmst, erhältst du das Lösungswort: ★

S V M Ö P L A K N E X R U W B A Z N C D Y E J R F U T N O G

LÖSUNGSWORT: ______________________

5) Auf dieser Münze ist ein berühmter ostgotischer König abgebildet. Sein Name lautet? ★

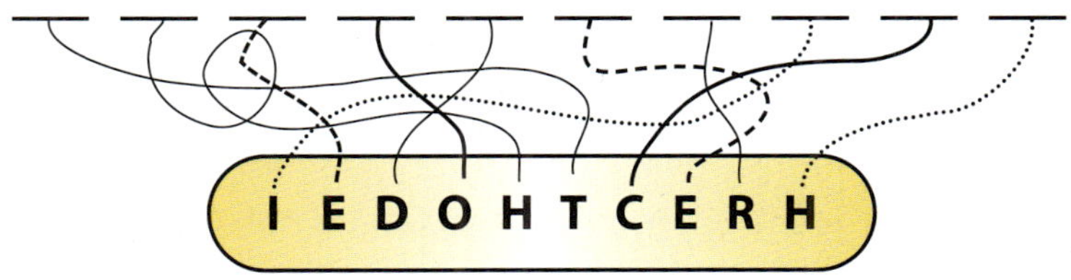

Nun geht's los – Aufgaben für schlaue Köpfe!

6) **Fehlerbild** – Die hier abgebildete Hagia Sophia war lange Zeit die größte Kirche der Christenheit, bis sie nach der Eroberung Konstantinopels durch die Osmanen zu einer Moschee umgebaut wurde. Auf dem rechten Foto der Hagia Sophia haben sich 10 Fehler eingeschlichen. **Versuche, diese zu finden, und markiere sie! ★★★**

7) **Finde heraus, wie die Stadt Konstantinopel heute heißt und in welchem Staat sie liegt! ★★** (Atlas, Internet)

Stadt: . . . . **Staat:** . . . . . .

8) Hier siehst du Kaiser Justinian auf einem Mosaik abgebildet. **Es wird dir sicher gelingen, auch ein Mosaikbild von dir selbst zu zeichnen!**

9) Viele byzantinische Kirchen haben einen quadratischen Grundriss und sind von Kuppeln überwölbt. **Welchen Grundriss und welche Dachform weisen katholische Kirchen in der Regel auf? Mache dich schlau, indem du eine Kirche besichtigst! ★★★**

24. ÜBERBLICK: SKLAVEREI

Formen der Sklaverei – Antike – Gegenwart

Wie wird man Sklave oder Sklavin?

Sklaven und Sklavinnen waren Menschen, die **keine Rechte** besaßen und nicht frei waren. Sie wurden als Sache behandelt und waren das Eigentum eines anderen. Zumeist wurden sie im Krieg gefangengenommen, verschleppt oder als Kind eines Sklaven/einer Sklavin geboren. Der Arbeitsbereich der Sklaven und Sklavinnen umfasste Tätigkeiten im Haus, in der Landwirtschaft, aber auch in Bergwerken, wo die schwerste Arbeit überhaupt zu leisten war. Gebildete Sklaven setzte man gerne auch als Privatlehrer ein. Ihre Arbeitskraft wurde wirtschaftlich ausgebeutet und diente der Steigerung des Vermögens ihres Herrn.

Informiere dich, in welchen Ländern es heute noch Menschen gibt, die wie Sklaven behandelt werden! (Internet, Lehrer/Lehrerin, Zeitungen)

Sklaverei in Griechenland

Wie du schon gehört hast, verschuldeten sich viele Bauern in Griechenland zur Zeit der Kolonisation. Als sie ihre Schulden nicht mehr bezahlen konnten, verkauften sie sich selbst als sogenannte **Schuldsklaven**. Erst Solon führte einen Schuldenerlass ein und verbot diese Schuldsklaverei, damit kein Athener Bürger mehr Sklave war. Bereits versklavte Bauern kaufte die Athener Stadtregierung auf Staatskosten zurück.

Danach griff man auf Fremdsklaven zurück. Dies waren Menschen aus anderen Ländern und Städten. Nach Aristoteles waren alle, die keine Griechen waren und nicht griechisch sprachen, **Barbaren** und somit Sklaven.

Der Sklavenmarkt in Athen fand einmal im Monat zur Zeit des Neumonds statt.

Barbar: ungebildeter, grober Mensch

Hast du das gewusst?

- Im 5. Jh. v. Chr. gab es in Griechenland ca. 300 000 Sklaven/Sklavinnen, aber nur 200 000 freie Bürger.
- Auch die Stadt Athen besaß Sklaven. Diese arbeiteten in Silberminen oder als Bogenschützen.
- Der Herr konnte seinem Sklaven die Freiheit schenken, einige Sklaven kauften sich auch selbst frei.
- Freigelassene durften aber nicht an der Regierung der Stadt teilnehmen.

Halsring eines römischen Sklaven, auf dem Name und Adresse des Besitzers stehen

Sklaverei in Rom

Auch in der Römischen Republik war die **Schuldsklaverei** üblich. Diese wurde aber im 2. Jh. v. Chr. verboten, da durch die Ausbreitung des Römischen Imperiums viele **Kriegsgefangene als Sklaven** nach Rom kamen. Fast alle Berufe wurden von Sklaven ausgeübt. So arbeiteten sie in der Landwirtschaft, in Steinbrüchen und Bergwerken, aber auch als Diener und sogar als Ärzte, Künstler und Privatgelehrte.

Eine Sklavin begleitet ihre Herrin beim Einkauf.

Hast du das gewusst?

- In Rom konnten Sklaven gekauft, vermietet und verkauft werden.
- Den Besitzern von Sklaven war es erlaubt, diese zu schlagen, aber auch zu töten.
- Sklaven durften zwar nicht heiraten, aber Kinder bekommen, weil auch diese als Sklaven eingesetzt werden konnten.
- Der Wert eines Sklaven hing von seinem Alter, von seinem Beruf und den Aufgaben, die er erfüllen konnte, ab.
- Sehr oft wurden Sklaven als Gladiatoren eingesetzt.

offiziell: amtlich

Zeremonie: feierliche Handlung

Manche Sklaven wurden von ihren Herren auch freigelassen. Dies geschah in einer **offiziellen Zeremonie**, bei der der Herr dem Sklaven mit einem Stock auf die Schulter klopfte, ihm eine Mütze überreichte und ihm einen neuen Namen gab.

Erst die Kinder des Freigelassenen wurden aber römische Vollbürger.

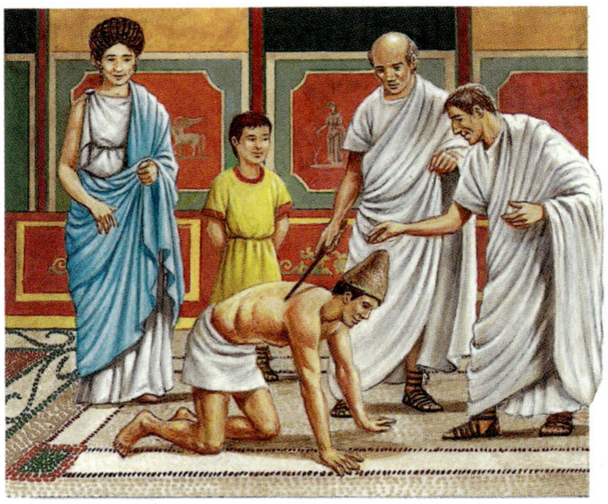

Freilassung eines Sklaven

desertieren: als Soldat unerlaubt die Truppe verlassen

kreuzigen: jemanden an ein Kreuz nageln oder binden

Versuche, mehr über Spartacus herauszufinden und verfasse einen Steckbrief! (Internet, Bücher)

Der Spartacusaufstand

In der Geschichte Roms gab es immer wieder Aufstände von Sklaven. Am berühmtesten war 74 v. Chr. der **Aufstand des Spartacus**. Als freier Mann geboren, wurde Spartacus Sklave, weil er aus der römischen Armee **desertiert** war. Er floh gemeinsam mit 70 anderen Sklaven aus einer Gladiatorenschule. Dem Aufstand schlossen sich rasch viele Sklaven, aber auch verarmte und landlose Freie an. In mehreren Schlachten schlug er mit seinem Sklavenheer die Römer. Erst Konsul Crassus gelang es, ihn zu besiegen. Spartacus und der Großteil seiner Anhänger fielen im Kampf. Die Überlebenden wurden entlang der **Via Appia** zwischen Capua und Rom zur Abschreckung **gekreuzigt**.

Recherchiere mit Hilfe des Internets, in welchen Staaten Kinderarbeit noch weit verbreitet ist!

illegal: ungesetzlich

Sklaverei in der Gegenwart

Auch in der Gegenwart gibt es immer noch Menschenhandel und Zwangsarbeit. Nach Angaben von Menschenrechtsorganisationen werden weltweit mehr als 40 Millionen Menschen versklavt. Die Hälfte davon sind Kinder und Jugendliche. In den **Entwicklungsländern** der Dritten Welt – insbesondere in Indien, Bangladesch und Pakistan – leben die meisten Zwangsarbeiter. Aber auch in den **Industrieländern** werden immer noch Arbeitskräfte **illegal** ohne Rechte in Haushalten, in der Landwirtschaft und im Baugewerbe beschäftigt.

Der 10 Jahre alte Kumar Lama bei der Arbeit in einem Steinbruch in Nepal

Griechenland NEWS

Direkt von der Kriegsfront: Griechenland siegte gegen die Perser!

In der 2. Hälfte des 6. Jh. v. Chr. errichteten die Perser ein Weltreich von Ägypten bis zu den Grenzen Indiens. Anfang des 5. Jh. v. Chr. griff der Perserkönig Dareios I. auch die Staaten Griechenlands an. Es gelang den Athenern, das persische Heer 490 v. Chr. in der Schlacht von Marathon zu besiegen. Zehn Jahre später führte Xerxes, der Sohn von Dareios, einen weiteren Kriegszug gegen Griechenland. Weil die athenischen Schiffe wendiger waren als die der Perser und mit eisernen Rammspornen die persischen Schiffe versenkten, konnten die Athener in der Seeschlacht von Salamis 480 v. Chr. ihre Gegner besiegen.

Nach anderen uns bekannten Berichten ließ sich der persische Großkönig **XERXES** am Ufer auf einer Anhöhe einen Thron errichten, um Zeuge des Sieges seiner Flotte zu werden. Statt dessen musste er aber ihren Untergang mit ansehen.

Wer sucht einen fleißigen Sklaven?

Bin 25, männlich, fleißig und wegen meiner Schulden in verzweifelter Lage. Wer kauft mich? Treffpunkt: Akropolis, bei Sonnenuntergang

Marathonlauf – rund 40 km:

Unser schnellster Läufer lief nach dem Sieg über die Perser bei Marathon nach Athen, um die frohe Kunde zu überbringen. Nach rund 40 km brach er mit den Worten „Wir haben gesiegt" jedoch tot zusammen.

Regeln für die vornehme Athenerin

- Zeige dich niemals auf der Straße – außer zu Hochzeiten und Begräbnissen, Familienfesten und Feiertagen!
- Halte dich vor allem in deinem eigenen Wohnraum auf!
- Beschäftige dich mit Kochen, Spinnen und Weben!
- Lass die Einkäufe von deinen Sklaven und Sklavinnen erledigen!
- In Rechtsangelegenheiten soll dich dein Mann vertreten!

Theseus überlistete den Minotauros

Kreta: Der Sohn von König Minos fiel in einem Kampf gegen Athen. Der darauf folgende Rachefeldzug brachte einen Sieg für die Kreter. Als Strafe mussten nun die Athener alle neun Jahre 14 Menschen als Opfer für den Minotauros abliefern. Dieser war ein Wesen halb Mensch halb Stier, der in einem Labyrinth lebte. Der junge Königssohn Theseus meldete sich freiwillig als eines der Opfer und segelte nach Kreta. Schon auf den ersten Blick verliebte sich Ariadne, die schöne Tochter von König Minos, in den jungen Königssohn. Vor Betreten des Labyrinths steckte sie ihm deshalb heimlich ein Schwert und ein Fadenknäuel zu. In einem erbitterten Kampf gelang es Theseus, den Minotauros zu töten. Da er mit dem Faden der Ariadne den Weg gekennzeichnet hatte, fand er auch unbeschadet aus dem Labyrinth heraus. **Wie diese Liebesgeschichte weitergeht, erfahren Sie in der nächsten Ausgabe.**

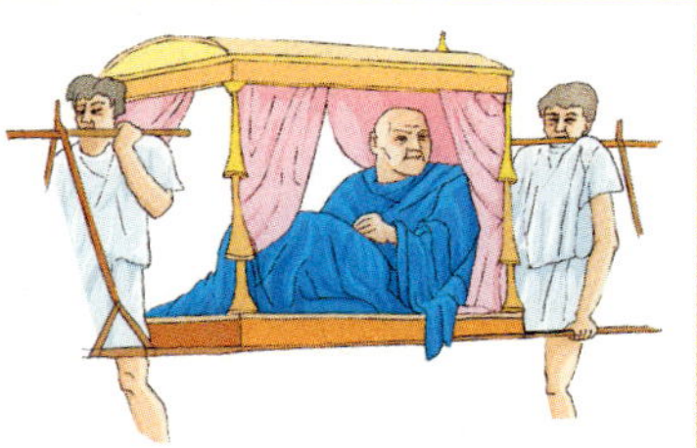

Einladung zum Symposion – nur für Männer!

Bei diesem geselligen Trinkgelage gibt es Getränke in ausreichender Menge. Sklaven für den Heimtransport bitte mitbringen!

Reise in die Vergangenheit:

2 Jt. v. Chr.:	Einwanderung griechischer Stämme
750 – 550 v. Chr.:	Griechen breiteten sich um die Mittelmeerküste aus
ab 900 v. Chr.:	Entstehung der Poleis
ab 600 v. Chr.:	Entwicklung zur Demokratie in Athen
338 v. Chr.:	Unterwerfung Griechenlands durch König Philipp II. von Makedonien, Eroberung eines Weltreiches durch seinen Sohn Alexander den Großen
323 v. Chr.	Nach dem Tode Alexanders zerfiel Griechenland in hellenistische Großreiche.

Rom NEWS

Rom, Iden des März 44 v. Chr.
In memoriam

Gaius Julius Caesar (100 v. Chr. – 44 v. Chr.)

Untröstlich geben wir die Nachricht vom Tod unseres geliebten Vaters, Ehemanns, Freundes, des Konsuls, Feldherrn, Eroberers und Diktators auf Lebenszeit bekannt. Er ist von Männern, die er für seine Freunde hielt, in Ausübung seines Amtes brutal erstochen worden. Doch die Verschwörer sollen nicht entkommen! Ihre Strafe ist ihnen sicher!

Octavian, Großneffe und von ihm bestimmter Nachfolger
Im Namen der Familie und des Volks von Rom

Gesucht! Gesucht! Gesucht! Gesucht!

Spartacus

Beruf: Sklave und Gladiator
Ausgebrochen aus einer Gladiatorenschule in Capua, unterwegs mit einem aus flüchtigen Sklaven gebildeten Heer!
ACHTUNG! GEFÄHRLICH!
Es gelang ihm bereits mehrfach, römische Truppen zu besiegen!

Zweikampf im Kolosseum: BROT UND SPIELE!

Der Kaiser lädt die Bürger Roms zu einem 4 Tage dauernden Kampf der Gladiatoren ein. 40 Gladiatorenpaare kämpfen bis zum Tod! Verbrecher werden von wilden Tieren zerrissen! Einlass täglich um die Mittagszeit, 9. – 12. Juli, 80 n. Chr.

Verkaufe Lehrer!
Gebildeter griechischer Lehrer, 27 Jahre alt, unterrichtet Ihre Kinder zu Hause. Sonderpreis: 900 Sesterzen

Vesta, die Göttin des Herdes, braucht DICH!
Priesterinnen für die Göttin Vesta gesucht, die bereit sind, niemals zu heiraten.

Christliche Religion verbreitete sich trotz härtester Verfolgung

Nachdem Jesus um das Jahr 30 n. Chr. gekreuzigt worden war, verbreiteten seine Anhänger/Anhängerinnen die christliche Lehre im ganzen Römischen Reich. Christengemeinden wurden gegründet. Da die Christen nur an einen Gott glauben, war ihnen die göttliche Verehrung des römischen Kaisers verboten. Sie wurden verfolgt und viele von ihnen auf grausame Weise getötet. Erst Kaiser Konstantin gewährte 313 n. Chr. den Christen freie Religionsausübung. Die Christen in Rom erhielten nun eigene Gotteshäuser, sie mussten nicht mehr in den Katakomben (unterirdische Gänge für die Bestattung von Toten) ihre Gottesdienste feiern. In den folgenden Jahren wird der römische Vielgötterglaube immer mehr Anhänger verlieren, prophezeien die Meinungsforscher.

Buchtipps

Belinda Clasen: **Der Fluch von Troja. Ein Ratekrimi um Heinrich Schliemann** (Loewe).

Christoph W. Bauer, Reinhold Embacher: **Mord in Carnuntum** (Buchklub der Jugend).

Auguste Lechner: **Ilias. Die Abenteuer des Odysseus** (MARIXVERLAG).

Henry Winterfeld: **Gaius, der Lausbub aus dem alten Rom** (cbj).

Was gibt es Neues?

- **Die meisten Römer haben einen Hausaltar. Dort betet die ganze Familie zu einem Hausgott.**
- **Die Römerinnen benützen Rotwein zum Färben der Lippen und Asche als Lidschatten.**
- **Zum Heizen verwenden die Römer eine tragbare Holzkohlenplatte, die in den jeweiligen Raum gebracht wird.**
- **In den Thermen unterhält man sich mit Brettspielen und Knobeln, wobei viele Römer ihr ganzes Geld verlieren. Später muss dies durch Gesetze verboten werden.**

DIE ETRUSKER – erste  Hochkultur der italienischen Halbinsel

Woher sie kamen, ist bis heute nicht eindeutig geklärt. Die Etrusker gaben vieles an die Römer weiter und beeinflussten die römische Kultur: Der Gewölbebau, die Vogelschau durch eigene Priester, die Purpurtoga, der Triumphzug für den siegreichen Feldherrn und vieles andere wurden von den Römern übernommen. Bekannt war die etruskische Bestattung der Toten in Höhlengräbern oder unter künstlich aufgeschütteten Hügeln, den Tumuli. Auf Dauer konnten die in einem losen Bund zusammenlebenden Etrusker dem militärischen Druck der Römer aber nicht standhalten. Ihre Kultur wurde übernommen, ihre Städte zerstört oder überbaut, Etrurien wurde vergessen.

25. DREI GESCHWISTER – WELTRELIGIONEN

Judentum – Christentum – Islam

Die Weltreligionen

Drei der größten auf der Welt verbreiteten Religionen sind miteinander verwandt: Judentum, Christentum und Islam. Die Grundlage des Glaubens dieser drei Religionen ist das Alte Testament. Ihre Anhänger und Anhängerinnen glauben an einen einzigen Gott – dies nennt man **Monotheismus**. Man könnte diese drei Religionen mit Geschwistern vergleichen. Unter den drei Geschwistern gibt es ältere Kinder, aber auch ein jüngeres Kind.

Die jüdische Religion

Von den Ursprüngen des jüdischen Volkes ist historisch nur sehr wenig bekannt. Viele Quellen berufen sich daher auf das Alte Testament. Die Juden selbst beginnen ihre Zeitrechnung mit dem Jahr 3 761 v. Chr. Sie lebten damals in der Nähe des Flusses Euphrat.

Wieso ist der Glaube an nur einen Gott für den Pharao so lächerlich?

Während einer Hungersnot verließen die meisten von ihnen ihr Land und zogen nach Ägypten. 430 Jahren später zwang der Pharao die Juden zum **Frondienst**. Um der Unterdrückung durch die Ägypter zu entgehen, zogen diese unter ihrem Anführer **Moses** nach Israel. In der Hauptstadt von Israel, in **Jerusalem**, ließ König Salomon einen großen Tempel bauen. Im Jahre 70 n. Chr. zerstörten die Römer diesen Tempel. Seit damals leben viele Juden in anderen Ländern. Man spricht von der **Diaspora**.

Frondienst: unbezahlte Arbeit für den Grundherrn

Diaspora: Zerstreuung der Juden über die ganze Welt

Suche nach Informationen zu diesem Tempel im Internet!

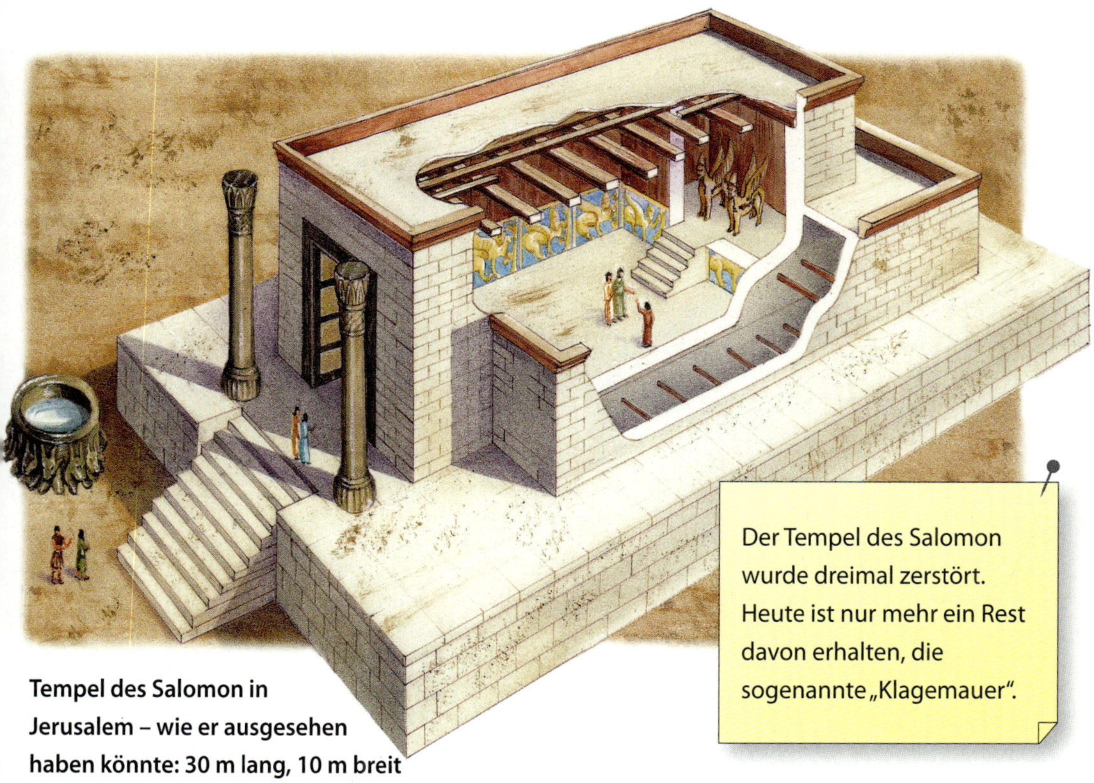

Der Tempel des Salomon wurde dreimal zerstört. Heute ist nur mehr ein Rest davon erhalten, die sogenannte „Klagemauer“.

Tempel des Salomon in Jerusalem – wie er ausgesehen haben könnte: 30 m lang, 10 m breit

Gläubige beten an der Klagemauer.

An der Klagemauer kann man seine Sorgen loswerden. Wo kann man das heute noch?

Der Glaube der Juden an nur einen einzigen Gott war etwas völlig Neues. Von ihrem Gott erwarten die Juden, dass er einen **Messias** schicken wird, der sie von Not und Unterdrückung befreit. Es gibt im Judentum auch verschiedene Verbote (z. B. das Essen von Schweinefleisch) und Vorschriften (Hilfe für Arme). Der **Sabbat** ist ein strenger Ruhetag. Das heilige Buch der Juden ist die **Thora**, das **Alte Testament** des Christentums.

Messias: der Retter aus Not und Unterdrückung; Erlöser

Sabbat: strenger Ruhetag der Juden am Samstag

richtet sich an alle Menschen, auch an Arme und Ausgestoßene

Jesus ist der Sohn Gottes

Leben im Jenseits

Gleichheit der Gläubigen

Wieso war die christliche Religion für die Römer gefährlich?

Koran: heiliges Buch des Islams

Kaaba: würfelförmiger Bau, in dem sich ein schwarzer Stein befindet. Dieser Stein ist ein Meteorit, d.h. er ist vom Himmel gefallen.

Astronomie: Beschäftigung mit Sternen und anderen Himmelskörpern

Vergleiche die Ausdehnung des Islams um 750 n. Chr. mit der um 632 n. Chr.! Welche Gebiete kamen neu dazu? (Atlas!)

Juden, Christen und Moslems glauben an einen Gott. Das Judentum ist die älteste dieser drei Religionen. Bei den Juden und im Islam gibt es spezielle Speisevorschriften. Alle drei Religionen haben wichtige **Bücher**, auf die sie sich berufen.

Der christliche Glaube

Im Mittelpunkt des christlichen Glaubens steht **Jesus**, in dem seine Anhänger und Anhängerinnen den erwarteten Messias sehen. Er wuchs vermutlich als Sohn eines Zimmermanns im heutigen Israel auf, das damals Teil des Römischen Reiches war. Jesus zog als Heiler und Prediger durch das Land und sammelte Menschen um sich, die wie er dachten. Da er sich auch für die Armen einsetzte und viele Anhänger hatte, wurde er als Gefahr für die bestehende Ordnung gesehen. Der römische Statthalter – **Pontius Pilatus** – verurteilte ihn wegen aufrührerischen Verhaltens zum Tode. Mit 33 Jahren wurde er gekreuzigt.

Die Christen glauben wie die Juden nur an einen Gott und weigerten sich daher, den römischen Kaiser als Gott zu verehren. Deshalb wurden sie von den Römern brutal verfolgt. Trotzdem breitete sich das Christentum über große Teile der Welt aus. Von den Juden übernahmen die Christen das Alte Testament, es wurde jedoch ein Neues Testament hinzugefügt. Dieses heilige Buch der Christen nennt man **Bibel**.

Der Islam

622 n. Chr. beginnt die islamische Zeitrechnung. In diesem Jahr verließ **Mohammed**, der Begründer des Islams, seine Geburtsstadt **Mekka**. Als Kaufmann hatte er viele Religionen kennen gelernt und eigene Glaubensgrundsätze entwickelt. So verkündete er, dass es nur einen Gott – **Allah** – gäbe. In Mekka glaubten die Menschen aber an viele Götter, daher musste er nach **Medina** fliehen. Diese Flucht nennt man **Hedschra**. Trotzdem setzte er sich mit seinen Ideen durch.

Mohammed fasste seine Lehren im **Koran** zusammen. „Fünf Säulen" bilden den Islam: Glaube an Allah, Gebet, Fasten, Spenden für die Armen und einmal im Leben jedes Gläubigen eine Pilgerfahrt nach Mekka. Dort befindet sich die **Kaaba**, die ein Heiligtum des Islams ist. Der Genuss von Schweinefleisch und Alkohol ist den Moslems verboten.

Mohammed starb im Jahre 632 n. Chr. Seine Nachfolger waren die **Kalifen**. 100 Jahre nach Mohammeds Tod breitete sich der Islam über weite Gebiete aus. Auf diese Weise lernte man in Europa viel Neues – etwa in der **Astronomie** und in der **Mathematik**. In der Mathematik verwenden wir heute noch die arabischen Ziffern.

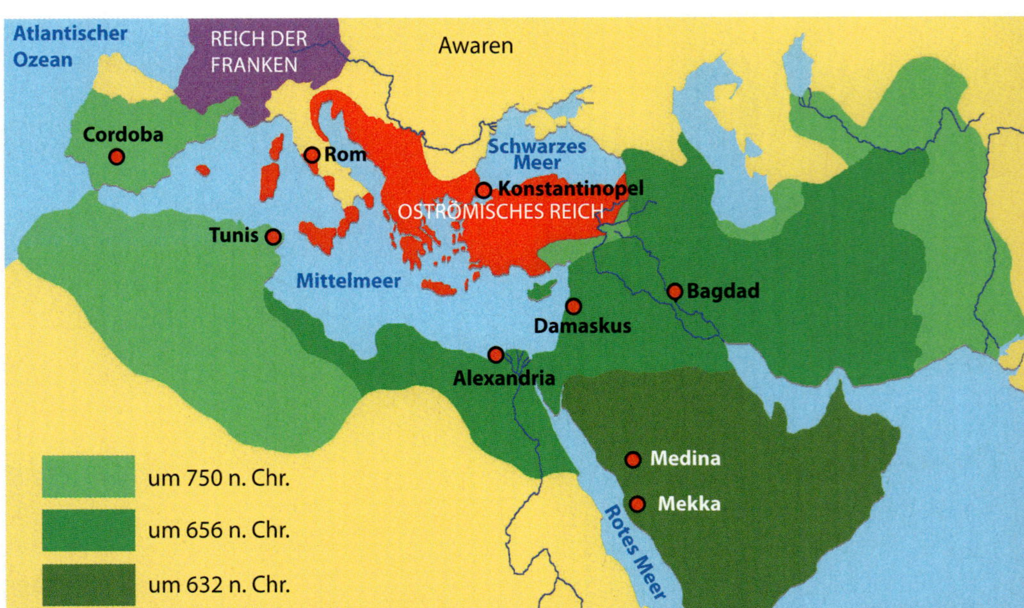

Ausbreitung des Islams 100 Jahre nach Mohammeds Tod

26. EUROPÄISCHE STAATEN ENTSTEHEN

Entstehung – Ausdehnung – Kultur

Das Reich der Franken

Um 500 unterwarf König **Chlodwig** alle fränkischen Stämme und eroberte Gallien bis zu den **Pyrenäen**. Er war für seine grausamen Taten bekannt und gefürchtet, wie diese Quelle belegt.

Quelle: bearbeitet nach einem Bericht des Bischofs Gregor von Tours, 6. Jh.
Chlodwig nahm mit **List** einen anderen Führer der Franken und dessen Sohn gefangen und ließ beide fesseln. Das Zeichen ihrer königlichen **Würde** – die Locken – ließ er ihnen abschneiden. Schließlich befahl Chlodwig, die beiden Gefangenen zu **enthaupten**. So gewann er nach ihrem Tod ihr Land, ihren Schatz und ihr Volk.

Seine Nachfolger vergrößerten das fränkische Reich immer weiter. Andere Völker wie die Thüringer, Alemannen und Baiern wurden unterworfen.

Unter **Karl dem Großen** erreichte das Frankenreich um 800 seine größte **Ausdehnung**. Er führte Kriege gegen die **Langobarden** und **Sachsen**, da er sein Reich vergrößern und die eroberten Völker zum Christentum bekehren wollte. So ließ er an einem einzigen Tag 4 500 besiegte Sachsen enthaupten, weil sie sich weigerten, zum Christentum überzutreten.

Auch gegen andere Völker führte er Krieg. Um die eroberten Gebiete zu schützen, ließ er an den Grenzen **Marken** errichten. Da Karl der Große nicht alles selbst machen konnte, wurden diese von **Markgrafen**, die ihn vertraten, verwaltet.

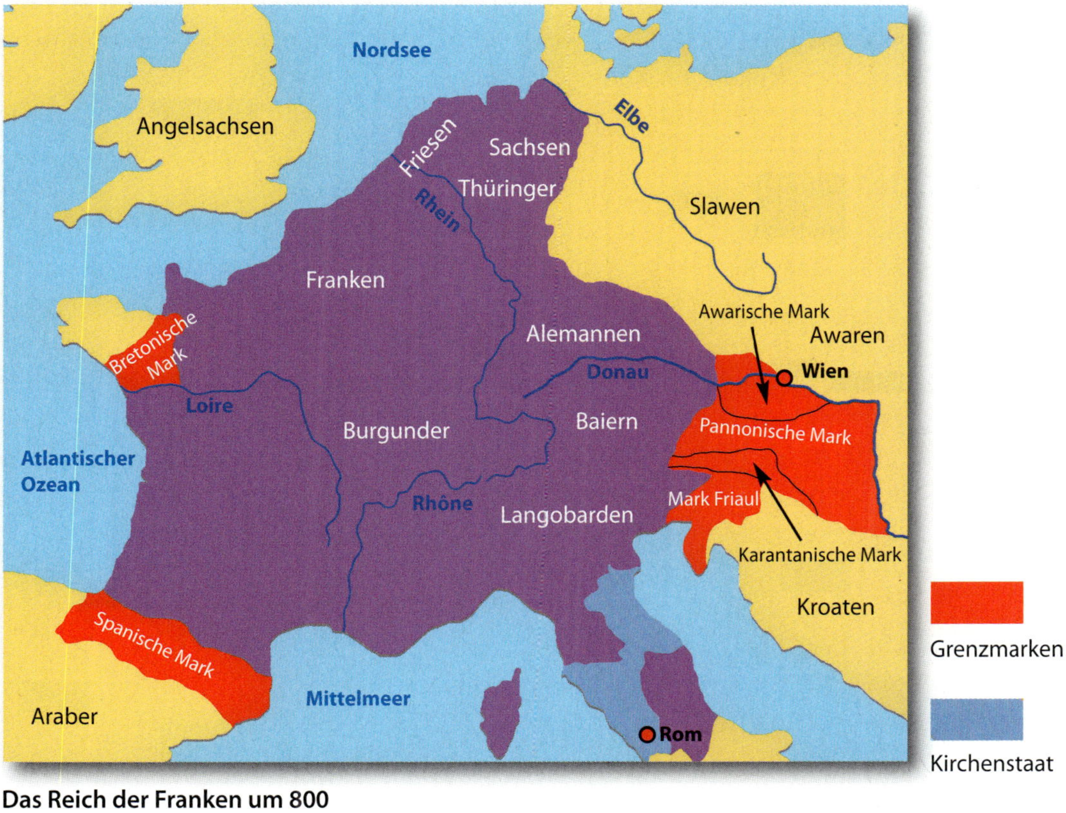

Das Reich der Franken um 800

Pyrenäen: Gebirge im Norden Spaniens

List: etwas vorspielen, was nicht wahr ist

Würde: kommt von „Wert", hier: Zeichen, dass er ein König war

enthaupten: Kopf abschlagen

In welchen Ländern werden politische Gegner auch heute noch verfolgt und ermordet? (Internet, Zeitungen)

Ausdehnung: Größe eines Reiches

Grenzmark: besonders gut verteidigtes Grenzland mit einem ständig anwesenden Heer

In welchem Staat liegt „Sachsen" heute? (Atlas)

Karl der Große

Suche auf dieser Landkarte alle „Grenzmarken" und überlege, vor welchen Völkern sie das Fränkische Reich schützen solltest!

Königsgut: Land, das dem König gehört

Suche im Atlas die Stadt Aachen!

erhaben: herausragend

friedebringend: wenn jemand für den Frieden sorgt

Brauch: Gewohnheit

gehuldigt: verehrt

fortan: ab diesem Zeitpunkt

Diese Kaiserkrönung könnt ihr gemeinsam nachspielen!

Wenn du in Wien bist, besuche die Schatzkammer in der Wiener Hofburg!
Dort kannst du dir die Reichskrone anschauen. Diese wurde jedoch erst ungefähr 200 Jahre nach Karls Krönung angefertigt.

Wie siehst du Karl den Großen – grausamer Eroberer oder friedenbringender König?

Um 500 gelang es **Chlodwig**, alle fränkischen Stämme zu vereinen. Unter **Karl dem Großen** wurde das **Frankenreich** zum Nachfolgestaat des Weströmischen Reiches. Die Nachfolger Karls teilten das Reich.

Der fränkische König hatte keinen ständigen Wohnsitz. So reiste er mit seiner Familie von **Königsgut** zu Königsgut. Diese Königsgüter wurden **Pfalzen** genannt. Die Lieblingspfalz Karls war Aachen.

Die Pfalz von Karl dem Großen in Aachen

Wie du auf der Landkarte schon gesehen hast, war das fränkische Reich sehr groß geworden. Daher galt es als **Nachfolgestaat des Weströmischen Reiches**. Als Karl der Große im Jahre **800 Rom** besuchte, krönte ihn der Papst am **25. Dezember** zum **Römischen Kaiser**. Diese Kaiserkrönung bedeutete die symbolische Vereinigung des Germanenreiches mit dem Römischen Reich.

Quelle: Aus den fränkischen Reichsannalen

Als aber Karl an dem Heiligen Tage der Geburt des Herrn zur Feier der Messe die Peterskirche betreten und vor dem Altar sich zum Gebet geneigt hatte, setzte ihm Papst Leo III. eine Krone aufs Haupt unter dem lauten Zuruf des ganzen Volkes von Rom: „Dem **erhabenen** Karl, dem von Gott gekrönten, großen und **friedebringenden** Kaiser der Römer, Leben und Sieg!" Nach diesem Zuruf wurde ihm, wie es bei den alten Kaisern **Brauch** war, vom Papst **gehuldigt** und er **fortan** Kaiser und Augustus genannt.

Reichskrone

Karls Enkel teilten das Reich in drei Teile: das **Westfränkische Reich**, das **Mittelreich** und das **Ostfränkische Reich**. Das Mittelreich blieb nicht lange bestehen. Es wurde zwischen den beiden anderen Reichen aufgeteilt. Im Laufe der Jahrhunderte entwickelte sich aus dem Westfränkischen Reich **Frankreich** und aus dem Ostfränkischen Reich das **Heilige Römische Reich deutscher Nation**.

Weißt du noch?

- **Wann ging das Weströmische Reich unter?**
- **Wo gab es zur Zeit Karls des Großen noch einen römischen Kaiser?**
- **Welche Kaiserwürde setzte Karl der Große fort?**

Nun geht's los – Aufgaben für schlaue Köpfe!

1) Hier erfährst du mehr über die Karolingische Bildungsreform. Teile des Textes stammen aus dem 9. Jh., daher ist die Schrift nicht leicht zu lesen. **Versuche es trotzdem, damit du anschließend die Fragen beantworten kannst! ★★★★★**

Für Karl den Großen war Bildung sehr wichtig. So bestimmte er, dass in den Klöstern Schulen einrichtet werden sollten. An seinem Hof versammelte er Gelehrte aus ganz Europa. So wurde Aachen zur Drehscheibe der Bildung, über die Wissen, persönliche Beziehungen und Bücher vermittelt wurden. Karl errichtete sogar eine eigene Palastschule, in der Schüler schreiben, lesen, rechnen und Grammatik erlernen konnten. Dass es selbst für einen mächtigen Kaiser nie zu spät ist, noch etwas zu lernen, berichtet der fränkische Gelehrte Einhard: „Er erlernte die Rechenkunst und erforschte mit emsigem Fleiß und großer Wissbegierde den Lauf der Gestirne. Auch zu schreiben versuchte er und pflegte deswegen Tafel und Büchlein im Bett unter dem Kopfkissen bei sich zu haben, um in müßigen Stunden seine Hand an die Gestaltung von Buchstaben zu gewöhnen. Indes brachte er es hierin mit seinen Bemühungen nicht weit, da er zu spät angefangen hatte." Der fränkische Gelehrte Lupus von Ferrières meinte auch rückblickend auf die goldenen Zeiten unter Karl dem Großen: „Mir ist vollkommen klar, dass Bildung um ihrer selbst willen erstrebenswert ist".

a) In welcher Stadt befand sich die Drehscheibe der Bildung? ______________________

b) Wo ließ Karl überall Schulen errichten? ____

c) Welche Gegenstände wurden in der Palastschule unterrichtet? ______________________________

____

d) Wie trainierte Karl das Schreiben von Buchstaben? __________________________________

____

e) Neben Schreiben und der Astronomie erlernte Karl noch ______________________.

2) **Bildung ist um ihrer selbst willen erstrebenswert** – Wie trifft das auf Karl den Großen zu? **Besprícht dies in der Klasse! ★★★**

3) **Löse das Silbenrätsel und schreibe die Wörter auf das gelbe Zierband! ★★**

Fran Mar ken zen ße

Pfal Gro reich Frank ken

1. das Reich der …
2. Name für Königsgüter
3. Welchen Beinamen trug Karl?
4. Wie nennt man die befestigten Grenzländer?
5. ein Nachfolgestaat des Westfränkischen Reiches

Nun geht's los – Aufgaben für schlaue Köpfe!

4) Wie du bereits gehört hast, legte Karl der Große viel Wert auf Bildung. Du bist jetzt Gast in einer von Karl errichteten Klosterschule. **Beantworte nun diese Fragen des Lehrers!** Du weißt sicher mehr als die Schüler der damaligen Zeit. ★★★★

Lehrer	Schüler
Was ist Schlaf?	Das Abbild des Todes.
Was sagst du:	
Was sind Lippen?	Die Türen des Mundes.
Was sagst du:	
Was ist der Mund?	Der Ernährer des Leibes.
Was sagst du:	
Was ist der Magen?	Der Koch der Speisen.
Was sagst du:	
Was ist die Sonne?	Die Schönheit des Himmels.
Was sagst du:	
Was ist der Mond?	Das Auge der Nacht.
Was sagst du:	
Was sind die Sterne?	Der Schmuck der Nacht.
Was sagst du:	

27. DIE GESELLSCHAFT IM MITTELALTER

Gesellschaftsordnung – Außenseiter und Außenseiterinnen

Jeder Mensch hat seinen bestimmten Platz in der Gesellschaft

Als **Mittelalter** wird die Zeit vom 6. bis zum 15. Jh. in der Geschichte Europas bezeichnet.

Es war eine Zeit, in der der Großteil der **Bevölkerung nicht frei war**, sondern Eigentum des Königs bzw. anderer Adliger oder der kirchlichen Fürsten. Diese standen an der Spitze der Gesellschaft.

Die christlichen Menschen gingen von einer von **Gott bestimmten** und **gewollten Ordnung** der Gesellschaft aus.

König mit Adeligen

Quelle: nach Bischof Adalbert von Laon (1060)
Das Haus Gottes ist dreigeteilt: Die einen beten, die anderen kämpfen, die dritten endlich arbeiten.

Unterstreiche die Aufgaben der Menschen in der Quelle!

Wer hat diese Ordnung nach damaliger Auffassung festgelegt?

Nach der damaligen Auffassung gab es drei unterschiedliche gesellschaftliche Gruppen von Menschen, die klar voneinander getrennt waren. Diese Gruppen nannte man **Stände**. Man unterschied bei dieser **Drei-Stände-Ordnung** zwischen folgenden Gruppen:

Stand: Gesellschaftsschicht

Geistlicher: Priester

Abt: Vorstand des Klosters

1. STAND:
alle **Geistlichen** (Erzbischöfe, Bischöfe, **Äbte**, Mönche)

2. STAND:
alle Adeligen (Herzöge, Grafen, Ritter)

3. STAND:
alle freien Bürger und Bauern

Überlege: Kann man heute alle Berufe ergreifen? Denk dabei nicht nur an Europa!

Den Stand **„erbte“** man wie den Beruf von seinem Vater – der Sohn eines Bauern konnte wieder nur ein Bauer werden, die Tochter eines Ritters heiratete einen Ritter.

Es gab kaum jemanden, der es wagte, sich gegen diese Ordnung zu wehren, da die Menschen fürchteten, sie kämen in die Hölle, wenn sie ihre Aufgaben nicht erfüllten.

Schmied bei der Arbeit

Taglöhner: Menschen, die nur tageweise Arbeit bekommen

Almosen: ein Geschenk an einen armen Menschen

Gaukler: Zauberkünstler

Aas: totes Tier

Schinder: verarbeitete und entsorgte tote Tiere

Ghetto: Bezirk in einer Stadt, in dem die jüdische Bevölkerung wohnte

Pogrom: Judenverfolgung

Jüdischer Dichter am Hofe eines Vogts in Konstanz im 14. Jh.

Vogt: adeliger Beamter

Im Mittelalter gehörten die Menschen verschiedenen **Ständen** an (Geistliche, Adelige, Bauern). Andere waren vom normalen Leben ausgeschlossen wie Bettler, Kranke, Menschen mit bestimmten Berufen und Juden.

Der Großteil der Menschen lebte auf dem Land und arbeitete auf Bauernhöfen.

Bürger, Handwerker, Beamte

Arme, Taglöhner, Bettler

Bauern/ Bäuerinnen

Außenseiter und Außenseiterinnen der mittelalterlichen Gesellschaft

Noch schlechter als den Bauern ging es den Armen, die man auf den Straßen der Städte sah. Sie waren gezwungen, sich ihren Lebensunterhalt durch Betteln zu verdienen, weil sie zu alt oder zu schwach zum Arbeiten waren. Diese **Bettler** und **Bettlerinnen** umlagerten ständig die Kirchen, Märkte und die Häuser der Reichen, um **Almosen** zu bekommen.

Viele **Sänger**, **Musikanten**, **Gaukler** und **Schauspieler** zogen von Stadt zu Stadt und verdienten auf den Märkten, was sie zum Leben brauchten.

Auch verschiedene Berufe, die mit Blut, **Aas** oder Schmutz zu tun hatten, wurden als unehrenhaft angesehen wie Henker, Totengräber und **Schinder**.

Kranke und **behinderte Menschen** bekamen zwar von den Reichen Nahrungsmittel geschenkt, mussten sich aber von den Gesunden fern halten. Mitleid kannte man nicht, denn die Menschen glaubten, dass schwere Krankheiten die Strafe für schlechte Taten seien.

Die **Juden** wurden als Fremde angesehen und von der Kirche als „Christusmörder" angeklagt. Sie mussten in **Ghettos** wohnen und hatten seit 1215 eine besondere Kleidung zu tragen (spitzer Hut und gelber Fleck). Da sie kein Handwerk ausüben durften, verdienten viele von ihnen ihren Lebensunterhalt durch Geldverleih. Dies führte dazu, dass sie bei der Bevölkerung nicht sehr beliebt waren. Der Hass gegen die Juden, der von der katholischen Kirche gepredigt wurde, nahm zu und führte immer wieder zu furchtbaren **Pogromen**, bei denen Juden und Jüdinnen getötet wurden.

Nun geht's los – Aufgaben für schlaue Köpfe!

1) Im folgenden Rätsel findest du 6 Begriffe, die du vorher schon im Text gelesen hast. **Rahme sie ein und erkläre ihre Bedeutung! ★★**

X	G	T	A	G	L	Ö	H	N	E	R	S	E
D	H	F	G	A	H	I	J	X	K	L	M	J
B	E	D	S	C	H	I	N	D	E	R	H	U
Q	T	S	T	P	U	V	W	N	X	Y	Z	D
C	T	E	F	P	O	G	R	O	M	Ü	L	E
A	O	K	L	G	A	U	K	L	E	R	R	N

Begriff	Erklärung

2) **Ein Diagramm lesen** – **Studiere diese Grafik und beantworte die Fragen dazu! ★★★★**

a) Wer gehört zum Volk? Trage in die Grafik ein!

b) Welche geistliche Laufbahn kann der niedere Adel einschlagen? ______________________

c) Wer gehört zum hohen Adel? ______________________

____

d) Wer steht an der Spitze des Staats?

____

e) Auf wen beriefen sich die Herrscher bei ihrem Machtanspruch?

____

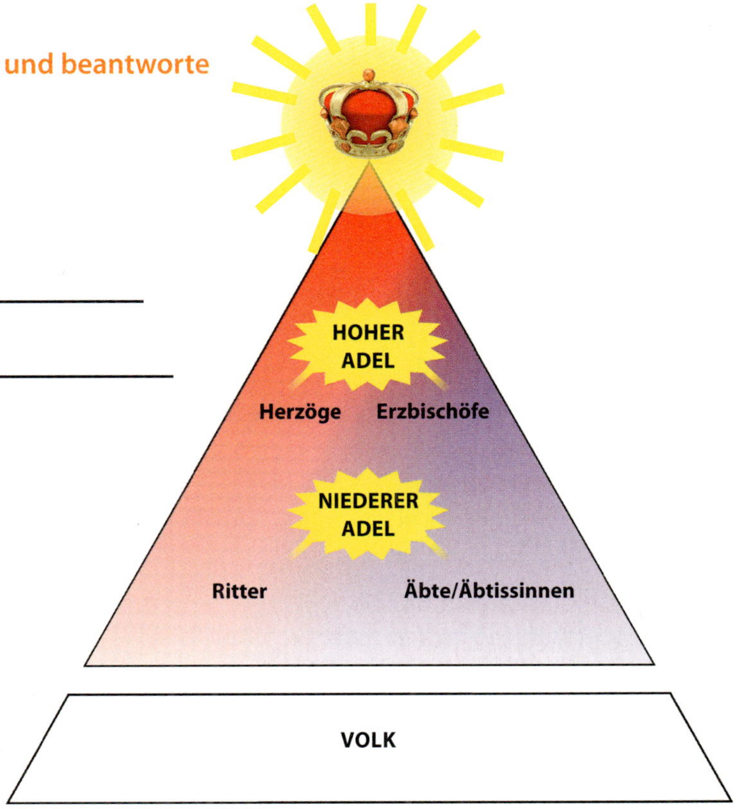

Nun geht's los – Aufgaben für schlaue Köpfe!

3) **Auf dem Marktplatz** – Bemale dieses Bild!

4) Welche Berufe haben die Menschen auf dem Bild? ★★

---

5) **Wer könnte was gesagt haben?** Schreibe die Zahl zum passenden Bild! ★★

Herbert aus Waldhaus (11)

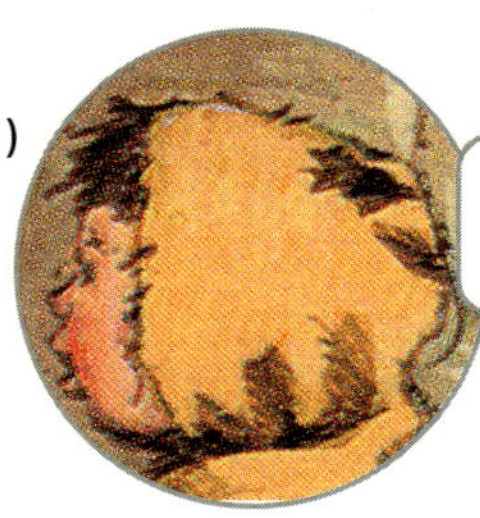

Ekkehart, Schuster (28)

Mutter Erna (45)

Freifrau Waltertrude Ramingberg (32)

Walter von Aue (29)

Bischof Andreas (58)

1. „Wir Kinder müssen schon früh arbeiten. Wir Armen könnten ohne die Reichen auskommen, aber sie?"
2. „Nach Gottes Willen gibt es Arme und Reiche."
3. „Was unterstehen sich diese Menschen? Uns gehört das Land."
4. „Reiche und Arme hat es immer gegeben, daran kann man nichts ändern."
5. „Immerhin habe ich für euch gekämpft."
6. „Mein Sohn war einer von denen, die sich weigerten, die Abgaben zu leisten. Er wurde von Soldaten des Ritters aufgehängt."

28. BURGEN – RITTER – BAUERN

Befestigungsanlagen – Entwicklung der Grundherrschaft – Rittertum – die Lage der Bauern

Die Burg und ihre Bedeutung

Turmhügelburg aus Holz

Kennst du eine Burg oder eine Ruine in deiner Umgebung? Wenn ja, erzähle davon und versuche, mehr über sie zu erfahren!

Ruine: Reste einer Burg

Sammle Bilder von Burgen oder zeichne welche und gestalte so deine eigene Burg!

In Österreich findest du viele **Burgen** und **Ruinen**. Burgen bauten die Menschen, um sich besser vor Angreifern zu schützen. Zu Beginn wurden einfache Türme auf Hügeln errichtet. Daraus entwickelten sich die ersten Burgen. Bald umgab man die Burg mit einem kräftigen Holzzaun und einem Wassergraben.

Später bauten die Menschen die Türme aus Stein und ergänzten diese durch verschiedene Gebäude. Jede Burg sah anders aus, trotzdem besaßen alle einige **gemeinsame Bestandteile**.

Recherchiere im Internet, welche Funktionen die einzelnen Teile der Burg hatten!

Mittelalterliche Burg

Teile der Burg:
1. Graben
2. Mauern
3. Zugbrücke
4. Burgtor
5. Wehrgang
6. Fallgitter
7. Palas (Palast)
8. Bergfried (hoher Wehrturm)
9. Wachturm
10. Ecktürme

Stell dir vor, du lebst auf dieser Burg! Mache mit deinem Sitznachbarn/deiner Sitznachbarin einen Rundgang durch die Burg! Erkläre ihm/ihr die Gebäude!

Knappe: zukünftiger Ritter

Edelknabe: adeliger Bursche

Magd: Arbeiterin auf einer Burg oder einem Bauernhof

Knecht: Arbeiter auf einer Burg oder einem Bauernhof

Güter: Besitz

hörig: jemandem gehören

Hörig zu sein bedeutete:

- Bauern durften nicht von ihrem Hof fortziehen.
- Sie mussten ihrem Grundherrn gehorchen.
- Sie hatten bei Heirat um Erlaubnis zu bitten.
- Auch die Familie (Frauen und Kinder) musste dem Grundherrn dienen.
- Man nannte die hörigen Bauern auch Leibeigene.

roden: Bäume entwurzeln; aus einem Wald Ackerland machen

Auf der Burg wohnten der **Burgherr** und **seine Familie**, außerdem die **Ritter**, die **Knappen**, die **Edelknaben**, **Mägde** und **Knechte**. Meist war der Burgherr auch Ritter. Zum Ritter wurde man entweder geboren oder aber aufgrund besonderer Leistungen im Krieg erhoben. Frauen konnten nicht zum Ritter geschlagen werden. Die Ehefrau eines Ritters stand dem Haushalt vor und verwaltete die **Güter** während der Abwesenheit ihres Mannes.

Der Burgherr besaß nicht nur die Burg, sondern auch das umliegende Land. Teile seines Landes verlieh er an Bauern, die dafür **Abgaben** zu liefern oder andere Dienste zu leisten hatten. Sie waren somit vom Grundherrn abhängig. So herrschte der Grundherr über Land und Leute. Mit der Zeit wurden immer mehr Bauern von ihrem Grundherrn abhängig, sie waren ihm **hörig**.

Jede Burg bildete mit den dazugehörigen Bauernhöfen einen eigenen kleinen Herrschaftsbereich, die sogenannte **Grundherrschaft**.

Ritter und seine Bauern – Im 11. Jh. wurde der Wald gerodet und Acker- und Weideland angelegt.

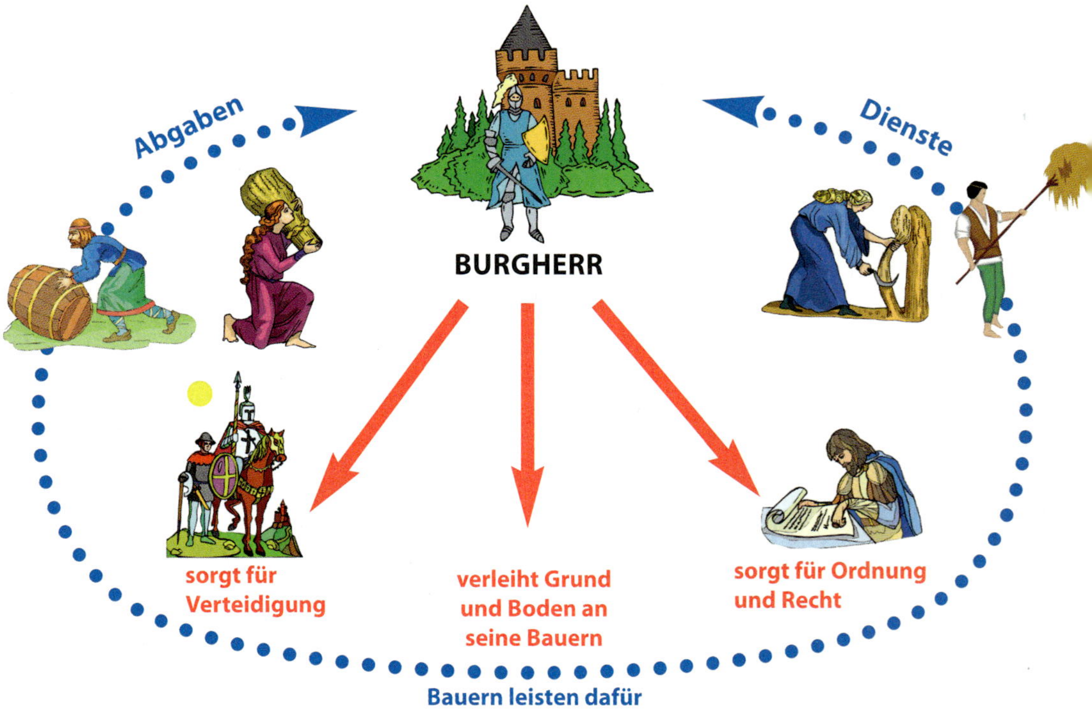

Innerhalb dieser Grundherrschaft übernahm der Grundherr folgende **Aufgaben**:

- Er schützte seine Bauern.
- Seine Burg war bei Kriegen Zufluchtsort für die Bauern.
- In der Burg wurden die Vorräte gespeichert.
- Er richtete über die Bauern und bestrafte sie.

Überlegt gemeinsam in der Klasse, wie heute über jemanden gerichtet wird, der eine Straftat begangen hat! Suche in Tageszeitungen Berichte über aktuelle Gerichtsverfahren!

Mit der Zeit gewann der Burgherr dadurch immer mehr Macht über seine Bauern. Der Unterschied zwischen Grundherrn und Bauern vergrößerte sich. Obwohl die Menschen lange Zeit mit diesen Unterschieden einverstanden waren – man betrachtete sie als **gottgewollt** – waren die Bauern mit ihrem harten Leben unzufrieden.

gottgewollt: von Gott bestimmt

„Darumbe baut man bürge, daz man die armen würge" (1230)

„Darum baut man Burgen, um die Armen zu würgen."

Was könnte mit diesem Satz gemeint sein?

Die Übersetzung findest du, wenn du dein Buch umdrehst!

Auch der Burgherr unterstand einem Herrn. Von diesem hatte er sein Land und manchmal auch die Burg bekommen. Man spricht dabei von **Lehen**, das heißt, der Grundherr (Fürst oder König) hatte ihm das Land **verliehen**. Dafür musste der Burgherr das Land verwalten und für seinen König oder Fürsten in den Krieg ziehen. Das nennt man **Lehenswesen**.

Ländereien: große Gebiete

Das Leben der Ritter

Wie du bereits gehört hast, konnten nur Männer, die entweder in diesen **Stand** hineingeboren wurden oder sehr tapfer gekämpft hatten, zum Ritter geschlagen werden.

Die Ritter waren immer bereit, für ihren Fürsten oder König zu kämpfen. Als Lohn für ihre Dienste bekamen sie große **Ländereien** und die Bauern, die dort lebten, als Lehen.

Knappen beim Schwerttraining

Die **Ausbildung zum Ritter** erfolgte in drei Schritten:

1 Page 7–14 Jahre

Mit sieben Jahren kommt Heinrich, der Sohn eines Ritters, auf die Burg eines befreundeten Ritters.
Zuerst bekommt er Unterricht bei der Frau des Ritters. Dabei lernt er, wie man sich seinem Herrn und den Damen gegenüber benimmt. Er muss sich bei seinen Gastgebern auch nützlich machen und diese bei Tisch bedienen.

2 Knappe

14–21 Jahre
Nachdem sieben Jahre vergangen sind, beginnt Heinrichs eigentliche Ausbildung zum Ritter. Von jetzt an muss er die Pferde versorgen und die Waffen reinigen. Als Knappe begleitet er seinen Herrn in den Kampf, führt dessen Pferd und hilft ihm, die Rüstung anzulegen. Geschicklichkeitsübungen muss er bei jedem Wetter durchführen.

3 Ritter ab 21 Jahren

Nun ist Heinrich 21 Jahre alt. Sein großer Tag steht bevor. Er wird zum Ritter geschlagen. Dabei schwört er, seinem König treu zu dienen und ein guter Ritter zu sein. Er bekommt seine Ausrüstung, den Panzer, die Arm- und Beinschienen, das Schwert und den Schild. Ein großes Fest wird ihm zu Ehren veranstaltet.

Ritterschlag

Die Wörter „Page" und „Knappe" kommen auch heute noch als Berufsbezeichnungen vor. Versuche herauszufinden, um welche Berufe es sich handelt! Tipp: ÖWB

Tribüne: erhöhter Platz mit Sitzplätzen

Wo findest du heute noch Tribünen?

Eine Übung für den Kampf war das **Turnier**. Diese ritterlichen Kampfspiele waren ein großes Fest. Große Zelte und **Tribünen** wurden aufgebaut. Die Ritterfrauen feuerten ihren Lieblingsritter beim Kampf an.

Turnier

Tugenden: vorbildliches Handeln

geziemend: sich gut benehmen

Neben dem Kampf musste der Ritter auch noch andere **Tugenden** besitzen. Er hatte sich **„geziemend"** zu benehmen, weil er auch ein Vorbild für alle anderen war.

Was bedeuten Maßhalten – Stetigkeit – Ehre? Suche die Erklärungen dafür im Lexikon, Wörterbuch oder Internet!

Weshalb passen diese Begriffe auf einen Ritter?
Wie muss er sich verhalten?
Was versteht man heute unter einem ritterlichen Verhalten?

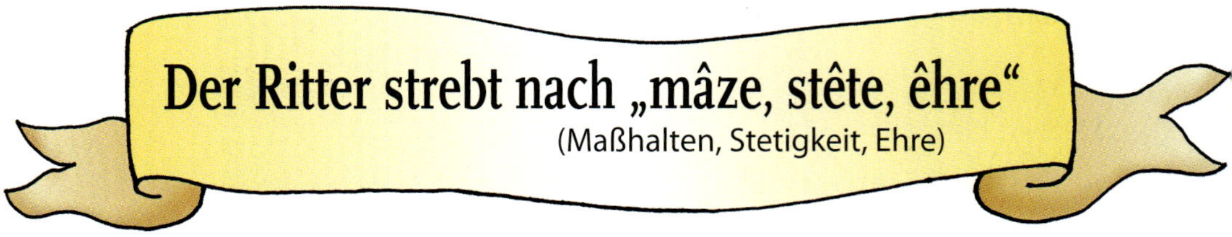

Heiliges Land: das heutige Palästina

Sarazenen: Araber

Bedeutende Kriege in jener Zeit waren die **Kreuzzüge**. Der Papst forderte die Ritter auf, das **Heilige Land** von den **Sarazenen** zurückzuerobern. Das friedliche Zusammenleben von Juden, Christen und Moslems ging damit zu Ende.

Suche Informationen über die Kreuzzüge! (Bücher, Internet)

Sumpf: feuchtes Gebiet

Die Bauern tragen die Last der Arbeit

Seit dem Ende der Völkerwanderung wuchs die Bevölkerung ständig. Daher wurden mehr Anbauflächen für das Getreide und mehr Wiesen für das Vieh benötigt. Der Wald musste gerodet und **Sümpfe** trockengelegt werden. All diese Aufgaben konnten nur gemeinsam bewältigt werden. Im Laufe der Zeit bildeten sich **Dörfer**, in denen sich mehrere Bauernfamilien zu Gemeinschaften zusammenschlossen.

Welches Gebäude war Mittelpunkt des Dorfes?
Wie sind die Bauernhöfe angeordnet?
Suche die Windmühle!

Windmühle: Dort wird das Getreide mit Hilfe von Windkraft zu Mehl gemahlen.

Weshalb lag diese am Rand des Dorfes?
Wie sieht heute ein Dorf aus?

Ein mittelalterliches Dorf

Zu jedem Bauernhof gehörten ein Garten, ein Hofplatz und ein Stück Ackerland. Wald und Weide waren gemeinsamer Grund und Boden aller Dorfbewohner, das heißt, sie wurden von allen gemeinsam bewirtschaftet. Dieser gemeinsame Besitz hieß **Allmende**.

Allmende: von „algemeinde", das heißt „was allen gehört"

In einem Dorf lebten zwischen 100 und 200 Menschen. Die Häuser waren aus Holz gebaut und hatten zwei bis drei Räume, von denen nur einer beheizbar war.

Hier siehst du ein Bauernhaus. Wo wurden die Tiere gehalten? Wo wurde gearbeitet oder gekocht? Wo schliefen die Menschen? Mit welchem Material war das Dach gedeckt? Wie stellst du dir das Leben in einem solchen Bauernhaus vor?

Bauernhaus

Bauerntanz von Bruegel dem Älteren 1568

Welche Kleidung tragen die Menschen auf diesem Gemälde? Welches Instrument wird gespielt? Wie wirken die Dorfbewohner auf dich?

Mittelpunkt des Dorfes war die Dorfkirche, die häufig schon aus Stein gebaut war und daher als Schutz vor Überfällen diente. Der Platz vor der Kirche wurde für Feste und Märkte genutzt.

Alles, was die Bauern zum Leben brauchten, stellten sie selbst her: die Nahrung, die Kleidung, das Haus mit der ganzen Einrichtung, die Geräte und die Werkzeuge. In diesem Fall spricht man von einer **geschlossenen Hauswirtschaft**. Da es keine Maschinen gab, war die Arbeit sehr schwer, denn alles musste mit der Hand hergestellt werden.

Für die Arbeiten auf dem Feld hatten die Bauern des Mittelalters einige einfache **Werkzeuge** aus Holz und Metall, wie du auf den folgenden Bildern sehen kannst. Werkzeuge aus Metall wurden vom Schmied hergestellt.

Einfaches Werkzeug der Bauern

Suche jene Werkzeuge heraus, die Teile aus Metall enthalten! Tipp: Die Lösung findest du, wenn du dein Buch umdrehst!

Spaten, Wagen, Axt, Pflug, Sichel

Brachland: Land, das nicht genutzt wird

Überlege! Welchen Vorteil brachte die Dreifelderwirtschaft den Bauern?

Um mehr Getreide zu ernten, führte man mit der Zeit die **Dreifelderwirtschaft** ein. Das heißt, jedes Jahr baute man etwas anderes an:

1. Jahr

2. Jahr

3. Jahr

4. Jahr

Dreifelderwirtschaft

Wie geht es weiter? Zeichne ein!

Zehent: ursprünglich ein Zehntel der Ernte, später immer mehr

Ertrag: Gewinn

Welche Abgaben zahlen die Menschen heute an den Staat?

Wie du bereits gehört hast, musste der Bauer für seinen Grundherrn arbeiten und einen bestimmten Anteil der Ernte abgeben. Zu den Arbeiten, die der Bauer leisten musste, gehörten die Arbeiten auf den Feldern seines Herrn, Bauarbeiten auf der Burg, Arbeiten im Wald, der Bau von Wegen und Brücken und vieles mehr. Diese Arbeiten auf der Burg und auf den Feldern des Grundherrn nennt man **Frondienste**.

Während der Bauer für seinen Herrn arbeiten musste, blieb seine eigene Arbeit liegen. Dies war auch dann der Fall, wenn gerade Erntezeit war und das eigene Getreide nicht rechtzeitig geerntet werden konnte.

Die Abgaben an die Kirche, der sogenannte **Zehent**, verringerten die sowieso schlechten **Erträge** der Bauern. Ebenso führten Überschwemmungen oder Trockenheit und manchmal auch Pflanzenschädlinge zu geringen Ernteerträgen.

Deswegen hatten die Bauernfamilien kaum Vorräte für Notzeiten. So gehörten **Hunger** und **Krankheiten** zum Alltag einer bäuerlichen Familie.

Bauern geben ihrem geistlichen Herrn den Zehent ab, Holzschnitt 1468

Die **Ritter** wohnten auf **Burgen**. Die Ausbildung zum Ritter erfolgte in 3 Schritten: Page – Knappe – Ritter. Die Bauern waren ihrem Grundherrn **hörig**. Sie waren sehr arm. Um mehr zu ernten, wurde die **Dreifelderwirtschaft** eingeführt.

Nun geht's los – Aufgaben für schlaue Köpfe!

1) **Tischsitten der Ritter!** Die Benimmregeln bei Tisch entsprachen noch nicht ganz denen, die wir heute kennen. Gegessen wurde mit Messer, Löffel und mit den Händen, denn Gabeln gab es zu dieser Zeit noch nicht.

Ergänze nun die fehlenden Satzteile! ★

Wenn du alles richtig gemacht hast, ergeben die Buchstaben von oben nach unten gelesen ein Lösungswort.

nicht wie ein Vieh (E) ★ Mund (E) ★ demselben Löffel (B) ★ angebissenes Brot (M) ★ jeder seine Hände (N) ★ schnäuzt (E) ★ Finger (N) ★ Tisch zu lümmeln (H)

1. Kein Ritter soll zusammen mit einem anderen von ein und ______________________ essen.
2. Beim Essen rülpst man nicht, desgleichen ______________________ man sich nicht ins Tischtuch.
3. Wer mit dem Löffel nicht eine Speise aufnehmen kann, der schiebe sie nicht mit dem __________ darauf.
4. Bevor du trinkst, wisch dir den ________________ ab, damit das Fett nicht in den Weinbecher tropfe.
5. Es ziemt sich nicht, während des Essens auf dem ______________________________ .
6. Es ist keine gute Sitte, ein __________________________ wieder in die Schüssel einzutunken.
7. Wer gerade Essen in seinem Munde hat, der trinke ____________________________ .
8. Vor dem Essen aber wasche __________________________________ .

LÖSUNGSWORT: ____________________

2) Kennst du noch die Namen dieser Werkzeuge? **Beschrifte sie! ★**

Nun geht's los – Aufgaben für schlaue Köpfe!

3) **Beschrifte diese Burg! ★★★** Die Erzählung von Heinrich hilft dir dabei!

Der große Tag ist gekommen!

Heinrich betritt die Burg, die ab nun sein Zuhause für die nächsten 14 Jahre sein soll. Sie ist von starken Mauern (2) umgeben. Die Zugbrücke (3) führt über den Graben (1). Nun kommt Heinrich in den äußeren Burghof. Schnell geht er durch das Burgtor (4), das mit einem Fallgitter (6) gesichert ist.

Jetzt steht Heinrich im inneren Burghof. Mit Staunen betrachtet er die prachtvollen Bauten. Es gibt ein Wohn- und Wirtschaftsgebäude, den Palas (7), in dem sein neuer Herr wohnt, Wehrgänge (5) und viele Türme (10). Neugierig fragt er einen Diener nach dem mächtigen Turm in der Mitte. „Das ist der Bergfried (8), in diesem hat der Burgwächter seine Wohnung. Wenn Gefahr droht, zieht er die Leitern ein, damit der Feind nicht hinauf kann. Vom Wachturm (9) aus wird die Gegend beobachtet. Die anderen Türme, die du siehst, dienen ebenfalls dem Schutz der Burg", erzählt der Diener freundlich.

Heinrich ist begeistert, denn auch Zinnen, Scharten und Wehrgänge schützen vor Angreifern. Jetzt hat er nicht mehr so viel Angst und freut sich schon auf seine Ausbildung.

4) An den Gewürzen zeigte sich der Reichtum eines Ritters. **Welche waren die teuersten Gewürze? ★★**

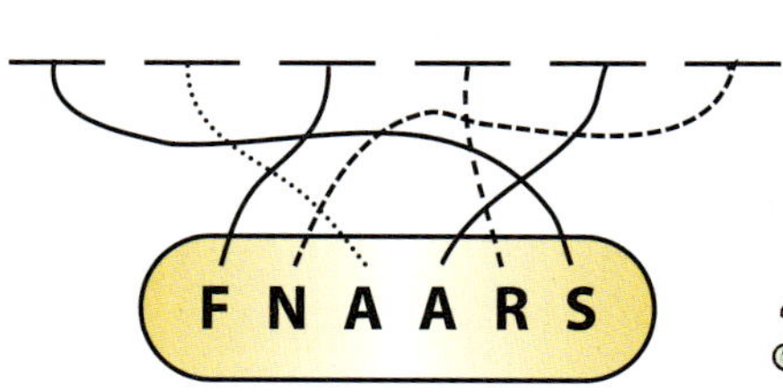

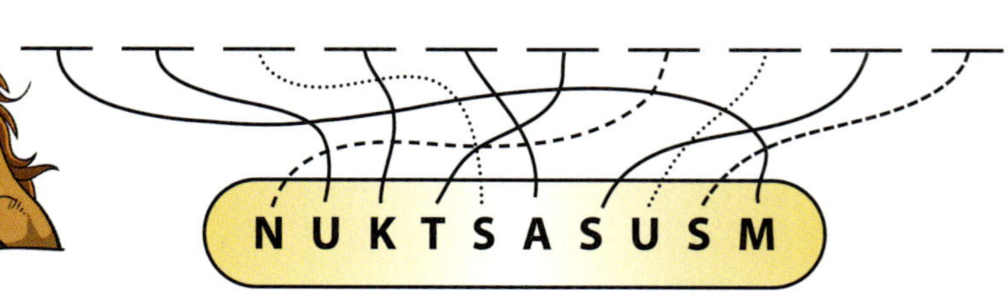

Dieses Gewürz kostete so viel wie ein Pferd.

Dieses Gewürz kostete so viel wie 7 Ochsen.

29. KLÖSTER ALS ZENTREN DER KULTUR

Klöster – Bedeutung – Investiturstreit – Canossa

Klöster entstehen

Das Leben der Menschen im Mittelalter war hart. Hungersnöte, Krankheiten und der Tod gehörten zum alltäglichen Leben. Viele suchten daher Schutz bei der **Kirche** und im **christlichen Glauben**.

Manche Menschen wollten ihr gesamtes Leben Gott schenken und zogen von ihren Familien weg ins **Kloster**. Es wurden Klöster für **Mönche** (Männer) und solche für **Nonnen** (Frauen) gegründet. Hier siehst du eine Klosteranlage, aber nicht alle Klöster waren so groß.

Kloster: Gebäude, in dem Mönche oder Nonnen leben

Nenne bekannte Klöster in Österreich! (Atlas, Internet)

Heutzutage kann man Urlaub im Kloster machen. Wieso suchen manche Menschen die Einsamkeit?

Welche Ursachen führen in unserer Zeit dazu, dass es oft laut und hektisch ist?

Äbtissin: weiblicher Vorstand eines Nonnenklosters

Refektorium: Essensraum

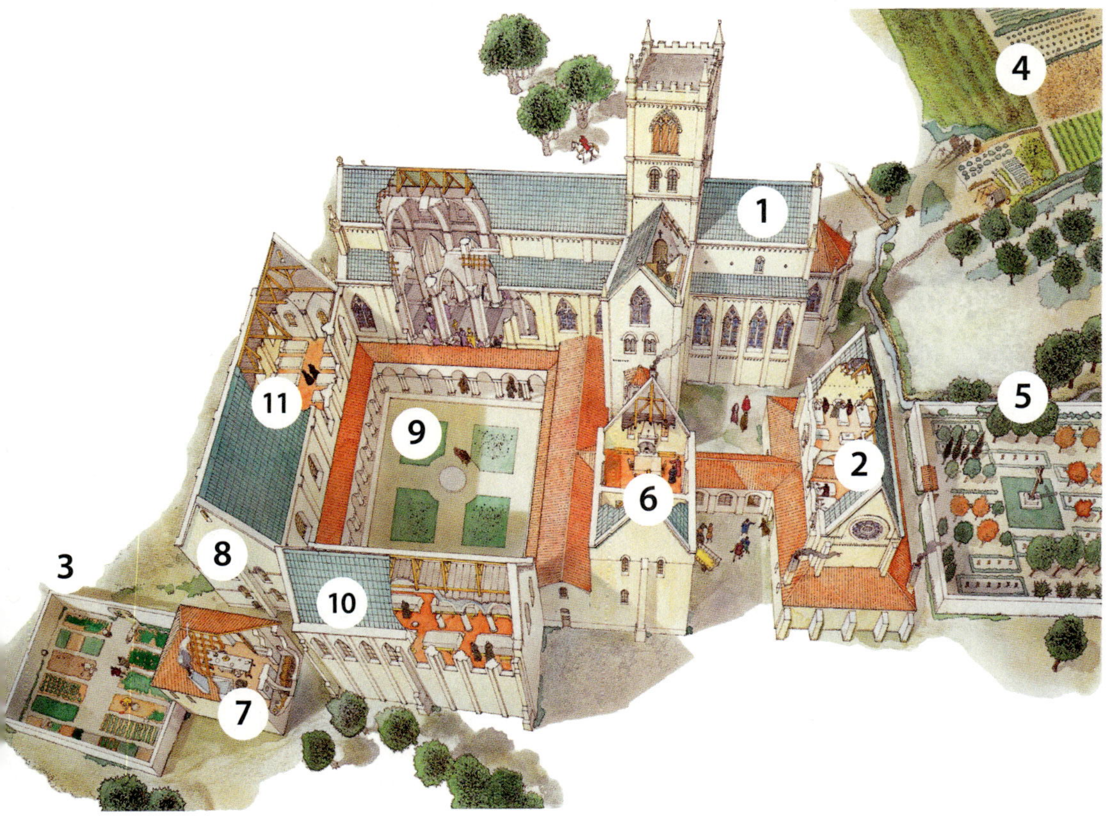

1. Klosterkirche – 2. Pflege der Kranken – 3. Kräutergarten – 4. Felder, die dem Kloster gehören – 5. Friedhof – 6. Wohnung des Abtes/der Äbtissin – 7. Küche – 8. Schreibstube, Schule und Werkstätten – 9. Klosterhof mit Kreuzgang – 10. Refektorium – 11. Schlafsäle

Zierbuchstabe: Die Mönche und Nonnen verzierten in den handgeschriebenen Büchern die Anfangsbuchstaben neuer Kapitel oder Absätze.

Gestalte selbst einen Zierbuchstaben!

Die Mönche und Nonnen lebten nach strengen Regeln. Sie durften nichts besitzen und mussten gehorsam sein. In den Klöstern kümmerte man sich um arme und kranke Menschen.

Obwohl es in den Klöstern Schulen (**Klosterschulen**) gab, konnten nur ganz wenige Menschen lesen und schreiben. Nur die Mönche und Nonnen gehörten zu denjenigen, die diese Fertigkeiten beherrschten. Sie forschten und entwickelten Verbesserungen in der Landwirtschaft und Technik.

Mönche und Nonnen schrieben aber auch alte Bücher ab. Viel Wissen wurde dadurch weitergegeben und deswegen nicht vergessen.

Der Investiturstreit

Arbeitende und betende Mönche, lateinisch „ora et labora!" – Bete und arbeite!

Investitur: Einsetzen in ein geistliches Amt, z. B. Ernennung eines Bischofs

bannen: aus der Kirche ausschließen; damals eine schreckliche Strafe

von jemandem abfallen: nicht mehr zu ihm halten

In den **Klöstern** sammelten sich Menschen, die ihr Leben Gott schenken wollten. Klöster übernahmen **viele Aufgaben**: Versorgung der Armen und Kranken, Forschung und Schule. Im Mittelalter kam es zu einem heftigen Streit zwischen Kaiser und Papst. Dieser **Investiturstreit** dauerte fast 50 Jahre und wurde durch das **Wormser Konkordat** beigelegt.

Wer ist der Stärkere?

Im Mittelalter gab es in Europa zwei mächtige Männer: den **Kaiser des Heiligen Römischen Reiches** und den **Papst**, der das Oberhaupt aller katholischen Christen ist. Die Vertreter des Papstes in den einzelnen Ländern sind die Bischöfe. Der Kaiser begann nun, Bischöfe für weltliche Ämter zu ernennen – natürlich nur Männer, auf die er sich verlassen konnte. Der Papst vertrat aber die Ansicht, der Kaiser hätte kein Recht dazu. Es folgte ein langer und heftiger Streit zwischen dem Kaiser und dem Papst. Diese Auseinandersetzung wird **Investiturstreit** genannt.

Im Jahre 1073 wurde **Gregor VII.** zum Papst gewählt. Er verbot Kaiser **Heinrich IV.**, Bischöfe zu ernennen. Daraufhin erklärte der Kaiser den Papst für abgesetzt. Dieser wiederum setzte seine stärkste Waffe ein, er **bannte** Kaiser Heinrich IV. und schloss ihn damit aus der Kirche aus.

Außerdem ließ der Papst verkünden, dass niemand mehr dem Kaiser zu gehorchen hatte. Heinrich IV. fürchtete um seine Macht, falls der Bann des Papstes nicht zurückgenommen würde.

In der Folge **fielen** Fürsten und Volk **von dem gebannten Kaiser ab**. Die Fürsten kämpften nicht nur gegeneinander, sogar gegen den Papst wurden Feldzüge unternommen. Dieses **Chaos** musste Kaiser Heinrich IV. beenden, um seine Macht nicht zu verlieren.

Der Weg nach Canossa

Heinrich IV. machte sich daher 1077 auf den gefährlichen Weg über die verschneiten Alpen zum Papst, um sich zu entschuldigen. Der Papst befand sich auf der Burg von **Canossa** in Italien. Er ließ den Kaiser drei Tage warten, bis er ihn vom Bann befreite.

Damit war der Streit aber noch nicht zu Ende. Erst im Jahre 1122 wurden die Streitigkeiten zwischen Kaisern und Päpsten endgültig durch einen Vertrag, das **Wormser Konkordat**, beendet. Von da an durfte nur noch der Papst Bischöfe einsetzen.

30. ENTSTEHUNG VON MÄRKTEN UND STÄDTEN

Entwicklung – Bewohner der Städte – Zünfte – Romanik und Gotik – Handel

Märkte und Städte werden wichtig

Orte, die besonders günstig lagen, entwickelten sich im Mittelalter zu **Städten**.

Städte entstanden:

1. an Straßenkreuzungen
2. bei Burgen und Klöstern
3. an Brücken
4. aus Römersiedlungen

Beschrifte die Zeichnungen, indem du die Zahlen einsetzt!

Wie du auf den Bildern sehen kannst, entstanden Städte oft in der Nähe eines Klosters, einer Burg, einer Brücke oder an wichtigen Straßenkreuzungen. Dort trafen sich die Händler, um ihre Waren auszutauschen. Waren wurden gekauft und verkauft, langsam entstand ein **Markt**. Immer mehr Menschen siedelten sich an diesem Ort an. So entwickelte sich mit der Zeit **aus dem Markt eine Stadt**.

Wie ist dein Heimatort entstanden? Frage deine Eltern oder suche im Internet nach Informationen!

Die ältesten Städte in Österreich

ENNS: Stadtrecht seit 1212
WIEN: Stadtrecht seit 1221
EFERDING: Stadtrecht seit 1222

Wie viele Menschen wohnen in deiner Stadt oder deinem Dorf?

Wie viele Menschen wohnen in Wien? Tipp: Internet

Städte mit mehr als 10 000 Einwohnern waren im Mittelalter Großstädte. So hatte Wien im 14. Jh. etwa 40 000 Einwohner.

Die Menschen, die in einer Stadt lebten, erhielten vom **Stadtherrn** besondere Rechte und Freiheiten zugesprochen, sie wurden **Bürger der Stadt**.

Stadtherr: ihm gehörte der Grund und Boden der Stadt

Bewohner der Stadt

Stadtluft macht zwar frei, aber Stadtluft macht nicht gleich!

Leibeigenschaft: Abhängigkeit der Bauern von ihrem Grundherrn

Gscherter: kommt von „Geschorener"; unfreien Bauern war es verboten, lange Haare zu tragen

Einkommen: verdientes Geld

„Stadtluft macht frei" – dieser Ausspruch galt für **leibeigene** (hörige) Bauern, denen es gelang, vom Land in die Stadt zu fliehen und dort auch auf Dauer Aufnahme zu finden. So konnten sie sich der Rechtssprechung des Grundherrn entziehen. Leute, die vom Land in die Stadt kamen, erkannte man an ihren kurz geschorenen Haaren. In der Stadt durften sie lange Haare tragen, deshalb bezeichnet man heute noch Menschen, die vom Land stammen, als **„Gscherte"**.

Jeder Bürger der Stadt besaß das **Bürgerrecht**. Trotzdem hatten aber nicht alle Stadtbewohner die gleichen Rechte und Pflichten, denn Besitz und **Einkommen** waren entscheidend. In der Stadt lebten verschiedene Bevölkerungsgruppen – auch **Gesellschaftsschichten** genannt – nebeneinander.

Du hast schon einmal von Patriziern gehört. In welchem Zusammenhang war das?

Die vornehmsten und einflussreichsten Bürger der Stadt waren die **Patrizier**. Zu ihnen gehörten der Stadtrat und die reichen Kaufleute. Kaufleute und Händler schlossen sich zu **Gilden** zusammen. Diese Vereinigungen bestanden, um sich im Notfall gegenseitig zu helfen. Die Patrizier regierten und verwalteten die Stadt und ihre Bürger.

Den Mittelstand bildeten die **Handwerksmeister** und die **Händler**. Sie wurden immer zahlreicher und reicher, sodass sie mehr Mitbestimmung forderten.

Rat der Stadt: nennt man heute Stadtrat; vertritt die Interessen der Bürger und Bürgerinnen

Die **Handwerksgesellen**, **Lehrlinge** und **kleinen Händler** waren nicht im **Rat der Stadt** vertreten.

Gesinde: alle in einem Haushalt lebenden Dienstboten wie Knechte und Mägde

Pranger: Säule oder Holzpfosten, an dem die Verurteilten festgebunden wurden

Zu der untersten Schicht zählten **Taglöhner**, **Gesinde** und **Bettler**. Wenn in der Stadt jemand etwas verbrochen hatte, das als nicht ehrenhaft galt, wurde der Mann oder die Frau an den **Pranger** gestellt. Dort konnte man die Bloßgestellten verspotten und mit Gegenständen nach ihnen werfen.

Welche Menschen leben heute in der Stadt?

Gibt es auch jetzt unterschiedliche Gesellschaftsschichten? Welche kennst du?

Was wird für die Armen deiner Stadt getan? Wer hilft ihnen?

Die Bewohner der mittelalterlichen Stadt

Stadt-Recht

Freie Bürger:

- durften heiraten, wann und wen sie wollten,
- konnten jederzeit wegziehen,
- konnten selbst über ihr Erbe bestimmen,
- besaßen freies Eigentum,
- mussten im Notfall die Stadt bewachen und verteidigen helfen.

Land-Recht

Unfreie Bauern:

- mussten vor der Hochzeit den Grundherrn um Erlaubnis fragen,
- durften ohne Erlaubnis nicht wegziehen,
- vererbten und erbten nur mit Zustimmung des Grundherrn,
- Haus und Hof gehörten dem Grundherrn,
- konnten zum Hilfsdienst im Krieg verpflichtet werden.

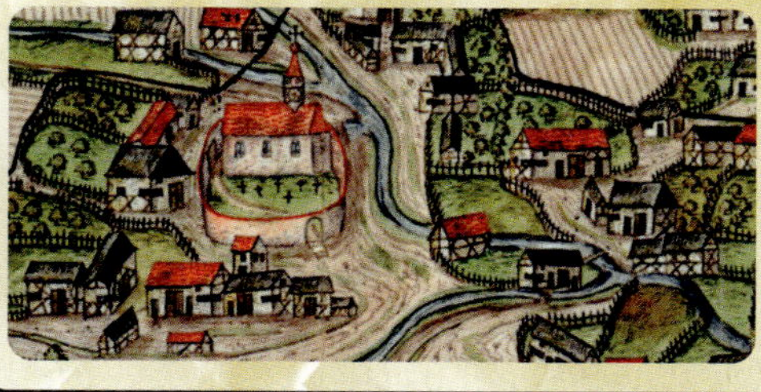

Wo würdest du im Mittelalter lieber leben – Stadt oder Land? Begründe deine Wahl!

Welche Unterschiede zwischen Stadt und Land gibt es heute?

Die Stadt wurde zunächst nur von den Patriziern verwaltet. Erst später durften auch die Handwerker im Rat der Stadt mitbestimmen. Die Stadtbewohner, die kein eigenes Haus besaßen wie Dienstboten, Gesellen usw., konnten aber weiterhin nicht mitentscheiden.

Schule und Universität

Das Leben in der Stadt verlangte von den Menschen bestimmte **Kenntnisse** wie Lesen, Schreiben und Rechnen. Diese Fertigkeiten waren notwendig, um die Stadt zu verwalten, mit Waren zu handeln und ein Handwerk auszuüben. Ab dem 13. Jh. wurden deswegen die Söhne der Bürger in den vom Rat der Stadt eingerichteten **Stadtschulen** unterrichtet. Neben diesen Stadtschulen gab es aber auch **Privatschulen**, an denen Rechen- und Schreibmeister unterrichteten. Wenn Mädchen Unterricht bekamen, dann fand dieser in den Schulen der Nonnenklöster statt.

In großen Städten kam es zur Gründung von **Universitäten**. An diesen wurden vor allem **Theologie**, Philosophie, Medizin und Rechtswissenschaft gelehrt. Die erste deutschsprachige Universität wurde 1348 in **Prag** gegründet, die zweite deutschsprachige Universität 1365 in Wien.

Kenntnisse: kommt von können, was jemand kann

Theologie: Religionswissenschaft

Prag: heute Hauptstadt der Tschechischen Republik

Wenn du dieses Bild genau ansiehst, welche Unterschiede zu einer modernen Schule kannst du finden?

Was bedeutet die Rute in der Hand des Lehrers?

Frage bei deinen Eltern/Großeltern nach, wie Kinder in früherer Zeit erzogen wurden!

Universität Wien

Unterricht in einer Stadtschule

Handwerker und Zünfte

Handwerk hat goldenen Boden!

Was ist mit diesem Ausspruch gemeint?

Wie weit stimmt diese Regel heute noch?

Ein großer Teil der Stadtbevölkerung war **Handwerker**. Es gab sehr viele verschiedene Handwerksberufe. Jeder Handwerker stellte nur eine bestimmte Art von Waren mit der Hand her.

Im Mittelalter konnte nur derjenige ein Handwerk erlernen, der „ehrsamer Leute Kind war" – dies bedeutete, dass die Eltern einer **geachteten** Arbeit nachgingen und verheiratet waren. So waren zu dieser Zeit Berufe wie Totengräber und Schauspieler keine geachteten Tätigkeiten.

geachtet: angesehen, geschätzt

Welche Berufe gelten heute als nicht geachtete Tätigkeiten?

Die **Ausbildung zum Handwerker** erfolgte in drei Schritten:

Wie werden heute Handwerker ausgebildet?

1 Lehrling

Hans kommt zu einem tüchtigen Meister, der einen großartigen Ruf hat. Innerhalb von zwei Jahren soll er die Kunst des Schneiderns erlernen. Sein Vater bezahlt dafür sechs Goldgulden und zwanzig Ellen Tuch. Von 3 Uhr in der Früh bis 9 Uhr am Abend muss Hans arbeiten. Er bekommt oft Schläge, wenn er etwas falsch macht. Zum Abschluss seiner Lehrzeit fertigt er ein Gesellenstück an – ein Festtagsgewand!

2 Geselle

Als Geselle muss Hans auf die Wanderschaft gehen, um Erfahrungen zu sammeln. Er geht von Stadt zu Stadt und arbeitet bei verschiedenen Meistern.
Für die wandernden Gesellen gibt es in jeder Stadt eigene Herbergen.

3 Meister

Nach jahrelanger Wanderschaft hat Hans Glück, da ihn die Zunft der Stadt Wien sein Handwerk als Meister ausüben lässt. Nun ist er der Herr über Lehrlinge, Gesellen, seine Frau und die Dienstboten.

Gulden: Geld im Mittelalter

Elle: altes Längenmaß; so lang wie der Unterarm

Zunft: Zusammenschluss von Handwerkern mit gleichem Handwerk

Jede Zunft hatte ihr eigenes Zeichen (Wappen). Die Zünfte kontrollierten die Arbeitszeit, die Qualität und den Preis der Waren. In Notfällen unterstützten sie Kranke, Arbeitsunfähige, Witwen und Waisen.

Zunftzeichen der Schneider

Schneiderwerkstatt

Witwe: Frau, deren Mann gestorben ist

Waisen: elternlose Kinder

Suche im Internet andere Zunftwappen!

Romanik und Gotik

Die Religion war für die Menschen im Mittelalter sehr wichtig. Die Bürger und Bürgerinnen der Städte ließen deswegen von Baumeistern, ihren Gesellen und Lehrlingen um viel Geld prächtige Kirchen errichten.

Im frühen Mittelalter, ungefähr ab dem 10. Jh., wurden die Kirchen mit dicken Mauern, **wuchtigen** Türmen und Rundbögen gebaut. Diese Art zu bauen, nennt man **Romanik**. Berühmte romanische Bauten sind die Ruprechtskirche (Wien), die Römerkirche in Ohlsdorf (Oberösterreich), der Dom und die **Krypta** des Domes in Gurk (Kärnten) und die **Apsis** der Pfarrkirche in Schöngrabern (Niederösterreich).

Römerkirche in Ohlsdorf, besterhaltene romanische Dorfkirche in Österreich

wuchtig: breit und schwer

Krypta: Kirchenraum unter der Erde

Apsis: Nische, in der der Altar steht

Romanische Kirche

Tonnengewölbe

Suche andere romanische und gotische Bauwerke in Österreich! (Bücher, Internet)

Welche romanischen und gotischen Bauwerke gibt es in deinem Bundesland?

Gotisches Glasfenster

Im 13. Jh. setzte sich vor allem in den Städten eine neue Art zu bauen durch. Die Kirchen wurden höher, die Türme schlanker, Fenster und Türen waren mit Spitzbögen versehen. Bunte Glasmalereien an den Fenstern ließen mehr Licht in den Innenraum der Kirchen. Dieser Baustil wurde später **Gotik** genannt. Bedeutende Bauwerke aus dieser Zeit sind der Stephansdom in Wien, die Hofkirche und das Goldene Dachl in Innsbruck und die Leechkirche in Graz.

Stephansdom

Der Stephansdom in Wien wurde im romanischen Stil begonnen und im gotischen Stil fertig gebaut.

Bau einer gotischen Kirche

Eine berühmte Sage erzählt vom Bau des Stephansdomes. Versuche, mehr darüber herauszufinden!

Handel und Verkehr

Die mittelalterliche Stadt wurde auch zum **Mittelpunkt des Handels**. Kaufleute brachten kostbare Waren von weit her. Diese waren sehr teuer, da der lange und schwierige Transport, aber auch Abgaben und **Zölle** die Preise erhöhten.

Gewürze, feine Stoffe, Schmuckwaren, Glas, Früchte und Salz waren damals **Luxuswaren**.

Der Transport der Waren auf den Straßen war sehr gefährlich und mühevoll. Oft wurden die Wagenzüge überfallen und der Zustand der Straßen war schlecht. Wo immer es ging, transportierten die Händler ihre Waren auf den großen Strömen wie dem **Rhein** und der **Donau**.

Waren wurden am Fluss aufgeladen.

Handelsschiff

Auch die Fahrt mit Schiffen über das Meer war **risikoreich**. Es kam zu Stürmen, Piraten überfielen die Schiffe oder feindliche Herrscher ließen die wertvollen Waren rauben. Trotz aller Gefahren befuhren Handelsflotten schon bald das gesamte Mittelmeer und brachten so wertvolle Güter nach Europa.

Jedes Land und sogar jede Stadt hatte im Mittelalter eine **eigene Währung**. So wurde das Wechseln von Geld zu einem eigenen Beruf. Der **Geldwechsler** stapelte die verschiedenen Münzsorten auf einer hölzernen Bank, bevor er sie wechselte. Seit damals heißen Geldinstitute auch „Banken"!

Mittelalterliche Münze

Geldwechsler

Die reichen Handelsstädte wurden zu freien Städten mit einer eigenen Regierung. Berühmte **Freistaaten** waren Venedig, Mailand, Hamburg, Bremen und Lübeck.

Die freien **Reichsstädte** an der Nord- und Ostsee schlossen sich zu einem mächtigen Städtebund – der **Hanse** – zusammen, um gemeinsam Handel zu treiben. Weil sie die Piraten aus der Nordsee vertrieben, mussten sie in den Häfen, in denen sie einliefen, keine Zölle bezahlen.

Zölle: Steuern, die für Waren bezahlt werden müssen, wenn sie von einem Land ins andere gebracht werden

Welche Waren sind in der Gegenwart Luxus?

Wie werden Waren heute transportiert?

Ein berühmter Kaufmann war Marco Polo. Versuche, etwas über seine Lebensgeschichte zu erfahren! (Internet, Bücher)

Freistaaten: besaßen eine eigene Regierung und waren unabhängig

Reichsstädte: unterstanden direkt dem Kaiser

Städte entstanden an verkehrsgünstigen Orten. In der Stadt lebten unterschiedliche **Gesellschaftsschichten. Stadtschulen** und **Universitäten** wurden gegründet. Die **Ausbildung zum Handwerker** erfolgte in drei Schritten: Lehrling – Geselle – Meister. Die Baustile des Mittelalters waren **Romanik** und **Gotik**. Die Stadt war **Mittelpunkt des Handels**.

Nun geht's los – Aufgaben für schlaue Köpfe!

1) Hilf Leni, dieses Rätsel zu lösen! Dann setze die markierten Buchstaben ein! ★★★

SENKRECHT
1. Bevor man Geselle ist, ist man …
2. Zusammenschluss von Handwerkern
3. einflussreichste Bürger der Stadt
6. Geld im Mittelalter
7. an diesem wurden Verurteilte festgebunden
8. Handwerker auf Wanderschaft

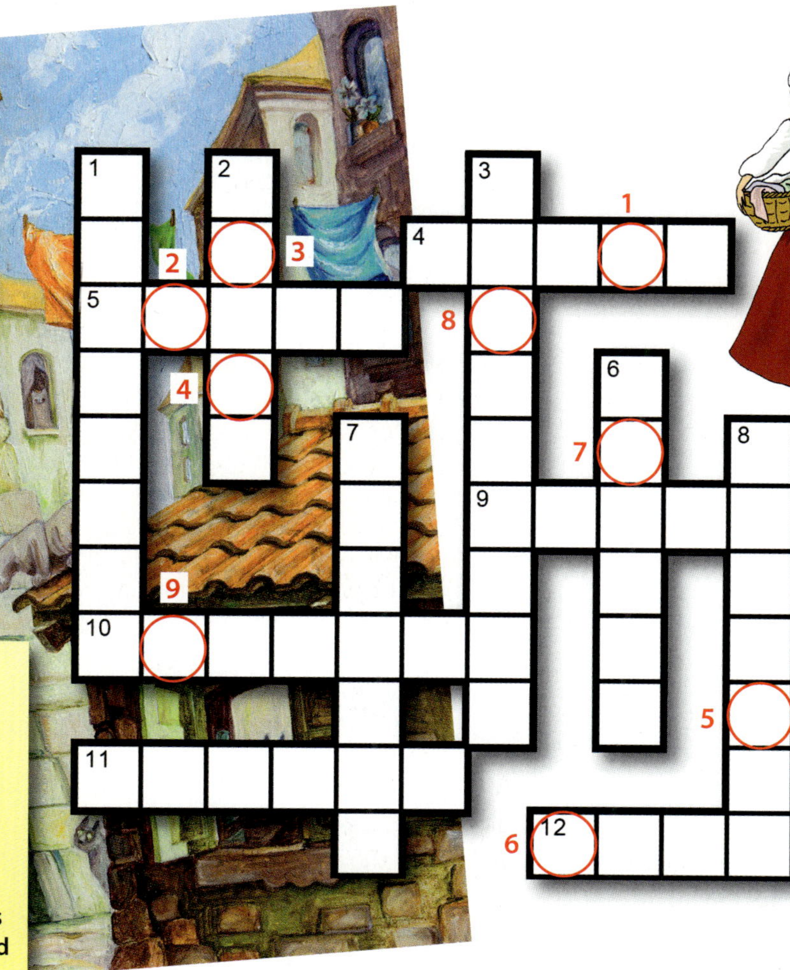

WAAGRECHT
4. Ort, an dem gehandelt wird
5. Zusammenschluss der Reichsstädte an der Nord- u. Ostsee
9. müssen bezahlt werden, wenn Waren von einem Land in ein anderes transportiert werden
10. alle Dienstboten eines Haushalts
11. Vereinigungen der Kaufleute und Händler
12. altes Längenmaß

LÖSUNGSWORT: . . . .
1 2 3 4 5 6 7 8 9

2) **„Handwerk hat goldenen Boden!"** Im Mittelalter gab es viele interessante Handwerksberufe. Um welche Berufe handelt es sich hier? Zeichne passende Zunftzeichen in die Wappen! ★★

BERUF: ______________________ **BERUF:** ______________________

Nun geht's los – Aufgaben für schlaue Köpfe!

3) Mache einen Rundgang durch diese mttelalterliche Stadt. **Schreibe alle Gebäude heraus und notiere in deinem Heft, wozu diese dienten! ★★★**

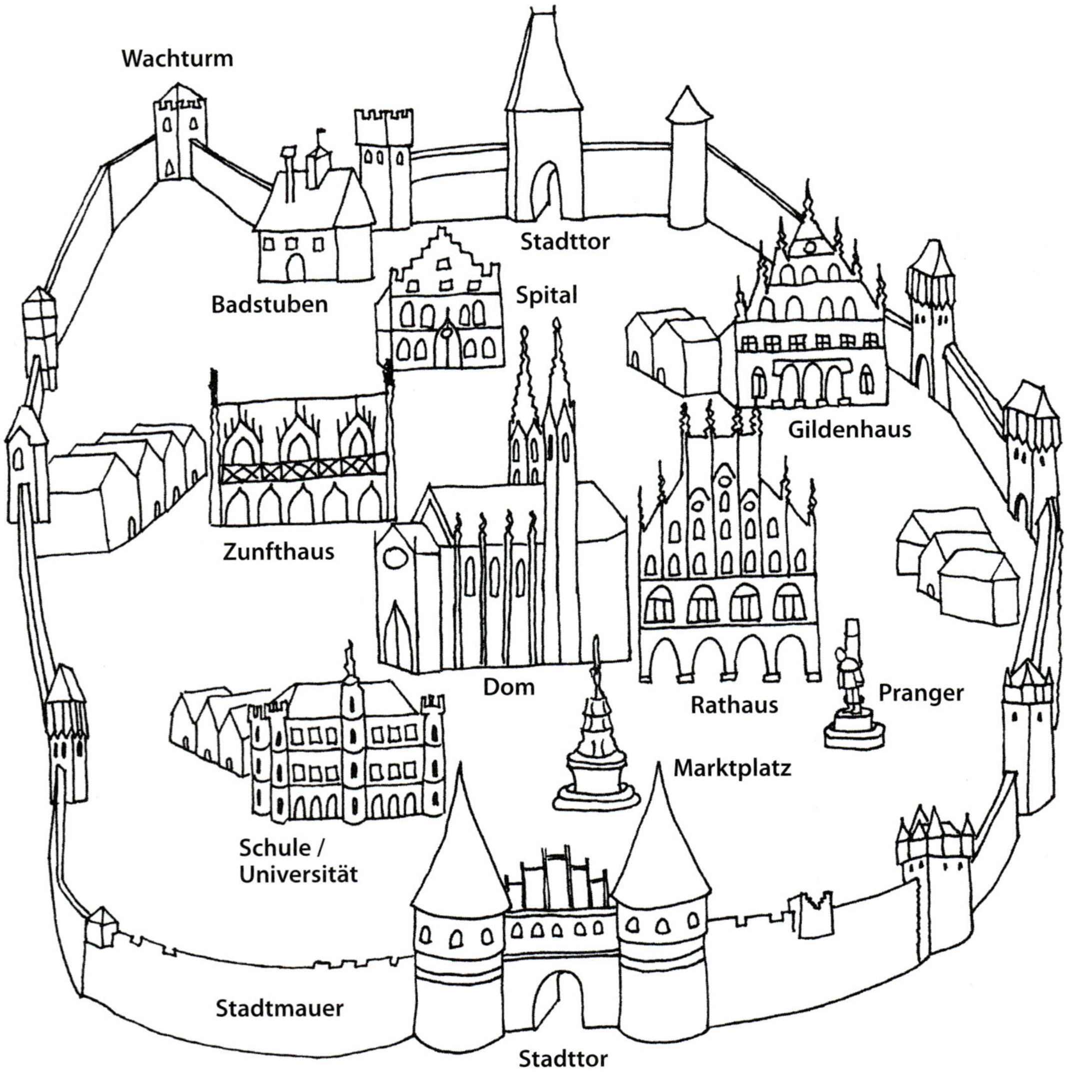

Rathaus

4) **Nun kannst du die Stadt bunt gestalten!**

5) **Welche Einrichtungen gibt es heute in einer Stadt? ★★★★**

Freizeit ______________________________

Bildung ______________________________

Verkehr ______________________________

31. ÖSTERREICH IM FRÜH- UND HOCHMITTELALTER

Kernland Österreich – Babenberger – Habsburger

Der Aufstieg der Babenberger

Das Heilige Römische Reich schützte seine Grenzen so wie zur Zeit Karls des Großen durch Marken. Eine dieser Marken war im Osten die **Mark an der Donau**. 976 wurde das **Adelsgeschlecht** der **Babenberger** als Markgrafen mit dieser Mark belehnt. In einer **Urkunde** aus dem Jahre 996 findet sich zum ersten Mal ein Hinweis auf den Namen Österreich – „... in der Gegend, die im Volke **Ostarrichi** heißt."

Adelsgeschlecht: Familie adeliger Herkunft

Ostarrichi: erste schriftliche Nennung Österreichs in einer Urkunde

In den folgenden drei Jahrhunderten vergrößerten die Babenberger das Gebiet immer weiter in Richtung Osten. Ein bedeutender Babenberger war **Markgraf Leopold III.**, dem es zu verdanken war, dass eine ruhige politische und wirtschaftliche Entwicklung der Mark Österreich stattfinden konnte.

Leopold III. (1073–1136)

Heiliges Römisches Reich mit Mark an der Donau um 996

Heinrich II. Jasomirgott

In der ursprünglich dünn besiedelten **Mark an der Donau** entstanden mit der Zeit Märkte und Städte und ebenso wurden Klöster gegründet. So kam es zu einem wirtschaftlichen und kulturellen Aufstieg. Der Babenberger **Heinrich II.**, auch **Jasomirgott** genannt, bekam als Lehen 1143 vorübergehend das Herzogtum Bayern. Auf dieses erhob aber auch das deutsche Königsgeschlecht der Welfen Anspruch. Heinrich II. verzichtete auf Bayern, als Gegenleistung wurde er 1156 vom Kaiser zum **Herzog** ernannt. Einmalig war, dass das österreichische Herzogtum nicht nur den Söhnen, sondern auch den Töchtern vererbt werden konnte. Die Urkunde, in der dies niedergeschrieben steht, heißt **Privilegium minus**. Damit wurde die Mark „Ostarrichi" zu einem mächtigen Herzogtum.

Jasomirgott: Der Legende nach leitet sich dieser Beiname von dem Ausspruch „Ja, so mir Gott helfe" ab, den Heinrich II. oft verwendet haben soll.

Herzog: mächtiger Adeliger, der in seiner Machtstellung gleich nach dem König kommt

Zum Herzogtum Österreich kam im Jahre 1192 unter Herzog **Leopold V.** durch einen **Erbvertrag** auch das **Herzogtum Steiermark**. Damit waren die Babenberger „Herzöge von Österreich" und „Herzöge der Steiermark". Nach dem Tod **Herzog Friedrichs II.** im Jahre 1246 starben die Babenberger aus, denn Friedrich II. hatte keinen Sohn, der sein Nachfolger werden konnte.

Erbvertrag: Jemand bestimmt, wer sein Eigentum – in diesem Fall das Land – nach seinem Tod bekommen soll.

Nach dem Aussterben der Babenberger in Österreich und der **Staufer** im Heiligen Römischen Reich kam es zu einer unruhigen Zeit, da es keine Herrscher gab. Diesen Zeitabschnitt nennt man **Interregnum** – herrscherlose Zeit. Der österreichische Adel entschloss sich daher, dem mächtigen Böhmenkönig **Ottokar** die Herrschaft über Österreich anzubieten. Ottokar strebte ebenso die deutsche Königswürde an. Die **Kurfürsten** fürchteten aber, dass er zu mächtig werden könnte, und wählten den unbedeutenden Grafen **Rudolf von Habsburg** zum deutschen König.

Es kam zu einer Schlacht zwischen den beiden Herrschern auf dem **Marchfeld** (1278). Rudolf I. gewann diese Schlacht, Ottokar starb auf dem Schlachtfeld.

Der Beginn der Habsburgischen Hausmacht

König Rudolf I. von Habsburg festigte die Herrschaft seiner Familie durch Heirat, Verträge, Erbschaften, Bündnisse und Käufe. So vergrößerte er schrittweise die **Hausmacht** der Habsburger.

Herzog **Rudolf IV.**, ein bedeutender Habsburger, hatte wesentlichen Anteil am Aufstieg der **Dynastie**. Ebenso wie seine Vorgänger setzte er die erfolgreiche Hausmachtpolitik fort:

Aufstieg

Privilegium maius – 1358

Um mehr Macht zu bekommen, ließ Rudolf IV. das Privilegium minus zum Privilegium maius verfälschen. Es sicherte den Habsburgern Vorrechte wie den Titel Erzherzog und das Tragen einer königlichen Krone.

Erwerb Tirols – 1363

Margarete Maultasch (Gräfin von Tirol) vermachte nach dem Tod ihres Sohnes die Grafschaft Tirol den Habsburgern.

Rudolf IV. – „Stifter und Gründer"

Gründung der Wiener Universität

Umbau und Erweiterung des Wiener Stephansdomes

Damit begann der **Aufstieg der Habsburger**.

Staufer: deutsches Königsgeschlecht

Im Heiligen Römischen Reich wurde der König ab dem 12. Jh. von Kurfürsten gewählt. Der gewählte deutsche König trug auch gleichzeitig den Titel eines Römischen Kaisers.

Kurfürsten: sieben bedeutende Fürsten, die den deutschen König wählten (küren = wählen)

Marchfeld: fruchtbare Ebene nordöstlich von Wien

Versuche, im Internet mehr über das Drama „König Ottokars Glück und Ende" herauszufinden! Wer verfasste es?

Hausmacht: Gebiete, die einer adeligen Familie gehören und weiter vererbt werden

Dynastie: Herrscherfamilie

Wenn du einmal im Stephansdom in Wien bist, suche nach dem eingemeißelten Beinamen Rudolfs IV.!

976 wurden die **Babenberger** mit der **Mark an der Donau** belehnt. 1156 wurde Österreich Herzogtum und gewann die Steiermark dazu. 1246 starben die Babenberger aus. Das Gebiet „Ostarrichi" fiel an Rudolf I. von Habsburg. Herzog Rudolf IV. leitete den **Aufstieg der Habsburger** ein.

Nun geht's los – Aufgaben für schlaue Köpfe!

1) Die folgende Legende (religiöse Erzählung) erzählt von der Gründung des Stiftes Klosterneuburg zur Zeit des Babenbergers Leopold III. Sie ist als „**Schleier**legende" bekannt. **Lies dir zuerst den Anfang der Geschichte auf der ersten Urkunde durch!** Auf der zweiten Urkunde hat der „Zahn der Zeit" die Tinte bei allen A und a verschwinden lassen. **Ergänze in der Geschichte die fehlenden Buchstaben! ★**

Schleier: dünnes Tuch, das adelige Frauen am Kopf trugen

Nach der Hochzeit mit Agnes, der Tochter des Kaisers, stand Markgraf Leopold mit seiner Frau auf dem Balkon seiner Burg. Ein heftiger Windstoß trug den Schleier der Markgräfin davon. Der kostbare Stoff konnte nicht mehr gefunden werden.

Neun Jahre später...

W.r Leopold .uf der J.gd. Plötzlich schlugen die Hunde .n und Leopold f.nd den Schleier seiner G.ttin unversehrt .uf einem Holunderstr.uch wieder. In diesem .ugenblick erschien ihm die Gottesmutter M.ri. und bef.hl ihm, .n dieser Stelle ihr zu Ehren eine Kirche zu b.uen.

2) **Lies diese Legende noch einmal aufmerksam durch! Dann versetze dich in die Rolle des Markgrafen Leopold III. oder seiner Frau Agnes und schreibe dieses Erlebnis als Tagebuchnotiz in der Ich-Form in deinem Heft auf! ★★★★**

3) In einer Schenkungsurkunde aus dem Jahre 996 findet sich zum ersten Mal der Name „Ostarrichi". **Zeichne diesen entweder mit Filzstift oder mit Tusche auf die freie Urkunde!**

Nun geht's los – Aufgaben für schlaue Köpfe!

4) **Was hast du dir alles gemerkt?** Verbinde mit Pfeilen! ★★

1156 | **1246** | **996** | **1278**

Ostarrichi | **Privilegium minus** | **Aussterben der Babenberger** | **Schlacht auf dem Marchfeld**

5) Diese Geheimnachricht gelangt nach Sherwood zu Robin Hood! Versuche, sie zu übersetzen! ★★★★★

Secret news – Secret news

The English king Richard Lionheart has been captured by Duke Leopold V. of Austria at the castle of Dürnstein. He will be set free if an enormous ransom will be paid. In England they try hard with high taxes to find a sum of 100 000 Mark in silver (that is 25 000 kg silver).

Duke: Herzog | captured: gefangen
ransom: Lösegeld | taxes: Steuern

6) Fülle die Lücken aus, indem du die Erklärungen (Sprechblasen) oder die Begriffe (Kästchen) ergänzt! ★★★

Interregnum

besonders gut verteidigtes Land an der Grenze

Jemand bestimmt, wer sein Eigentum nach seinem Tod bekommen soll.

Gebiete, die einer adeligen Familie gehörten und weitervererbt wurden

Kurfürsten

Dynastie

32. ALLTAG IM MITTELALTER

Erziehung – Kleidung – Essen – Körper – Krankheit

Familienleben

Schon durch die Erziehung wurde die spätere Rolle für Mann und Frau bestimmt. Je nach Stand – ob **adelig**, **bürgerlich** oder **bäuerlich** – wurden die Kinder unterschiedlich erzogen.

adelig: Standesbezeichnung für Grafen, Herzöge

Wie du bereits aus dem Kapitel über die Ritter weißt, erhielt der **adelige Knabe** ab seinem 7. Lebensjahr seine Ausbildung auf der Burg eines befreundeten Ritters. Die **Mädchen aus adeligen Familien** lernten Tanz, Gesang und Musik, manchmal sogar Lesen und Schreiben.

Kinder beim Bogenschießen

Adelige Kinder

Beschreibe die Kleidung der adeligen Kinder!

Was machen sie?

Kinder von **Bauern**, **Handwerkern** und **armen Leuten** mussten schon sehr früh bei der Arbeit mithelfen. Es gab für sie keine Möglichkeit, die Schule zu besuchen.

Bauernkinder arbeiteten auf dem Feld, halfen im Stall und im Haushalt. Mädchen lernten von der Mutter das Weben, Spinnen und Kochen. Zu ihren weiteren Pflichten zählte das **Jäten** von Unkraut, das Sammeln von Beeren und Pflanzen sowie das Hüten von Kühen und Schafen.

jäten: Unkraut auszupfen

Hier siehst du Dorfkinder beim Spielen.

Bei den Dorfkindern war die Puppe aus Stroh gefertigt, das Steckenpferd aus einem Besenstiel gemacht und der Reifen aus Schilfrohr hergestellt. In der Stadt spielten die Kinder auf der Straße mit dem Ball, mit Murmeln oder Knochen. Am beliebtesten war bei allen Kindern der Kreisel.

Welche dieser Spielsachen gibt es heute noch?

Woraus bestehen sie?

Welche typischen Männer- und Frauenberufe gibt es heute noch?

In den **Handwerkerfamilien** halfen die Kinder bei verschiedenen Arbeiten. Mädchen erlernten ebenso einen Beruf wie ihre Brüder. Hauptsächlich waren sie aber mit Sticken beschäftigt. Es standen ihnen jedoch auch typisch männliche Handwerksberufe wie die Bierbrauerei offen.

In welchen Ländern gibt es heute noch eine hohe Kindersterblichkeit? Besprecht dieses Thema in der Klasse!

Hast du das gewusst?

- Jedes fünfte Kind starb, bevor es zwei Jahre alt war. Deshalb wurde ein Säugling so schnell wie möglich getauft.
- Säuglinge wurden sofort nach der Geburt fest eingewickelt. So wollte man sie vor Kälte schützen, doch konnten sie sich nicht mehr bewegen.
- Bei der Ausbildung der Knappen waren die Waffen zum Üben oft doppelt so schwer wie im Kampf. Dies sollte die Muskeln der Knappen stärken.
- Zu Beginn war der Ritterschlag nur ein kleiner Stoß mit der Hand gegen den Hals.
- Kinder über 6 Jahre wurden für Vergehen fast genauso hart und grausam bestraft wie Erwachsene.

Wie werden heute Kinder bestraft, wenn sie etwas anstellen?
Findest du, dass Strafen ein geeignetes Erziehungsmittel sind? Begründe deine Meinung!

Kleidung

An der Kleidung konnte man sehr genau erkennen, welchem Stand jemand angehörte.

Welche Unterschiede fallen dir bei der Bekleidung der einzelnen Stände auf?

Welche Berufe kann man heute noch an der Kleidung erkennen?

Edelmann und Edelfrau

Bürger

Bauer

Hast du das gewusst?

- In vielen Städten wurde von den Behörden eine eigene Kleiderordnung erlassen. Diese sollte verhindern, dass sich jemand **„über seinem Stand"** kleidete.
- Ebenso war es Frauen verboten, Kleider mit zu großem Ausschnitt zu tragen.
- Die Bauern durften nur graue oder mit billiger Farbe gefärbte Kleidung tragen.
- Das Schmücken mit **Hermelin- und Zobel**pelz war ausschließlich den Fürsten und ihren Damen gestattet. Katzenpelz wurde von den einfachen Leuten getragen.
- Junge Mädchen trugen das Haar offen, verheiratete Frauen verbargen es unter Tüchern oder einem Schleier.
- **Schnabelschuhe** waren sehr beliebt, aber nur Vornehme durften sehr lange Schnabelschuhe tragen. Um ungehindert gehen zu können, wurden die Spitzen am Knie festgebunden.

über seinem Stand: mehr sein wollen, als man ist

Hermelin und Zobel: Marderarten, deren Pelze sehr kostbar sind

Schnabelschuh:

Essen und Trinken

In allen Gesellschaftsschichten war das **Hauptnahrungsmittel** im Mittelalter das **Getreide**. Dieses wurde in Form von Brot, Haferbrei und Bier verzehrt. Wein, Fleisch, Fisch, Obst, Gemüse und Käse galten nur als Beilagen zum Getreidegericht. Die Reichen hatten ein Anrecht auf weißes Weizenbrot, die Armen jener Zeit mussten sich mit Schwarzbrot begnügen. In schlechten Zeiten bekamen sie nur das sogenannte **Hungerbrot**, das aus Hafer oder Gerste hergestellt wurde.

Fleisch wurde relativ häufig gegessen – und zwar von allen!

Marktstand eines Fleischhauers: Ein Hammel wird vor dem Verkaufsstand geschlachtet.

Der Beruf des Fleischhauers galt als unehrenwertes Geschäft, da er mit Blut arbeitete.
Er verdiente aber so viel mit seiner Tätigkeit, dass er sehr reich war.

Die damaligen Ärzte waren der Meinung, dass Obst und Gemüse wenig nahrhaft und deswegen gesundheitsgefährdend wären. Wurzelgemüse, Kräuter und Hülsenfrüchte galten darüber hinaus als Armenessen. Reiche aßen – wenn überhaupt Obst – edle Früchte wie **gedörrte** Feigen, Weintrauben und Kirschen.

gedörrt: getrocknet

Was gilt heute als gesundes Essen?

Einfaches Festmahl

Festessen

Hast du das gewusst?

- In großen Städten wie Paris schlachtete man täglich mehr als 600 Tiere.
- Die Tische wurden direkt vor dem Essen aufgestellt – meist **Böcke**, über die man ein Holzbrett legte.
- Es wurden fast ausschließlich Wein und Bier getrunken, auch von Kindern. Das Brunnenwasser war nämlich häufig verschmutzt und Überträger von Krankheiten.
- Nicht nur in der Küche, sondern auch zur Herstellung von Medizin verwendete man Gewürze. Es waren bereits 300 verschiedene Gewürzarten bekannt.

Bock: hölzerne Stütze

Schönheit und Körperpflege

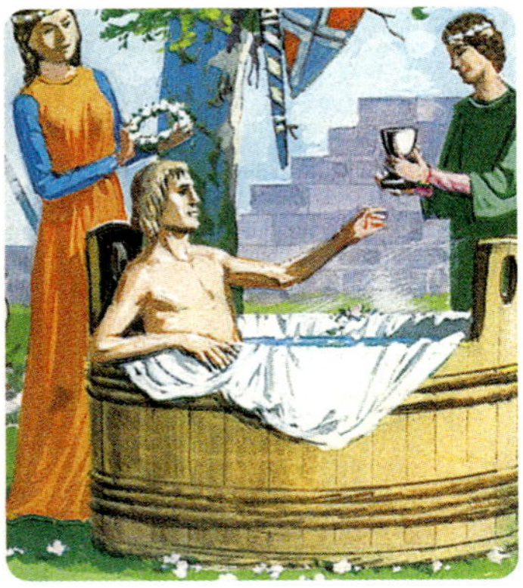

Badender Mann

Diskutiert in der Klasse: Was gilt heute als „schön"?

Quelle: Chansons de geste

Des Maien Rose in voller Blüte ist nicht so schön und lebendig, wie es sein Teint ist, in dem sich Weiß und Farbe in rechter Weise mischen …

Er hat wohlgeformte Ohren, groß, fest und rot; einen hübschen, klugen Mund, aus dem die Liebe spricht. Die Zähne sind regelmäßig und weißer als Elfenbein. Das Kinn ist wohlgebildet und wird durch ein kleines Grübchen noch anmutiger. Der Hals ist kräftig, gerade und lang; kein Nerv und kein Knochen tritt hervor. In den Schultern ist er breit und so stark wie Atlas. Die Muskeln sind wohlgerundet, der Bizeps entwickelt, die Arme von der richtigen Dicke.

Da die Menschen im Mittelalter kein Badezimmer kannten, besuchten sie **Badehäuser**. Dort konnten Männer und Frauen sich waschen und baden.

Krankheiten und Seuchen

Im 14. Jh. brachten Seeleute die **Pest**, die auch **„Schwarzer Tod"** genannt wurde, von Asien nach Europa. Diese todbringende Krankheit breitete sich schnell aus. Von zehn Europäern starben vier an der Pest.

Eine weitere ansteckende Krankheit des Mittelalters war die **Lepra**. Ihre Ursachen lagen in mangelnder **Hygiene** und Unterernährung. Die Leprakranken mussten sich auf der Straße bemerkbar machen. Deshalb trugen sie immer eine Rassel bei sich. Wenn eine Seuche ausbrach, wurden sehr oft die Leprakranken verdächtigt, daran schuld zu sein.

Pesttote

Tausende Menschen starben an der Pest. Die Leichen wickelte man nachts in ein Tuch und brachte sie vor die Häuser. Am Morgen legte der Totengräber diese in Särge und führte sie mit einem Karren fort. Er hielt sich, weil er Angst vor einer Ansteckung hatte, die Nase zu.

Auch in Wien wütete die Pest. Sprecht über den „lieben Augustin"!

Hygiene: Sauberkeit

Schon sehr früh mussten Kinder entweder **arbeiten** oder eine **Ausbildung** beginnen. Im Mittelalter gab es eine eigene **Kleiderordnung**. Das Hauptnahrungsmittel war **Getreide**. Viele Menschen starben im 14. Jh. an der **Pest**.

Hast du das gewusst?

- Ein Rezept zur Herstellung einer Gesichtspackung empfahl den Frauen, entweder die mit einem Messer zerhackten Reste einer Kröte oder die ganzen toten Tiere auf das Gesicht zu legen.
- Bevor Farbe auf die Lippen aufgetragen wurde, rieb man Lippen, Zähne und Zahnfleisch mit der Rinde oder der Wurzel eines Nussbaumes ein.
- Vor der Hochzeit nahmen alle Hochzeitsgäste gemeinsam ein feierliches Bad.
- Die Pest wurde durch Flöhe von Ratten auf Menschen übertragen.
- Als Heilmittel gegen die Pest wurde von Pariser Medizinern empfohlen, einen „kräftigen Schluck guten Weins" zu sich zu nehmen.

Nun geht's los – Aufgaben für schlaue Köpfe!

1) Hier kannst du die Speisenfolge eines Festmahls nachlesen. Manche Nahrungsmittel sind heute völlig unbekannt. **Frage im Biologieunterricht nach oder suche nach ihnen im Internet! ★★★**

Ein Festmahl im 14. Jahrhundert

Erster Gang

Sülze, garnierter Eberkopf, junge Schwäne, Kapaune, Fasane, Reiher. *Eine Raffinesse!*

Zweiter Gang

Rehbraten, Gelee, Pfau, Kranich, Rohrdommel, gebratener Presskopf, verschiedene Torten. *Eine Raffinesse!*

Dritter Gang

Quitten, Sumpfreiher, Brachvögel, Rebhuhn, Wachteln, Schnepfen, Singvögel, Kaninchen, Schmalzkuchen, geeiste Eier. *Eine Raffinesse!*

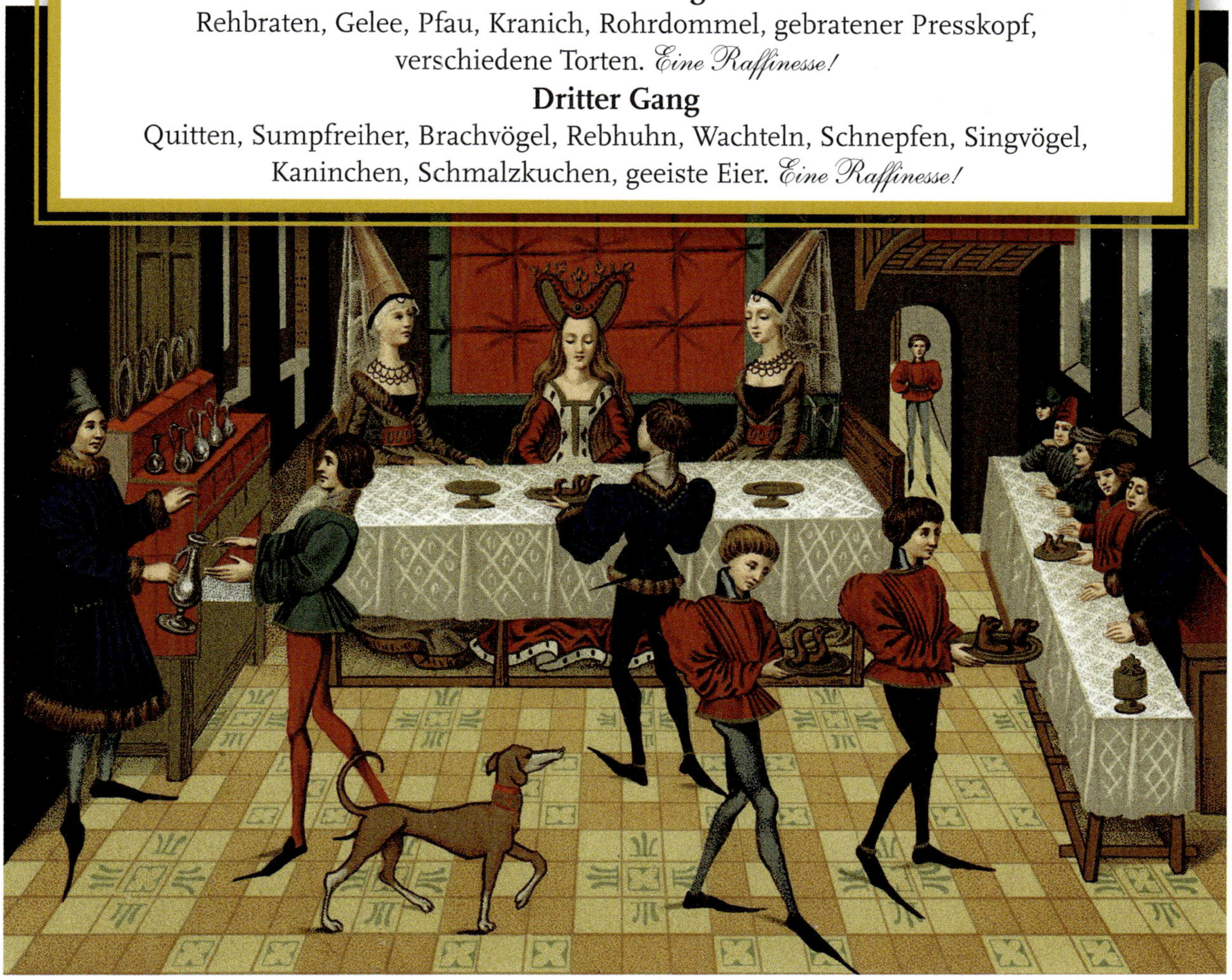

2) **Nun versuche, im leeren Feld ein modernes Festtagsmenü für deine Gäste zusammenzustellen! ★**

Nun geht's los – Aufgaben für schlaue Köpfe!

3) **Hier fehlen Buchstaben – setze richtig ein!** Die richtigen Lösungszahlen zeigen dir beim Anmalen ein Tier.
Tipp: Dieses ist im Mittelalter sehr beliebt als Festspeise! ★★

Kleider _ rdnung	i (20)	a (1)	o (25)
Er _ iehung	z (34)	f (11)	k (7)
_ age	S (57)	P (37)	T (55)
Krei _ el	s (10)	m (6)	f (16)
Fest _ ahl	f (63)	m (60)	k (68)
H _ lsenfrüchte	a (27)	o (26)	ü (30)
Le _ ra	r (42)	p (46)	v (45)
Ed _ lfrau	a (67)	e (38)	u (41)
Getrei _ e	t (17)	b (23)	d (36)
Kn _ ppen	r (50)	h (54)	a (65)
Wurzel _ emüse	w (28)	g (24)	k (35)
Sch _ nheit	ö (61)	o (64)	e (52)

Hunger _ rot	b (47)	p (44)	k (62)
Fas _ n	a (56)	u (39)	t (66)
Bürge _	n (13)	s (21)	r (9)
_ elee	F (31)	S (33)	G (18)
Haf _ r	a (70)	u (48)	e (71)
Fleis _ hhauer	a (72)	z (59)	c (69)
He _ melin	r (19)	s (2)	v (22)
_ erste	G (43)	B (58)	K (49)
Schw _ ne	ie (32)	e (8)	ä (15)
Ritterschla _	f (51)	k (40)	g (53)
sp _ nnen	i (5)	a (12)	u (14)
Schwar _ brot	f (3)	z (4)	m (29)

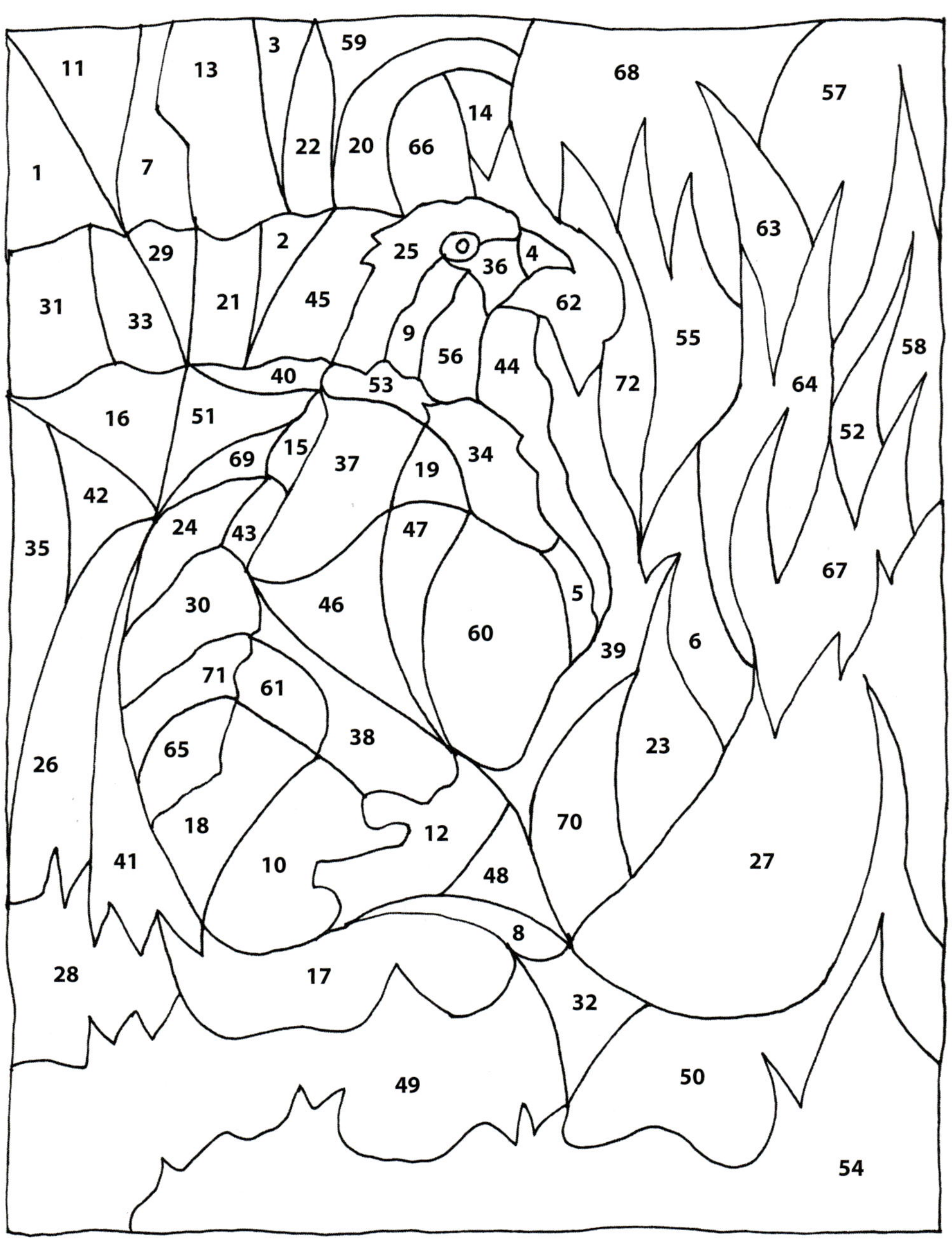

Mittelalter NEWS

Studienberechtigung mit Erfolgsgarantie

Wenn Sie studieren wollen, sollten Sie über ausgezeichnete Lateinkenntnisse verfügen. Eignen Sie sich die 3 literarischen Fächer – Grammatik, Rhetorik und Dialektik – und die 4 mathematischen Fächer – Arithmetik, Geometrie, Astronomie und Musik in unserem Lerninstitut an. Eine Abschlussprüfung ist abzulegen. Bei Nichtbestehen erteilen wir eine Geld-zurück-Garantie!

Anfragen an SCHOLA UNIVERSALIS

Läuseplage nimmt zu

ACHTUNG: Noch immer werden Läuse mit einer Mischung aus Öl und Quecksilber behandelt. Dies ist jedoch sehr gefährlich und kann Ihren Mann auch töten.

Comic der Woche

Ritter gesucht!

Tugenden:

- Mut und Ehrlichkeit
- Treue gegenüber dem Lehensherrn
- Verteidigung des Glaubens und der Kirche
- Schutz von Witwen und Waisen

Bewerbungen bis nächste Woche auf Burg Marmorstein abgeben!

Die Abhängigkeit der Bauern steigt dramatisch an!

Wie Sie bereits erfahren haben, müssen die Bauern immer mehr für ihren Grundherrn und für die Kirche arbeiten. Auch freie Bauern geben ihre Unabhängigkeit auf, um nicht in den Krieg ziehen zu müssen! Viele Familien haben mehrere Söhne, aber nur einer kann den Hof erben. Die anderen ziehen weg, machen neues Land fruchtbar, doch dieses gehört schon einem weltlichen oder geistlichen Grundherrn. Somit werden sie ebenfalls abhängig. Dieser Teufelskreis nimmt kein Ende.

Schreiben Sie uns bitte eine Stellungnahme zu diesem Thema!

Suche treuen Vasallen!

Legen Sie Ihre Hand in meine!

Wer sich in meine Dienste stellen will, bekommt von mir ein größeres Stück Land als Lehen! Ich stelle den Bewerber unter meinen Schutz, verlange aber Gehorsam.

Voraussetzung: Gegenseitiger Lehenseid!

Wollen Sie an einen historischen Ort reisen?

Wenn ja, dann folgen Sie unserem Kaiser Heinrich IV. auf seinem Bußgang nach Canossa (Italien). Winterkleidung erforderlich – Büßergewand empfohlen! Um von Papst Gregor VII. empfangen zu werden, müssen Sie wie unser Kaiser 3 Tage vor dem Burgtor warten.

Minnesängerwettbewerb – Wettstreit der Sänger!

Nächsten Samstag wird am Hofe ein Wettstreit der Sänger ausgetragen. Wenn Sie eine schöne Stimme haben und die Minne (höfische Liebe) besingen möchten, dann melden Sie sich schnell an!

Buchtipps

Wildberger, Elisabeth (Hg.): **Der Knappe des Königs. Geschichten aus dem Mittelalter** (Buchklub der Jugend).

Pete Smith: **1227 – Verschollen im Mittelalter** (Books on Demand).

Günther Bentele; Klaus Puth: **Leben im Mittelalter – Der Kesselflicker und die Rache der Bauern** (Arena).

Mittelalter NEWS

Seitenblicke!

1156: Österreich wurde Herzogtum. Wie wir aus gut unterrichteten Kreisen erfuhren, war bei der Belehnung auch die Gattin unseres neu ernannten Herzogs Heinrich II. – Theodora – anwesend, die eine Nichte des byzantinischen Kaisers ist.
Die Sensation ist perfekt! Neben Heinrich II. wurde auch Theodora aufgrund des Privilegium minus belehnt. Ab nun ist die Herzogswürde in männlicher als auch in weiblicher Linie vererbbar.

Ritterturnier startet nächsten Sonntag!

Über hundert Ritter mit ihren Stallknechten und Dienern werden erwartet! Der Zweikampf wird so lange wiederholt, bis ein Ritter aus dem Sattel gehoben wird.
Zu diesem Volksfest werden auch viele Gaukler, Wahrsager, Bärenführer und Minnesänger erwartet!
Treffpunkt: Burg Donaublick

Burg zu verkaufen!

Fast neuwertige Burg in guter Lage zu vergeben. Dicke Mauern, großer Wassergraben und eine stabile Zugbrücke lassen Ihr neues Heim uneinnehmbar werden. Für Annehmlichkeiten sorgen Heizkörbe auf Rädern, die mit Kohle gefüllt sind. Hölzerne Wannen zum Baden sind ebenfalls vorhanden. Ein großes Verlies bietet genügend Raum für Ihre Gefangenen!

Preis nach Vereinbarung

1282 – Wird dies der Beginn einer großartigen Herrschaft?

Am eben zu Ende gegangenen Augsburger Reichstag belehnte unser König Rudolf I. von Habsburg seine beiden Söhne Albrecht und Rudolf in einem feierlichen Akt mit den Herzogtümern Österreich und Steiermark. Der Grundstein für eine Ausbreitung der Hausmacht der Habsburger ist somit gelegt.

Was gibt es Neues?

- **Im Mittelalter ist Zucker sehr knapp und Honig um so kostbarer.**
- **An den Höfen sind Wettkämpfe der Minnesänger sehr beliebt, eine Vorform des „Song Contest".**
- **Ein Ritterschwert wiegt ungefähr 1Kilo – eine Pferderüstung aber um die 30 Kilo.**
- **Da es nur wenige Bücher gibt, werden diese in den Schulen mit Ketten an den Regalen befestigt.**

Reise in die Vergangenheit:

um 800:	Karl der Große errichtete zwei neue Marken – die Pannonische Mark, zu der auch die Mark an der Donau gehörte, und die Mark Friaul.
976:	Leopold I. von Babenberg wurde mit der Mark an der Donau belehnt.
1106:	Leopold III. gründete ein Kloster neben der Neuen Burg – Klosterneuburg.
1156:	Österreich wurde Herzogtum – Privilegium minus.
1192:	König Richard I. von England, auch Löwenherz genannt, wurde bei seiner Rückkehr aus dem Heiligen Land in Österreich gefangen genommen.
1212:	Herzog Leopold VI. verlieh das Stadtrecht an Enns.
1246:	Tod Herzogs Friedrich II. – die Babenberger starben aus.
1273:	Rudolf I. von Habsburg wurde einstimmig von den Kurfürsten zum deutschen König gewählt.
1278:	Schlacht auf dem Marchfeld
1358:	Privilegium maius
1365:	Herzog Rudolf IV. gründete die Wiener Universität.

1) **Male die Goldmaske von Tutenchamun an!** Tipp: Du findest die Vorlage dafür auf S. 51!

„Können Sie etwas sehen?" – „Ja, wunderbare Dinge!"

Der britische Archäologe Howard Carter suchte zwischen 1917 und 1922 vergeblich in der Mitte des Tals der Könige nach dem Grab des Pharaos Tutenchamun. Lord Carnarvon, sein Geldgeber, stellte die Mittel für diese Ausgrabung zur Verfügung. Im Sommer 1922 gestattete der immer ungeduldiger werdende Lord Carnarvon noch eine Grabungssaison. Der kommende Winter sollte die Entscheidung bringen.

Am 3. November 1922 rissen die Hilfskräfte Arbeiterhütten aus der 20. Dynastie weg. Bereits am nächsten Tag wurde unter der ersten Hütte eine Steinstufe freigelegt. Nachdem sie den Schutt beseitigt hatten, bestand kein Zweifel mehr daran, dass der Eingang eines Grabes gefunden worden war. Am 5. November fand Carter die versiegelte Eingangstür mit den Siegeln der Königstotenstadt.

Bis zum Eintreffen von Lord Carnarvon ließ Carter den Eingang zum Grab von bewaffneten Arbeitern bewachen. Zu groß war die Gefahr, dass Grabräuber diesen Fund unerlaubt öffnen könnten. Am 24. November traf endlich Lord Carnarvon aus England ein und Carter begab sich mit ihm zum Eingang. Die Stufen wurden freigelegt. Nach dem Öffnen der ersten Tür stießen die Männer auf einen Gang mit Geröll. Das Wegräumen des Gerölls war sehr aufwändig und dauerte mehrere Tage. Bei ihren Grabungen stellten sie aber fest, dass sie nicht die Ersten waren. Enttäuschung machte sich breit.

Nun standen die Männer vor der zweiten Tür. Carter bohrte ein Loch und hielt eine Kerze durch dieses ins Innere. Es dauerte ziemlich lange, bis er in der Dunkelheit etwas erkennen konnte. Die Spannung bei seinen Begleitern stieg ins Unermessliche. Dann konnte Lord Carnarvon die Ungewissheit nicht länger ertragen und fragte: „Können Sie etwas sehen?" Howard Carter wendete sich langsam um und sagte aus tiefster Seele wie verzaubert: „Ja, wunderbare Dinge!"

Nachdem die Forscher die Kammer betreten hatten, stießen sie zwar auf kostbare Grabbeigaben, aber sie entdeckten weder einen Sarkophag noch eine Mumie. Sie suchten angespannt die Wände ab, bis sie eine dritte versiegelte Tür entdeckten. Diese wurde aber vorerst nicht geöffnet, da Carter erst die Schätze in der Vorkammer katalogisieren und präparieren wollte, um sie vor dem Verfall zu schützen.

Erst im Februar 1923 wurde die dritte Tür geöffnet. Carter bohrte ein Loch in die Tür, hielt eine elektrische Lampe hinein und sah vor sich eine Mauer aus massivem Gold. Diese war die Vorderwand des kostbaren Totenschreins, der 5-mal 3,3 mal 2,73 m groß und von oben bis unten mit Gold überzogen war. Im Inneren fanden die Forscher vier Schreine und schließlich den Sarkophag mit der Mumie. Beim Öffnen des Sarkophages machte sich zuerst Enttäuschung breit. Unmengen von Leinentüchern bedeckten die Mumie. Erst nach dem Entfernen dieser Tücher sahen sie ein goldenes Abbild des Pharaos. Die Totenmaske war aus purem Gold, die Augen aus Aragonit und Obsidian, Brauen und Lider aus lapislazulifarbenem Glas.

2) **Verfasse in deinem Heft eine Zeitübersicht:**

3. November 1922: Arbeiterhütten werden weggerissen | 4. November 1922: …

Weißt du noch …

… was du in diesem Schuljahr in Geschichte gelernt hast?

Teste dein Wissen! Je ein rotes und ein blaues Kärtchen passen zusammen.
Wenn du alle Paare findest, erhältst du einen Lösungssatz, dem du sicher zustimmen kannst!

- Hieroglyphen 24
- Polis 23
- Investiturstreit 7
- Demokratie 15
- Republik 12
- Romanik und Gotik 22
- Hunnen 14
- Kelten 4
- Pallas Athene 3
- Re 18
- Bergfried, Zugbrücke, Wehrgang 17
- Pyramide 6
- Allmende 16
- Nomaden 8
- Homo sapiens 1
- Imperium Romanum 21
- Gulden 2
- Ostarrichi 11
- Tunika 10
- Frau von Willendorf 13
- Raetia, Noricum, Pannonien 20
- Aquädukt 5
- Pharao 9
- Babenberger und Habsburger 19

- gemeinsamer Besitz eines Dorfes I
- ägyptische Schriftzeichen A
- erste schriftliche Nennung Österreichs R
- öffentliche Sache I
- Geld im Mittelalter U
- Weltreich der Römer S
- Wasserleitung A
- Teile einer Burg N
- Streit zwischen Papst und Kaiser I
- gründeten das Königreich Noricum R
- Baustile T
- Volksherrschaft S
- asiatisches Reitervolk N
- römische Provinzen A
- ägyptisches Königsgrab D
- römisches Kleidungsstück E
- Stadtstaat im antiken Griechenland D
- ägyptischer Sonnengott D
- haben keinen festen Wohnort E
- griechische Göttin der Weisheit R
- Frauenstatue aus der Altsteinzeit E
- Adelsgeschlechter in Österreich F
- der weise vernunftbegabte Mensch H
- Herrscher über Ägypten F

_ _ _ _ _   _ _ _   _ _ _ _ _ _   _ _ _ _   _ _ _ _   _ _ !
1 2 3 4 5   6 7 8   9 10 11 12 13 14   15 16 17 18   19 20 21 22   23 24

10 000

1 000

vor Christi Geburt

nach Christi Geburt

1 000

1 500

URGESCHICHTE

4 Mio.: erste Vorfahren des Menschen
2 Mio.: Auftreten des Homo erectus
1 Mio.: Beginn der Altsteinzeit / Eiszeit
130 000: Neandertaler (Europa)
130 000: Homo sapiens (Afrika)
32 000: Fanny
25 000: Frau von Willendorf

10 000: Ende der Eiszeit

6 000: Beginn der Jungsteinzeit in Europa

1 800: Beginn der Bronzezeit in Europa

800: Beginn der Eisenzeit in Europa

15: Ende der Urgeschichte in Österreich

HOCHKULTUREN

4 000: erste Hochkulturen entstehen

MESOPOTAMIEN

3 200: Reich der Sumerer, Entwicklung der Schrift

1 686: Assyrisches Reich

625: Babylonisches Reich
539: Persisches Reich
331: Alexander erobert Babylon

ÄGYPTEN

2 850: Altes Reich
2 500: Pyramiden von Gizeh
2 050: Mittleres Reich
1 570: Neues Reich

715: Spätzeit

332: Alexander erobert Ägypten
304: Herrschaft der Ptolemäer

30: Römische Provinz

GRIECHENLAND

1 900: Besiedlung durch griechische Stämme

776: erste Olympische Spiele
594: Solon – politische Mitbestimmung
490: Schlacht bei Marathon
480: Seeschlacht von Salamis
338: Eroberung durch Philipp II.
334: Beginn des Alexanderzuges
333: Schlacht bei Issos
323: Alexander stirbt in Babylon
146: Eroberung durch die Römer

ROM	MITTELALTER	ÖSTERREICH	
		32 000: Fanny **25 000:** Frau von Willendorf	
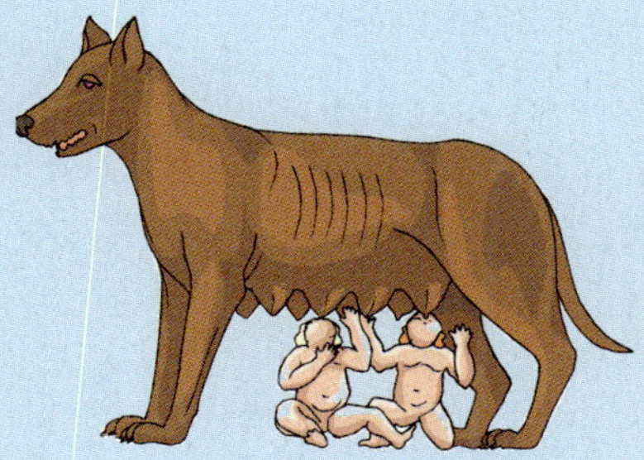			**10 000**
800: Etrusker siedeln sich in Italien an **753:** sagenhafte Gründung Roms **510:** Rom wird Republik, Beginn der Ständekämpfe **300:** Rom unterwirft Apenninenhalbinsel **264–241:** 1. Punischer Krieg **218–202:** 2. Punischer Krieg **146:** Zerstörung Karthagos **60:** 1. Triumvirat **44:** Caesar wird ermordet **27:** Beginn des Kaiserreiches		**800:** Hallstattkultur **400:** Königreich Noricum **15:** Eroberung Noricums durch die Römer, Ende der Urgeschichte in Österreich	**1 000** vor Christi Geburt
14: Tod des Augustus **43:** Eroberung von Britannien **395:** Teilung des Römischen Reiches **476:** Untergang Westroms	**ca. 200:** Beginn der Völkerwanderung **ca. 400:** Germanische Stämme dringen in das Römische Reich ein **500:** Chlodwig unterwirft die Franken **ca. 600:** Ende der Völkerwanderung **622:** Flucht Mohammeds von Mekka nach Medina **800:** Krönung Karls des Großen zum „Römischen Kaiser"; größte Ausdehnung des Frankenreiches	**600:** Slawen und Awaren lassen sich in Österreich nieder **976:** Babenberger erhalten „Mark an der Donau" **996:** Erste Erwähnung „Ostarrichi"	nach Christi Geburt **1 000**
1453: Untergang Ostroms	**1073:** Beginn des Investiturstreits **1122:** Wormser Konkordat **1273:** Rudolf I. von Habsburg wird deutscher König **1492:** Entdeckung Amerikas	**1143:** Heinrich II. erhält Bayern **1156:** Privilegium minus **1246:** Babenberger sterben aus **1278:** Schlacht am Marchfeld, Rudolf I. von Habsburg gewinnt Österreich **1358:** Privilegium maius **1363:** Erwerb Tirols	**1 500**

PERSONEN- UND SACHREGISTER

So verwendest du dieses Register:

Ein Register hilft dir, wichtige Begriffe in deinem Buch zu finden. Diese sind alphabetisch angeordnet und mit Seitenangaben versehen.

So findest du z. B. auf der Seite 46 in deinem Buch das Wort EINBALSAMIERUNG. Oft kommen natürlich Begriffe nicht nur einmal, sondern öfter im Buch vor. Daher stehen manchmal neben dem Begriff mehrere Seitenzahlen.

BILDQUELLEN:

Apa/picturedesk.com: 110/3

Arena Verlag, Würzburg, 2005: Turnbull, Der Bücherbär - Sachwissen für Erstleser: Das alte Ägypten: 36/1-2, 51/1

Bayerisches Hauptstaatsarchiv: 143/4

Blaskovic, Aimée: 8/6, 21/1-6, 29/2, 30/1, 34/1, 47/4, 54/1, 59/1-4, 65/1-6, 69/1-6, 70/2, 71/2, 73/3, 89/2, 92/1, 107/1, 127/3, 129/3, 133/1, 134/1, 138/3, 140/1, 150/1

British Library: 132/2

Buchgemeinschaft Donauland Kremayr & Scheriau, Wien, 1996: Gravett/Breckon, Die Welt der Ritter: 145/2, 147/3

Dorling-Kindersley Ltd., London: 31/6, 46/2, 84/1, Peter Dennis: 105/1, John James: 75/2, 84/2, William Donahue: 90/3

Dorling-Kindersley Ltd., London: Millard, How people lived: 14/7, 15/3, 15/6, 19/1, 40/1, 50/1, 131/1

Edition Fleurus, Paris, 2003: Lamarque, La Grande Imagerie - L'Egypte ancienne: 30/4, 34/6, 42/4, 45/6

Edition Fleurus, Paris, 2004: Perrudin, Imagia – Civilisations: 7/3, 9/3, 10/2, 31/5, 32/3-4, 34/3, 68/2, 72/1, 89/5, 101/1

Edition Fleurus, Paris, 2004: Sagnier, La Grande Imagerie - Le Moyen-âge: 7/5, 119/3-5, 120/1-3, 123/1, 124/1, 126/2, 127/1, 137/2-4, 138/1-2, 146/1-4, 151/3

Edition Fleurus, Paris, 2004: Sagnier, La Grande Imagerie - Les châteaux forts: 4/2, 7/4, 9/5, 125/1-2, 126/1, 130/1, 151/4

Edition Fleurus, Paris, 2005: Allemand-Baussier, La Grande Imagerie - Les grecs: 53/2, 54/2, 55/1, 55/3, 61/3, 61/5, 66/2, 66/4, 67/1-2, 111/1

Edition Fleurus, Paris 2005: Imagia, Inventions: 18/1

Edition Fleurus, Paris, 2005: Allemand-Baussier, Les romains: 87/1, 102/4

Edition Fleurus, Paris, 2006: Imagia - Merveilles du monde: 68/1, 74/1-6, 101/2-4, 113/2, 116/1

Edition Fleurus, Paris, 2006: Sagnier, La Grande Imagerie - Le préhistoire: 28/3

Edition Fleurus, Paris, 2007: Bouet/Lamerque/Simon, Imagia - Les Romains: 4/1, 76/2-4, 79/2, 81/1, 83/1, 87/2, 88/1-4, 89/1, 93/2, 109/2, 110/1-2

epa/picturedesk.com: 110/3

Foto Julius: 135/3, 137/6

fotolia.com: Paul Fleet: 51/8, Olga Sokolo: 3/2, 14/1

Frieß, Andreas: 42/2

Gallimard, Paris: 21/11-12, 25/3

Gondrom Verlag GmbH, Bindlach, 2002: Busch, Die Bildergeschichten: 103/2-9

Hachette Livre, Paris: Cohat/Joubert/Miquel/Nougier, Au temps de la préhistoire: 18/3

Hachette Livre, Paris: Miquel/Cohat/Probst, Au Temps de la Gréce Ancienne: 68/3, 109/1

Hachette Livre, Paris: Miquel/Probst/Cohat, Au temps du Moyen âge: 97, 120/5, 136/2, 145/4, 147/3, 148/1-2

Interfoto/picturedesk.com: 60/1, 120/4, 138/4

iStockphoto.com: 5/3, 5/4, 18/1, 18/2, 23/6, 40/2, 51/9, 55/2, 89/6, 93/3, 99/2, 113/3, 130/2

iStock International Inc./Beata Becla: 17/2

iStock International Inc./Hans Laubel: 68/4

iStock International Inc./Jarno Gonzalez Zarraonandia: 105/1

iStock International Inc./Luc Gillet: 6/1

iStock International Inc./Murat Sen: 106/2

JupiterImages Corporation, 2008: 3/1, 3/4, 7/2, 8/1-3, 8/5, 9/2, 10/1, 10/11, 10/3-9, 15/1-2, 16/1-6, 16/8, 17/1, 20/2, 20/4, 26/2, 27/2, 28/2, 28/4, 30/3, 31/1-4, 33/2-6, 34/2, 34/4, 36/3, 37/2-3, 37/5, 38/1, 38/3-4, 39/3, 40/1, 41/4, 44/1-3, 45/1-5, 47/2-3, 49/1-3, 51/5, 52/2-3, 57/2, 58/3, 60/3, 62/1, 63/2, 66/1, 66/3, 67/3, 70/1, 71/1, 73/1, 74/7, 75/1, 77/1, 77/3, 82/1, 86/1-2, 89/3-5, 90/1, 91/1, 92/2-3, 95/2, 106/1, 108/3, 111/3, 112/2-4, 121/1, 129/1-2, 132/1, 136/1, 137/5, 138/3, 139/1-2, 149/1, 15/4, 151/1, 156/2-3, 157/1-3, 153, 156/2, 157/1

Kirchenerhaltungsverein Ohlsdorf: 137/1

Krischanitz, Raoul: 6/4-5, 7/7, 9/1, 10/10, 13/1, 21/7, 56/2, 64/1, 108/1-2, 124/2, 128/1

Kunsthistorisches Museum, Wien: 81/2, 94/3, 99/3, 100/1-2, 111/4, 112/1, 116/2, 127/2

Landesamt für Denkmalpflege und Archäologie Sachsen-Anhalt, Juraj Lipták: 27/1

Les Editions Albert René, Paris: 24/1, 51/3, 85/1

Michelstettner Schule: 135/4

Miles Kelly Publishing, Great Bardsfield: 100 Things You Should Know About Ancient Egypt: 3/3, 28/1, 35/2, 39/2, 41/1-3, 41/5, 42/1, 42/3, 47/1, 48/1-3, 78/2

Miles Kelly Publishing, Great Bardsfield: 100 Things You Should Know About Rome: 79/3

Monyk, Christian: 5/2, 6/3, 13/2, 14/3, 14/6, 15/5, 17/3, 32/2, 34/5, 38/5, 39/1, 43/1, 46/1, 51/7, 52/1, 61/3, 61/4, 85/2, 94/4-6, 104/1, 119/6, 145/5

Monyk, Christian; Krischanitz, Raoul: 11/1, 24/2, 26/1, 29/1, 33/1, 35/1, 37/1, 51/2, 53/1, 56/1, 57/1, 58/5, 72/2, 79/1, 80/1-2, 93/1, 94/1-2, 95/1, 98/1, 100/3, 114/2, 115/1, 141/1

Münze Österreich: 58/1. 141/3

Museo Nazionale Romano: 107/2

Naturhistorisches Museum, Wien: 14/4, 22/2-3, 23/1-4, 23/7, 25/1-2, 25/4, 25/7-8

ÖNB Wien: Cod. 8614, fol. 141r: 152/1

P. Pitrou/Gallimard, Paris: 21/10, 21/14, 21/9, 25/5-6

photos.com: 43/7, 43/8, 102/2, 111/2, 111/4, 115/2, 117/1, 144/2-3, ALFIO FERLITO: 46/3, Andrea Hill: 57/4, 61/1, Andriy Achyn: 20/1, Chepko Danil: 43/4, Christos Georghiou: 70/3, clipartdotcom: 16/9, Corvalol: 7/6, dedMazay: 37/4, 38/2, 57/3, 63/1, 96/1-5, 103/1, Derya Celik: 143/3, dues: 156/1, Dynamic Graphics: 157/3, Elnur Amikishiyev: 43/9, ensiferum: 157/2, Eric Isselée: 43/11, fractal: 58/3, Francesco Abrignani: 83/2, Ivan Gusev, 121/2, Klibbor: 152/2, kontur-vid: 28/5, Maria Gerasimenko: 43/6, Marina Lvova: 62/3, myistock88: 43/2, Oleksandr Staroseltsev: 43/3, Paul Cowan: 43/10, Rivan Syamsudin: 144/1, Robert Marfin: 20/3, Roman Dekan: 77/2, 78/1, shibanuk: 104/2, song_mi: 143/2, spetnitskaya nadya: 43/12, Stephen Sweet: 102/1, Valentyn Volkov: 43/5

Reader's Digest, Stuttgart/Zürich/Wien, 1979: Lebensalltag im Mittelalter: 145/1

Reed International Books Ltd., 1991: Taylor, Journey through Inventions: 14/5, 22/1

Réunion des musées nationaux, Paris: 21/8, 21/13

Schreiner, Eva: 18/3

Schulz, Dagmar: Privatbesitz: 5/1

Shutterstock Images LLC: 13/5

Shutterstock Images LLC/Albert Barr: 62/3

Shutterstock Images LLC/Anton Gvozdikov: 13/7

Shutterstock Images LLC/Colin & Linda McKie: 13/6

Shutterstock Images LLC/Ke Wang: 52/4

Shutterstock Images LLC/Michael Ransburg: 114/1

Shutterstock Images LLC/Paul Picone: 54/3, 58/2

Shutterstock Images LLC/Ramiro Salazar: 13/3

Shutterstock Images LLC/Tatjana Brila: 13/4

Steirisches Landesmuseum Joanneum: 23/5

Südtiroler Archäologiemuseum - www.iceman.it: 27/3

Tessloff Verlag, Nürnberg, 2004: Hynes, Tessloffs erstes Buch der Urmenschen: 7/1, 9/4, 12/1-4, 156/1

Tessloff Verlag, Nürnberg: WAS IST WAS, Burgen: 151/2

Tessloff Verlag, Nürnberg: WAS IST WAS, Völkerwanderung: 98/3, 99/1

Tessloff-Verlag, Nürnberg/Hamburg, 1989: Dambrosio/Barbieri, Die Geschichte des Menschen, Das Mittelalter: 119/1, 145/3

Thinkstockphotos: 113/2, 159/1

TopFoto/picturedesk.com: 51/4

Ullsteinbild/picturedesk.com: 128/2

Verlag an der Ruhr: 122/1

Verlag: Helmut Lingen, Köln, 2005: Rossi, Leben im Mittelalter. Von Burgen, Klöstern und Städten: 147/4

wikimedia.commons: 30/2, 131/2, 135/1-2, 141/2, 142/1-2, 143/1, Ramessos: 14/2, Ruthven: 73/2

www.freestockphotos.com: 32/2, 71/3, 76/1

www.pixelio.de: 6/2

www.praterkasperl.at: 16/7

TEXTQUELLEN:

nach Boratynski, Antoni, Torau, Kord: Das Rad der Zeit. Die Geschichte der Welt für Kinder erzählt (Eching 1981) S. 34: 19

„Chanson de geste" In: Ariès Philippe, Duby, Georges: Geschichte des privaten Lebens. Vom Feudalzeitalter zur Renaissance, Bd.2 (Augsburg 2000) S. 342: 148

Duby, George: Die drei Ordnungen. Das Weltbild des Feudalismus (Frankfurt am Main 1986) S. 596: 119

Einhard: Das Leben Karls des Großen, dt. v. Friedrich Purlitz (Leipzig/Wien o.J.) S.47:116

Görlich, Ernst Josef: Weltgeschichte vom Altertum bis zur Jetztzeit (Minden 1963) S. 101f.: 58

Guggenbühl, Gottfried; Weiss, Otto; Floch, Heinrich: Quellen zur Allgemeinen Geschichte des Mittelalters für höhere Schulen (Zürich 1946) S. 45: 117

Marcellinus, Ammianus: Das Römische Weltreich vor dem Untergang, hg. v. Otto Veh (Zürich/München 1974) S. 34:99/1

Schneider, Wolf: Überall ist Babylon. Die Stadt als Schicksal des Menschen von Ur bis Utopia (Düsseldorf 1960) S. 179: 106

Tacitus: Germania (Stuttgart 1972) S.25; S.39; S.11: 99/2

Turonensis, Gregorius: Zehn Bücher Fränkischer Geschichte, übersetzt von Wilhelm v. Giesebrecht (Leipzig 1913) S. 278: 115